나는 운동화가 없어도 달릴 수 있습니다

버려진 운동화의 불편한 진실

뉴욕

런던

베를린

마추픽추 마라톤

아

 미탁스큐리어
편집부

 유명한
마라톤 경기

 운동화 생산 기지

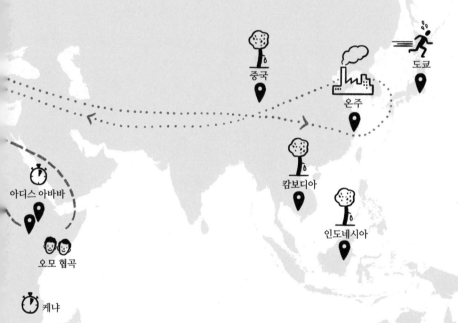

바이칼 아이스 마라톤

중국

도쿄

온주

캄보디아

아디스 아바바

인도네시아

오모 협곡

케냐

시드니

파라고무나무
농장

훈련 캠프

형제

나는 운동화가 없어도 달릴 수 있습니다

버려진 운동화의 불편한 진실

볼프강 코른 글

브리기트 얀센 그림

유혜자 옮김

꿈꾸다

차례

서문

지금까지 스니커즈는 나에게 남의 이목을 끌고 싶을 때 신는 멋진 운동화에 불과했다.

사실 스니커즈는 두꺼운 고무 밑창에 긴 끈을 꿰어 신는 세련된 운동화일 뿐이다. '운동화'를 생각하면 내 머릿속에는 서늘한 체육관과 땀 냄새가 배어 있는 탈의실, 걸핏하면 결석했던 체육 시간이 떠오른다. 하필이면 그런 내가 닳아빠진 한 켤레의 운동화에 대해 글을 써야 한다. 이 운동화는 마라톤에 참여했던 누군가의 발에서 벗겨진 것일까?

편집장이 그 일을 맡겼을 때만 해도 나는 이렇게 생각했다. '좋아, 당장 오늘부터 뭘 할까?' 그때만 해도 난 한 켤레의 운동화에 관한 이야기를 쓰느라 몇 개월 동안 몹시 바쁘고, 지구를 반 바퀴나 돌아다니게 될 줄은 꿈에도 생각하지 못했다.

이 글을 쓰면서 나는 그동안 전혀 모르고 있었던, 그 어떤 여행 안내서에도 소개되지 않은 세상을 알게 되었다. 그리고 관광지에서 흔히 볼 수 없었던 유럽, 아시아, 아프리카 출신의 다양한 사람들과 만났다.

또한 일 때문에 잠도 못 자고, 내 '순진함'을 후회하게 될 줄은 추호도 몰랐다. 아니, 순진했었다는 표현이 맞다. 기자 생활 25년째인 나, 베르너 코신스키는 이 일을 통해 세상과 현대 인류에 대해 전혀 새로운 생각을 갖게 되었다.

엉성한 할리우드 영화에 나올 만한 표현이기는 하지만 나는 이 이야기가 내 인생을 통째로 바꿔 놓았다고 말하고 싶다. 정말 그랬다.

바뀐 것들 :

첫 번째, 나는 요즘 조깅을 한다. 정확하게 말하면 파워 워킹이다. 걷지만 천천히 뛰는 사람들을 많이 앞지른다. 나는 원래 스포츠와 아예 담을 쌓고 지내던 사람이다. 내가 그나마 하고 있는 스포츠는 포켓볼과 단골 술집에서 축구 경기를 보는 정도다. 그래서 전부터 나를 알고 있던 사람들은 이런 변화가 나에게 얼마나 큰 변화인지 안다.

두 번째, 운동화를 소중히 다루기 시작했다. 평소 내가 즐겨 입는 옷을 아는 사람이라면 이 정도만으로도 내 삶에 혁명이 일어났다는 것을 알아챌 것이다.

세 번째, 이건 가장 큰 변화다. 지치도록 취재하다가 어쩌다 쉬는 시간이 생기면 손도 까딱하지 않던 내가 돈도 받지 않고 자원봉사를 한다. 에티오피아에서 만든 맞춤화지만 다른 기성제품보다 싼 수제화를 만들고 있는 작은 신생 회사와 관련된 일을 한다.

이런 엄청난 변화가 세계적으로 특수 제작된 딱 두 켤레 중 한 켤레의 운동화로 인해 생긴 것이다. 한 켤레는 망가졌고, 다른 한 켤레는 아직 멀쩡하다. 그래서 값이 무척 비싸겠지만 우리는 그게 어디에 있는지 모른다.

내가 그 운동화를 찾으려고 지구 곳곳을 헤매며 추적했다는 게 믿기 어려울 수도 있다. 인구 수천만 명이 살고 있는 온주에서 길을 잃기도 했고, 어느 수제화 장인을 만나기 위해 아프리카에서 헤매기도 했다.

이 이야기를 맨 처음부터 시작하는 게 좋을 것 같다. 모든 것이 오직 운동화를 중심으로 전개되는 신문 기사가 아니라 전체 맥락을 이야기해야 하기 때문이다. 이것은 인간과 끊임없이 움직이려는 인간의 욕구에 관한 글이다. 42.195킬로미터에 달하는 마라톤 경기를 훨씬 뛰어넘는 이야기다.

사실 매년 우리가 사는 도시에서 개최되는 마라톤 경기에 대해 늘 해 왔던 방식으로 기사를 썼다면 이 모든 일은 일어나지 않았을 것이다.

그러나 이번에는 편집장이 뭔가 특별한 기사를 싣고 싶다고 했다.

결국 편집장이 원하던 대로 되었다.

제1장

5월 28일 10시 30분, 미탁스큐리어 편집회의

내일 또다시 마라톤 대회가 개최된다. 우리 도시에서 매년 열리는 중요한 이벤트, 예를 들면 가면무도회, 영화제, 크리스토퍼 스트리트 데이, 세계 음악제와 수많은 전시회처럼 중요한 행사다.

마라톤 행사 취재는 일종의 선물이다. 돈도 안 들고, 미리 준비할 수도 있다. 하지만 한편으로는 꽤 까다로운 소재이기도 하다. 25년째 매년 개최되는 행사인데 어떻게 해야 지역신문에 매번 흥미로운 기사를 내보낼 수 있을까?

작년에는 행사를 위해 뒤에서 묵묵히 일하며 도움을 주는 사람들에 대한 기사를 내보냈다. 경기는 매년 5월 말에 실시된다. 행사가 개최되기 수 주일 전부터 예고 기사가 나갔고, 해변에 주차 금지 표지판을 세워 뒀지만 많은 사람들이 행사 시작 전에 자동차를 다른 곳으로 옮겨 놓지 않았다. 그래서 경기 시작 전날 밤 많은 차들이 견인당했다. 견인 업체는 할 일이 쉴 새 없이 밀려 들어오는 절호의 기회라 전 직원이 분주히 움직이며 행사 준비에 열심이었다. 이런 기사는 이미 작년에 내보냈다.

며칠 전부터 편집회의에서 뭔가 새롭게 '기사가 될 만한 것'을 생각해 내느라 모두 골머리를 앓았다. 좀 더 새롭고, 다른 언론 매체에서는 다루지 않은 신선한 소재가 필요했다.

"자, 뭐가 있을까? 3면에 뭘 실을까?"

우리가 보통 '짱'이라고 부르는 미탁스큐리어의 편집장인 요아킴 랑엔비제 박사가 회의 시작부터 조바심을 냈다. 3면은 신문에서 두 번째로 중요한 지면이다. 대부분의 신문들은 그곳에 사실상 가장 흥미로운 기사를 싣는다.

기자들이 이런저런 제안을 했다.

"제일 먼 곳에서 온 참가자!"

"전에도 했지. 뉴질랜드에서 온 사람 이야기."

"그럼 최연소 참가자!"

"그것도 이미 다뤘지. 아동 마라톤 대회도 열리잖아."

잠깐 침묵이 흘렀다.

"최고령 참가자 소개!"

저쪽에서 반대하는 목소리가 들렸다.

"그걸 누가 읽겠어?"

"당연히 우리 고정 독자들이 읽겠죠. 그 사람들도 이제 더 이상 젊은이가 아니니."

"앞으로도 그렇게 되겠지. 우리가 젊은 독자를 대상으로 한 기사를 싣지 않으면."

"그럼 젊은 사람들은 어떤 것에 관심이 있지?"

"마돈나 몸에 새로 새긴 문신 같은 것?"

"마돈나라니! 그게 바로 우리가 당면한 문제야. 젊은 사람들은 이제 마돈나가 누군지도 몰라. 그 여자 이제 60살이 넘었잖아."

"젊은이들이 관심 갖는 게 뭔지 알려면 젊은이에게 물어봐야 할 것 같은데."

우리는 이런 회의를 일주일에 적어도 한 번 이상은 하고 있다. 뚜렷한 결론 없이 회의만 한다. 세상 사람들은 유익하면서도 독자적인 저널리즘을 필요로 한다. 그러나 그에 대한 값을 지불하려는 사람들은 점점 줄어들고 있고, 더구나 우리는 이제 더 이상 젊지도 않다. 젊은 사람들은 모든 것을 인터넷에서 무료로 다운받는 것에 익숙하다. 그것이 우리가 만성적으로 시달리고 있는 문제다.

당장 우리에게 닥친 문제는 그동안 마라톤 경기를 다양한 관점에서 다룬 기사들이 여러 번 있었다는 것이다. 정확히 42.195킬로미터가 우리 도시를 가장 잘 나타낼 수 있도록 마라톤 코스를 어떻게 짜는 게 좋을지에 관한 기사는 이미 오래전에 있었고, 120여 개 국가에서 온 약 2만 명 참가자들의 면면을 살펴본 기사도 있었다. 특히 아프리카에서 온 선수들로 새로운 세계 신기록을 달성할 가능성이 많은 선수들도 소개했었다.

안타깝게도 신기록은 다른 도시에서 나왔다. 베를린에서는 1998년부터 세계 신기록이 벌써 여덟 개나 쏟아져 나왔다. 에티오피아에서 온 하일레 게브르셀라시에는 본인이 2007년도에 세웠던 기록(2시간 4분 26초)을 이듬해 2시간 3분 59초로 경신했다. 2013년도에는 케냐 출신 윌슨 킵상이 2시간 3분 23초로 신기록을 달성했는데, 케냐에서 온 다른 선수들이 시간을 더 단축해 2시간 2분 57초의 신기록을 세웠고, 2018년에는 엘리우드 키프쵸게가 꿈의 기록 2시간 1분 39초를 달성했다.

독일 출신으로 유명한 마라톤 선수 아르네 가비우스에 대한 기사도 나왔었다. 그는 의사가 직업인데 프로 마라톤 선수이기도 하다. 2015년 프랑크푸르트 마라톤 대회에서 독일 최고 기록인 2시간 8분 33초의 신기록을 세웠다. 가비우스는 왜 우리 도시가 아니라 프랑크푸르트에서 그 기록을 세웠을까? 그곳은 많은 선수들이 마라톤 경기를 치르기에 최적의 분위기라고 한다. 커브도 적당히 많고, 고층빌딩이 즐비하지도 않고, 숲이 많고, 호숫가를 길

게 달리는 코스다.

어쩌면 그 모든 것이 돈 때문일지도 모른다. 마라톤의 이면에는 많은 돈이 오간다. 2년 전에 우리 신문사에서 일하다가 베를린 방송국으로 옮긴 이본이 베를린 마라톤 경기 대회 관계자와 가진 인터뷰에서 그런 비밀을 털어 놓은 적이 있다.

"사실 우리는 몇몇 특정한 선수들에게 여행비 및 체류 경비 이외에 경기 참가 보너스도 지급해요. 금액이 백만 단위니 적지 않은 액수지요."

그런 시커먼 비밀까지 드러난 마당에 뭘 또 기사화해야 하나?

다행히 요즘에는 고전적인 의미의 42.195킬로미터 마라톤만 있는 게 아니다.

하프 마라톤, 10킬로미터 마라톤, 인라인-하프 마라톤, 걷기 대회, 노르딕 워킹, 재미있게 달리기, 아동 마라톤.

물론 그런 대회에 대해서도 자세히 기사화했다. 조직 위원회의 업무 흐름에 대해서도 이미 기사를 내보냈다. 15명으로 구성된 작은 팀이 1년 동안 경기 준비를 한다. 경기 몇 주 전에 인원이 보충된다. 마라톤 경기 당일에는 2,000명의 자원봉사자들이 코스 곳곳에 배치된다. 또 부수적인 준비도 병행되어 무대가 두 개 세워진다. 음악과 댄스 그룹이 등장해 공연을 펼친다.

그런 모든 소재들에 대해 우리는 이미 기사를 썼다. 그래서 오늘 회의에서는 더 이상 좋은 아이디어가 떠오르지 않았다.

🥿 '마라톤'이라는 이름이 생겨난 유래와 42.195킬로미터가 된 이유

1896년 제1회 아테네 올림픽에서 마라톤 경기가 처음 실시되었다. 마라톤은 처음 경기가 치러진 지역 이름이 '마라톤'이어서 그렇게 이름이 붙여졌다. 마라톤은 아테네에서 북동쪽으로 약 40킬로미터 정도 떨어진 곳에 있다.

최초의 달리기 시합은 약 2,500년 전에 있었다. 그리스의 소규모 군대가 숫자상 월등히 우세했던 페르시아 점령군과의 전쟁에서 승리한 뒤, 연락병 페이디피데스(Pheidippides)가 아테네까지 달려가 "우리가 이겼다!"라고 외치고, 그 자리에서 숨을 거뒀다.

제1회 아테네 올림픽에서 그리스의 스피리돈 루이스가 40킬로미터 정도 되는 코스를 2시간 58분 50초에 통과했다. 그것으로 루이스는 국민 영웅이 되었다.

그 이후 개최된 세 개의 올림픽 대회에서 마라톤 경기는 40킬로미터 또는 41.26킬로미터로 실시되었다.

1908년 런던에서 올림픽이 열렸을 때, 마라톤 코스가 윈저궁 앞을 지나가도록 설계되어야만 해서 경기 위원회가 거리를 약간 늘렸다. 그때 이후로 42.195킬로미터가 마라톤 길이로 고정되었다. 영국 공주가 성에서 창문 밖으로 마라톤 경기를 보고 싶어 해서 그렇게 된 것이다.

편집장이 회의를 종료했지만 우리는 여전히 머릿속이 복잡했다.

편집부 기자들이 모두 열 명인데, 대부분 박사 학위를 갖고 있거나 언론인 상을 수상했지만 그 쉬운 문제를 풀지 못하고 있었다. 내일 회의에서 무슨 말을 해야 하나? 재미있고, 지나치게 전문적이지는 않더라도 유익한 정보를 주고, 마라톤과 관련된 소재여야만 한다.

구내식당에서 점심을 먹을 때 아무도 말을 하지 않았고, 웃지도 않았다. 모두 깊은 생각에 잠겼다.

5월 28일 오후 4시 30분, 마라톤 경기 개최 전 최종 편집회의

편집장은 기분이 매우 좋지 않았다. 우리에게는 산뜻한 아이디어가 여전히 떠오르지 않았다. 각 언론 매체마다 경쟁이 치열한 상황인데도 그랬다.

지역 방송국은 코스 곳곳에 방향 전환이 가능한 텔레비전 중계 카메라를 열 대 설치하고, 오토바이와 헬리콥터까지 동원했다. 그런 걸 보면 기자는 집에서 중계 화면을 보면서 흥미진진한 기사를 작성하고 싶은 유혹을 받게 된다. 마치 본인이 직접 그곳에 가 있는 것처럼 쓰는 것이다. 그리고 참가 선수와 구경하러 나온 사람들 및 대회 관계자 서너 명을 만나 인터뷰를 하면 기사를 만들어 낼 수 있다. 사진은 사진 에이전시를 통해 받으면 된다.

몇몇 경쟁 신문사에서는 분명히 그런 방법으로 기사를 쓸 것이다. 그러나 미탁스큐리어의 편집장은 그런 짓을 절대 묵과하지 않는다. 편집장은 기자를 현장에 내보내고 자신도 직접 거리로 나선다.

"르포가 정확히 무슨 의미인지 자네들도 알고 있지?"

틈만 나면 편집장이 기자들에게 하는 말이다.

르포란, 현장 취재다. 즉, 현장에서 정보를 캐내 전달해 주는 것이다. 사진, 소리, 얼굴, 냄새 등 사건과 관련된 모든 것을 직접 찾아 봐야 한다. 텔레비전 중계 카메라나 위성방송이 잡을 수 없는 그런 것들을 발로 찾아가 기사를 발굴하는 것이다.

'제3면'을 위해 우리는 정반대로 했다. 편집장이 나를 보며 말했다.

"베르너, 당신은 여기에서 '가슴을 울리는 이야기'를 만들어 기사로 작성해. 예를 들면 '막스 M은 마라톤 경기를 텔레비전 화면으로만 본다. 다른 사람들은 달리지만 막스 M은……' 이런 식으로 눈물샘을 자극해서 멀쩡한 두 다리를 갖고 있는 사람이 마라톤을 하지 않는 것에 양심이 찔리게 하는 거야!"

그렇게 해서 나는 밤늦게까지 편집실에서 시간을 보냈다.

5월 29일 8시 30분

시간에 맞춰 큰 소리가 났다.

"탕!"

시장이 제26회 마라톤이 시작됐다는 걸 공식적으로 알리는 총소리였다.

미탁스큐리어는 마라톤 코스 주요 지점 곳곳에 직원들을 배치시켰다. 전날 야간 근무를 하고 퇴근한 나만 집에서 쉬었다.

2만 명의 참가자 중 절반 정도만 마라톤 전체 거리를 뛰겠다고 등록했지만, 그래도 한꺼번에 출발할 수는 없었다. 그래서 선수들이 줄을 길게 선 채 도열했다. 참가자들은 각각 개별적인 시작과 도착 시간을 잴 수 있는 칩을 갖고 있었기 때문에 밀거나 억지로 앞으로 가려고 하는 사람은 없었다.

늘 그렇듯 성적이 우수한 선수들이 제일 앞에서 출발해 소수의 그룹을 만들었다. 그들은 각자 '동료'가 있기 때문에 소그룹으로 달렸다. 여기서 동료란, 속도와 보폭을 맞춰 주는 참가자(예를 들면 페이스 메이커, 그들은 페이스87이나 다른 숫자의 번호표를 붙이고 뛴다)들이다. 우수한 선수들은 다른 선수들과 경쟁하기 위해 뛰는 게 아니라, 같은 편 다른 선수가 빠른 시간 안에 목표에 도달할 수 있도록 뒤쳐지지 않게 속도를 조절해 주는 역할만 한다.

8시 45분 시청 근처

마라톤 경기를 구경하러 나온 시민들 중에 편집장도 있었다. 편집장은 마라톤 특유의 분위기를 좋아한다. 과거에 마라톤에 선수로 참가한 적도 있었는데 오른쪽 무릎을 다친 이후 그만 두었다.

오늘은 편집장이 첫 번째 음료수 급수대 근처에 서 있었다. 선수들은 음료를 받아 들기 위해 속도를 약간 늦춘다. 대개의 선수들은 이곳에서 물에 젖은 스펀지, 물이나 주스가 담겨 있는 종이컵을 받는다. 이후의 급수대에서는 농축된 에너지 공급원을 받는다. 선두 그룹에 속한 선수들은 각자의 이름이 붙어 있는 작은 음료수병을 받는다. 병 안에는 선수들에게 필요한 무기질 음료가 각각 들어 있다. 간이 테이블을 몇 개 이어 붙여 만든 급수대를 지나면서 선수들이 종이컵을 길가에 버린다.

큰 무리를 지어 달리는 선수들이 지나가고 난 뒤 종이컵 쓰레기가 엄청나게 쌓여 있는 것이 보였다. 편집장은 그 모습을 내일 신문에 내면 어떨까 하는 생각을 잠시 했다. 그것보다는 종이컵이 산더미처럼 쌓여가는 모습과 그 곁을 지나는 수많은 다리들을 찍어 짧은 동영상을 만드는 것은 어떨까 하고 생각했다.

사실 편집장이 그곳에 간 이유는 두 시간 전에 누가 특이한 제보를 편집부에 해 왔기 때문이다. 급수대 근처에서 뭔가 중요한 것을 찾으라는 제보였는데, 제보자는 영어로 말했고 그 전화를 받은 비서는 그 말 이외에 다른 말은 듣지 못했다고 한다.

실제로 편집장의 눈에 띄는 게 있었다. 종이컵 산더미 뒤에 전기와 전화선 분배기가 있었는데 거기에 누군가 빨간색으로 X 표시를 해 놓았다. X 표시 위에는 불그스름한 봉지가 하나 있었다. 편집장 이외에 어느 누구도 그 봉지를 보지 못했다. 편집장은 성큼성큼 다가가 그것을 주워 외투 안에 숨겼다. 물론 편집장은 봉지 안에 뭐가 들어 있는지 곧바로 살펴보지 않았다. 언론계에 종

사하는 사람으로서 얼마나 많은 카메라가 곳곳에 설치되어 있는
지 잘 알기 때문이었다. 텔레비전 카메라, 사진작가들이 설치한 카
메라, 마라톤 코스를 살피는 CCTV, 경찰의 감시 카메라 및 관계
당국에서 교통 질서를 위해 설치한 카메라 외에도 수많은 사람들
의 핸드폰이 있었다.

  몇 분이 지난 다음 편집장은 손목시계를 보란 듯이 쳐다보고는
천천히 발길을 돌려 성문 진입로 쪽으로 걸어갔다. 진입로에 다가
가서야 그는 봉지 안을 살펴보고 자기도 모르게 '오!' 하고 탄성

을 내뱉었다. 수년 간 미탁스큐리어의 편집장으로 일해 오면서 온갖 것들을 보아 온 그가 그런 소리를 내는 것은 극히 이례적이다.

봉지 안에 들어 있던 것은 운동화였는데 운동화에 묻어 있는 적갈색 얼룩이 피처럼 보였다. 누가 이 운동화를 그곳에 놓아두었을까? 이유는 뭘까? 그 피는 마라톤에 참가한 어느 무명 참가자의 발에서 나온 것 같아 보이지 않았다. 그것보다는 선두 그룹에 속한 실력 있는 선수가 신었던 운동화처럼 보였다. 발을 다쳐 기권했을까? 마라톤 조직 위원회는 그 사실을 은폐했을까? 세계 신기록이 나올 수 있었는데 엉성한 대회 운영으로 실패한 걸까?

"바로 이거야!"

편집장은 냄새가 나고, 망가지고, 피가 묻어 있는 운동화를 마치 신생아 다루듯 고급 코트 왼쪽 소매로 살짝 누르며 말했다.

"이걸로 특종을 만드는 거야!"

편집장은 오른손으로 주머니에서 핸드폰을 꺼내 연락처 목록에서 'W.K.'를 골라 눌렀다.

내가 하품을 참으며 잠긴 목소리로 전화를 받기까지 한참 시간이 걸렸다.

"네, 편집장님?"

"코신스키 당신, 아직도 자고 있는 거야?"

편집장은 평소 나에게 경어를 쓰지만 흥분할 때는 반말을 한다.

"제가 어제 몇 시까지 사무실에 있었는지 아세요? 감동적인 이야기를 하나 썼어요. 내용은……."

"이제 그런 것 필요 없어. 당신한테 딱 맞는 것을 내가 찾았어."

"오늘 하루 휴가인 줄 알았는데요. 어차피 저는 스포츠에 대해 아는 게 없다고 하셨잖아요."

"그건 어제 했던 말이지. 이제는 냄새 잘 맡는 당신의 현장 취재가 필요하게 됐어. 언제까지 여기로 나올 수 있겠나?"

"모르겠어요. 거기가 어딘데요?'

"마라톤 코스에 있지, 당연히."

"코스가 길잖아요. 좀 더 구체적으로……."

"시청."

"전철 타면 한 30분 걸릴 거예요. 여기저기 통행 차단도 있을 테니."

"그럼 너무 늦어. 사무실에서 만나지."

9시 45분, 미탁스큐리어 편집부

나는 30분이 조금 더 지나서 편집부에 도착했다. 편집장과 함께 마라톤 중간 결과를 보고 받았다. 선두 그룹 주자들이 중간 지점을 이미 통과했는데 제일 마지막 주자들은 이제 막 출발했다.

어떤 기자가 트위터로 최고 기록을 전송해 왔다.

1등 1:10:09

2등 +11초

3등 +45초

신기록 나올 가능성 없음

편집장은 자기가 주워 온 것에 대해 더 큰 애착을 보였다.

"코신스키, 지금 당장 이걸 취재해. 이 운동화에 대해 뭔가 알아내야 해. 반드시!"

나는 마라톤 위원회 주요 위원들의 핸드폰 번호를 알아내 한 사람씩 전화를 걸었다. 대부분의 사람들은 마라톤 코스에 나가 있었고, 핸드폰은 각 구간별 연락용으로만 사용하고 있었다.

40분이 넘도록 전화를 하던 끝에 마침내 명단 끄트머리에서 한 사람과 통화가 되었다. 책임자가 마땅히 할 말이 없을 때 대신 통화하게 하는, 마라톤 조직 위원회의 서열 3위나 4위에 있는 임시 부대변인으로 독자적인 의견은 내지 못하는 사람이었다.

"미탁스큐리어의 코신스키 기자입니다. 좀 이상한 질문을 드리겠습니다."

"예, 별 이상한 질문들 많이 받고 있습니다만……."

"혹시 선수들 중에…… 운동화 없이 뛰는 선수가 있나요?"

"네? 운동화 없이요?"

"운동화를 신지 않고…… 맨발로요."

"맨발요? 제가 알기로는 없는데요? 과거 60년대 로마 올림픽 때 그렇게 달려서 유명해진 선수가 있기는 했었죠. 그 선수는 출발부터 맨발로 뛰어서 우승을 했지요."

나는 (구글 검색을 하기 위해) 즉시 메모했다.

"아, 그렇다면 누군가 그 맨발 선수를 모방하려고 했던가, 그 선수를 기리려고 그렇게 한 모양이네요."

"그건 저도 모릅니다. 누가 그렇게 하고 달렸다는 이야기가 있었나요? 혹시 스포츠 방송에 그런 게 나왔나요? 왜 그런 생각을 하게 되셨죠?"

"네, 제가 여기서……."

나는 운동화를 높이 들었다. 다행히 영상통화를 하고 있지는 않았다. 만약 그랬다면 그 사람이 운동화를 볼 뻔했다. 불과 몇 초 안에 내 머릿속은 '만약 이렇게 하면, 저렇게 되었을 것'이라는 생각이 꼬리에 꼬리를 물고 이어졌다. 내가 마라톤 코스에서 운동화를 발견했다고 하면 그 사람은 '코스 안에서 발견된 것은 모두 마라톤 조직 위원회에 귀속됩니다. 앞으로 두 시간 안에 그것을 본부로 가져다 주세요. 전화해 주셔서 고맙습니다.'라고 말했을 것이다. 그럼 편집장은 "코신스키, 그동안 미탁스큐리어에서 수고 많이 했습니다. 우리의 인연은 여기까지군요."라고 말하며 임시 부대변인은 우리의 보물을 빼앗아 갈 것이다.

그건 안 된다!

수화기 너머에 있는 상대가 조바심을 내기 시작했다.

"거기서 뭘 어떻게 했다는 겁니까?"

"아, 제 동료가 마라톤 취재를 나갔다가…… 그런 비슷한 말을 들은 것 같다고 해서요."

"헛소문 같네요. 그동안 어떤 소문들이 있었는지 말을 하자면……."

"재미있을 것 같지만 다음에 듣죠. 바쁘신 것 같은데……."

"네, 그럼 이만."

다행히 비밀은 누설되지 않았다.

그 사이 우승자가 결승선을 통과했다.

1등 기록 2:12:33

2등부터 4등까지 +32초, +51초, +122초

마지막 주자가 결승선을 통과하려면 아직 네 시간은 더 있어야 한다. 공식적으로 마라톤 경기는 여섯 시간이 지나면 끝난다. 그렇지만 많은 참가자들이 중도에 포기하거나 경기 진행 요원에 의해 중단된다. 제일 나중에 이른바 '청소차'라고 불리는 대형버스가 보행 속도로 뒤따라오면서 지쳐서 경기를 포기한 선수나 부상자들을 선별해 태운다. 그들은 버스에 올라타 의료진의 치료를 받거나 인도로 걸어가야 한다.

마지막으로 결승선을 통과한 주자들처럼 지친 표정으로 동료 기자들이 이른 오후에 사무실로 모여들었다. 특별 편집회의가 기자들을 기다리고 있었다.

🥾 마라톤_ 대중이 참여하는 전 세계 스포츠 이벤트

마라톤 경기는 오랫동안 자주 거행되는 스포츠가 아니었다. 그렇게 먼 거리를 달리며 훈련하는 극단적인 스포츠를 하는 사람이 별로 많지 않았다. 경기에 참여한 선수들이 지나가는 모습을 잠깐만 보게 되므로 마라톤은 구경꾼들에게 큰 인기를 끌지 못했다.

1970년대 산업이 발전하고 시민들 사이에 피트니스 문화가 시작되면서부터 오늘날의 인기를 얻기 시작했다. 독일에서는 '운동으로 단련하자'는 슬로건을 앞세운 행사에 점점 더 많은 사람들이 참여하면서 마라톤 붐이 일기 시작했다. 서양에서는 1990년부터 마라톤이 큰 인기 종목이 되었다. 현대식 훈련 방법은 취미로 달리기를 하는 사람들로 하여금 42.195킬로미터의 힘든 거리를 완주할 수 있게 도와주었다.

그렇게 해서 베를린 마라톤만 해도 매년 4만 명이 대회에 참가하고 있다. 동시에 구경하는 사람들도 늘어나 마라톤 경기가 대형 스포츠 이벤트가 되었다. 거의 모든 대도시에서 마라톤 대회가 열리고, 많은 사람들의 주목을 끄는 곳에서 대회가 열렸다. 영하의 기온에서 열리는 저온 하프 마라톤이 있고, 사막(버닝맨 울트라 마라톤)에서도 대회가 열리고, 낮 혹은 캄캄한 밤중(빌바오 나이트 마라톤)에도 열린다. 숲속을 달리는 마라톤 경기도 있고, 시베리아에서는 바이칼 호수의 얼음 위를 달리거나, 나이아가라 폭포를 결승점으로 정한 대회도 있다.

경기에 참가하는 선수들뿐만 아니라 구경꾼들에게도 마라톤 대회는 점점 다양한 체험을 할 수 있는 계기가 되었다. 어떤 대회에서는 참가자들이 킬트(스코틀랜드 전통 의상)를 입은 채 달렸는데, 경기장은 스코틀랜드가 아니라 캐나다 퍼스였다. 어떤 대회에서는 참가자들이 산타 할아버지 복장을 하거나, 고릴라 혹은 엘비스 프레슬리처럼 변장하고 참여해야 하는 규정도 있다.

선수들이 마라톤에 참여해 선행을 베풀기도 한다. 개와 함께 달리기를 해서 기증받은 돈을 동물 보호 기금으로 사용하기도 하는 것이다.

텔레비전에서 중계도 자주 한다. 수많은 이동식 카메라, 드론과 모바일 혹은 오토바이를 이용한 촬영으로 시청자들이 경기를 보다 가깝고 실제처럼 느낄 수 있게 해 준다.

제2장

운동화 찾기_
한 켤레의 운동화로 어떻게 감동적인 이야기를 만들 것인가?

5월 29일 오후 5시, 미탁스큐리어 편집부

회의의 유일한 주제는 탁자 위에 덩그러니 놓여 있는 운동화였다.

언뜻 보면 지극히 정상적인 운동화로 보였다. 고무 같은 재질에 뒤축 부분은 두꺼운 회색 밑창, 발등을 덮는 외피, 검붉고 끈적거리는 무언가가 운동화에 덕지덕지 묻어 있었다. 얼룩이 지지 않은 곳에만 초록, 노랑, 빨강 줄무늬가 그어져 있는 게 보였다. 그것 때문에 제법 낡은 운동화지만 경쾌해 보였다.

스포츠부 기자가 제일 먼저 운동화를 손에 들었다. 그 분야의 전문가라고 할 수 있는 기자는 운동화를 이리저리 돌려 보고 밑창을 한번 꾹 눌렀다.

"흔한 운동화 밑창이데 윗부분은⋯⋯."

"어떤데?"

"아주 화려해!"

"그래서 어떻다고?"

"평범한 운동화에 비해 색이 유난히 화려해."

"평범한 운동화는 어떤데?"

"덜 화려하지."

"초록, 노랑, 빨강이면 자메이카?"

"자메이카가 아니라 신호등처럼 보이는데?"

정치부 기자 한스가 말했다.

"자메이카 말고 교통 신호등!"

"이건 평범한 운동화에 사용되는 천 재질이 아냐."

"아니라고?"

"뭔가 좀 달라."

"재질이 뭔지 운동화에 쓰여 있지 않나?"

"맞아, 상품 설명서 같은 게 어디 있을 텐데."

"이미 찾아보았는데 아무것도 없어. 상표도 없고, 품질표시도 전혀 없어!"

편집장이 말했다.

기자들이 다시 확인하려고 운동화를 천천히 돌려 보았다.

"품질표시 라벨이 붙어 있었던 것처럼 보이는 자리도 없네."

"그게 무슨 뜻이지?"

문화부 기자가 물었다.

모두 경제부 기자를 바라보았다.

"제품 품질을 나타내는 라벨은 신발에 반드시 붙어 있어야 해. 만약 유럽에서 제작되었다면 유럽 어느 나라라고 적혀 있지."

"그런데? 그게 없어?"

"좋아! 그럼 이게 어디에서 생산된 건지, 누가 신던 신발인지 어떻게 밝혀내지?"

편집장이 회의를 마무리하며 말했다.

"신발을 절개해 검사해 봐야지요."

"말도 안 되는 소리!"

편집장이 벌컥 화를 내며 말했다.

"그런 짓은 절대 묵인 못 해! 방사선 정도는 가능하지."

"방사선 촬영이 아니라 컴퓨터 단층촬영인 CT를 말하는 거죠?"

과학부 기자가 말했다.

"그런데 그런 방법 말고 더 좋은 방법이 있어요. 원자재 연구원을 찾아가 작은 파편으로 현미경 분석을 맡기는 거예요. 대부분의 물질은 독자적인 작은 무늬를 갖고 있어서 그것으로 생산 지역을 알아낼 수 있거든요."

"그거 좋네. 그렇게 접근해서 마라톤 선수를 찾아봅시다."

"다만 한 가지 문제가 있어요. 분석 결과가 나오기까지 시간이 한참 걸려요."

"시간이 별로 없는데. 어떻게 하면 더 빨리 단서를 잡을 수 있을까? 그리고 실험실에서 나온 결과는 대개 무미건조해서 그것으로 흥미로운 기사를 만들어 내기가 어려운데."

스포츠부 기자가 말했다.

"선두권 선수들은 에티오피아, 케냐 출신이에요. 그 선수들이 결승선을 통과하고 나면 몇 킬로미터 뒤쳐져서 유럽 선수와 남아메리카, 자메이카 선수들이 뒤따라오지요. 선두권으로 들어온 선수들과 운동화 색깔로 봐서 에티오피아 쪽인 것 같은데."

"하지만 이번에는 선두권 주자들이 모두 케냐 출신이었어."

편집장이 말했다.

"3등까지는 기자 회견장에서 물어볼 수 있지. 그러지 말고 일단은 운동화에 집중하는 게 좋겠어."

경제부 기자가 말했다.

"그럼 중국부터 가야 해요."

"뭐든지 다 중국이래."

동료 기자가 투덜댔다.

갑자기 내 주머니 속에 들어 있던 핸드폰이 진동했다.

유명 일간지에서 일하는 동료 기자 타마라가 문자를 보내왔다. 타마라는 원하는 게 있으면 유달리 친절하게 군다.

친구! 우리 모처럼 만날까?
정보 교환?
아참, 혹시 마라톤 코스에서
좀 특별한 운동화 발견하지 않았어?
타마라가 ☺♥

내가 문자를 큰 소리로 읽어 주었다. 이모티콘은 물론 전달하지 않았다.

"어디서 들은 거지?"

편집장이 벌컥 화를 냈다.

"우리 중에 스파이가 있군. 빌어먹을!"

정말 편집부에 스파이가 있을까? 많은 기자들은 그런 걸 믿는다. 그러나 내 입장은 조금 다르다. 기자들은 대개 비슷하게 움직인다. 그래서 비슷한 상황에 맞닥뜨린다. 이번 경우는 상황이 더 단순했다. 아까 마라톤 대회 조직 위원회 임시 부대변인과 통화를 하면서 내가 말을 너무 많이 한 것 같다. 그리고 그 임시 부대 변인은 다른 신문사에 뭔가 중요한 정보를 갖고 있는 것처럼 굴었을 것이다.

그래서 불과 30분도 지나지 않아 이 사단이 벌어진 것이다. 다른 신문사 기자들이 냄새를 맡기 시작해 이리저리 전화를 걸고 메일을 보내왔다.

– 혈흔은 어디에서 발견한 거야?

– 누가 운동화를 신고 뛰다가 피를 흘렸을까?

– 맨발로 결승선을 통과한 선수가 있었나?

– 맨발로 달리는 선수가 있었는데 우리 사진기자가 못 본 것은 아닐까?

이번 마라톤 경기에서 신기록이 나오지 않았고 그 밖에 특별한 소식도 없자, 다른 언론 매체도 우리가 습득한 운동화에 달려들었다.

지극히 평범한 일이 어떤 과정을 거쳐 특종이 되는지 보여 주는 전형적인 사례가 되었다.

👟 어떤 게 유행이고, 무엇이 특종인가?

한동안 인기가 없었던 턱수염을 요즘 젊은이들이 왜 갑자기 기르게 되었나? 마법과 마술사가 나오는 책은 수없이 많이 있는데도 왜 어린 독자들은 유독 '해리포터'에 열광할까?

갑자기 많은 사람들이 특정 제품을 서로 가지려고 하거나 비슷한 행동 양상을 보이면 사람들은 그것을 '유행'이라고 말한다. 특히 젊은이들 사이에 그런 게 많다.

길거리에 버려진 개가 500킬로미터나 떨어진 곳에서 집으로 돌아온 것을 신문, 라디오, 텔레비전과 같은 언론 매체에서 보도하면 '특종'이라고 한다.

사실보다 부풀려지고, 관심을 끌 만한 떠들썩한 소식이거나 누군가를 제치고 이긴다거나 하는 일들은 모두 특종에 속한다. 특종이 되면 사람들은 요란스럽게 폭발적으로 반응하고, 그러면서 자연스레 홍보가 된다.

처음에는 단순한 소식에 불과했던 것도 시장에서 우위를 차지하려는 매체 간의 경쟁이나 홍보로 널리 퍼지게 되면 하나의 이슈나 특종이 된다. 신문과 텔레비전은 그것을 더 널리 퍼뜨린다. 요즘은 새로운 춤동작, 스마트폰 앱이나 식습관 같은 것이 SNS를 통해 유행처럼 번져 나간다.

어떤 것이 갑자기 사람들의 이목을 끄는지 알려면 연락망에 속한 사람들 사이에 그게 어떻게 작용했는가를 보면 된다. 눈사태처럼 걷잡을 수 없이 퍼져 나가는 것을 과학자들은 '자기 강화'라고 말한다. 그러나 젊은이들이 어떤 것을 받아들이고, 널리 퍼뜨리거나 혹은 그렇게 하지 않는 이유는 아직까지 명쾌하게 밝혀지지 않고 있다. 그러므로 뭐든지 다 유행이 되지는 않는다. 다행이다. 그렇지 않다면 대기업과 영화사들은 각각의 생산 제품과 배우들을 크게 홍보해야만 했을 것이다.

그리고 그렇게 하루아침에 인기가 폭발한 것들은 같은 방식으로 빠르게 사라진다. 인기를 얻자마자 사라지는 것도 많다. 극소수만 지속적인 인기를 얻는다. 거기에 속하는 게 수십 년째 인기를 끌고 있는 '운동화'다.

편집장과 통화하려는 사람들이 점점 더 많아졌다.

편집장의 오랜 친구이며 함부르크의 큰 시사 잡지사 기자가 전화를 걸어오자 편집장이 자기 사무실로 가서 전화를 받았다. 편집장의 목소리가 점점 커져서 기자들은 열려 있는 문을 통해 통화 내용을 들을 수 있었다.

"혹시 우리가 뭘 발견했다고 하더라도 그건 전적으로 우리가 알아서 할 일이지. 당신들은 왜 다른 회사가 다루는 것에 뒤늦게 끼어들려고 하는 거야?"

안타깝게도 편집장이 뒤늦게 엉덩이로 문을 닫았다.

사무실에서 나온 편집장의 얼굴이 시뻘게졌다. 함부르크의 옛 동료가 편집장에게서 정보를 캐내려고 했지만 끝내 거부한 모양이었다.

"이번 일은 내가 오랫동안 기다려 왔던 절호의 찬스야."

편집장이 말을 이었다.

"이번에는 우리가 선두야! 훌륭한 저널리즘이 어떤 것인지 본때를 보여 주자고. 돈이 얼마나 들든지 상관없어! 취재를 위해 멀리 비행기를 타고 가도 좋고. 코신스키, 각오하고 있어. 자, 어디부터 시작할까? 어떤 줄부터 잡을까?"

스포츠부 기자가 말했다.

"다시 하는 말이지만 훌륭한 선수들은 케냐나 에티오피아 출신이 많아요."

경제부 기자가 말했다.

"대부분의 운동화는 중국에서 생산됩니다."

편집장이 말했다.

"아프리카야, 중국이야? 기자를 반으로 갈라 양쪽으로 보낼 수는 없어. 자, 중국이야, 아프리카야?"

"중국에서 운동화를 추적하는 것, 그게 좀 더 신선해 보이네요."

스포츠부 기자가 말했다.

"맞아요, 선수들에 관한 기사는 그동안 많이 나왔어요. 그러나 운동화에 관한 기사는 별로 없었죠. 대부분의 운동화가 중국에서 생산된다고 하네요."

내가 말했다.

편집장이 나한테 그 운동화에 대한 정보를 빠짐없이 알아내라는 임무를 맡겼다.

누가 그것을 분배기 위에 놓아두었을까? 도대체 왜 그랬을까? 누가 이 운동화를 디자인했을까? 또 어디에서 그것이 생산되었을까? 특별히 제작된 운동화인가? 아니면 이렇게 생긴 운동화가 더 있을까?

"좋아요! 작은 신문사 미탁스큐리어가 상해나 광동 혹은 만리 장성 너머의 어느 다른 도시든 가서 그 운동화의 흔적을 찾아보지요."

"혹시 중국에 대해 궁금한 게 있다면 '임풀스 – 게베어'지의 클라인슈미트 기자를 찾아봐요."

경제부 기자가 말했다. 임풀스 – 게베어는 우리 신문 계열사에서 나오는 경제 잡지다.

🥾 제품의 표시 의무

우리가 사는 물건은 어디에서 만들어졌고, 무엇으로 만들어졌을까?

대부분의 사람들은 그런 정보가 제품에 붙어 있는 라벨에 다 적혀 있어야 한다고 생각한다. 그러나 독일이나 유럽연합의 법에 우리가 사는 제품의 표시 의무 조항은 없다.

식품에는 성분과 원산지를 표기할 의무가 있다. 그러나 원산지에는 대개 제품의 주요 생산 과정이 마무리된 나라 이름이 표시된다. 땅콩을 브레멘에서 껍질을 벗기고, 볶고, 포장했다면 생산지는 독일이 된다.

의복에는 어떤 재질의 물질로 제작되었는지 표기해야 할 의무가 있지만 단추나 지퍼 같은 부속물은 예외다. 구두의 경우도 비슷하다. 신발의 외피와 충전재 및 밑창의 구성 성분만 표기하면 된다. 신발과 의복의 최종 생산지가 유럽연합 이외의 곳이라면 제조국의 이름을 밝히는 것이 의무사항은 아니다.

최근 몇 년간 유럽연합은 모든 제품에 유럽에서 통용되는 라벨을 붙이려는 시도를 했다. 그러나 회원국들간의 의견이 통합되지 않았다. '메이드 인 저머니'에 자부심을 갖고 있는 독일인들도 그런 제도의 도입을 반대했다.

전자제품(예를 들어 스마트폰)과 같이 여러 부속품을 조합해서 만든 제품은 어디에서 만들었다고 표기하기가 꽤 어렵다. 스마트폰의 원자재는 세계 여러 나라에서 나온다. 플라스틱, 유리, 납과 알루미늄 이외에도 희토류까지 필요한데 그것은 중앙아프리카나 중국에서만 생산되는 물질이다.

그러므로 제조국 표기는 생산자가 직접 결정한다. 대개의 경우 작은 구성 요소들이 세계 여러 나라에서 나온 것들이라 해도 그 제품의 최종 공정이 이뤄지는 곳이 표기된다.

요약하자면 우리가 사서 입는 옷이나 신발, 심지어 식료품이 어디에서 나온 것인지 우리는 정확하게 알지 못한다.

5월 29일 오후 4시 30분, 미탁스큐리어 편집부

나는 편집부 큰 사무실의 내 책상 앞에 앉아 있다.

흔히 '뉴스 룸'이나 '뉴스데스크 룸'으로 불리는 곳이다. 우리가 쓰는 컴퓨터는 두 개의 긴 테이블에 나란히 붙어 있다. 편집장과 각 부서장들만 독립된 사무실을 갖고 있다.

뉴스 룸에 특이한 것이 있는데 높게 설치되어 있는 커다란 모니터다. 거기에 다음 호의 각 면에 실릴 기사들이 보인다. 시간이 지나면서 각각의 기사, 사진과 제목도 첨부된다. 누구나 어떤 기사가 이미 완성되었고, 어떤 것이 미완성인지 확인할 수 있다. 마감 시간, 타이밍에 대한 일종의 경쟁이다.

내가 쓸 기사가 실리게 될 중요한 지면인 '3면'은 덩그러니 하얀 구멍만 커다랗게 보인다. 속도를 더 내야 한다.

마라톤 조직 위원회는 협조를 거부했다.

"우리한테 운동화를 넘기면 그때 필요한 정보를 주겠습니다. 그 운동화 갖고 계시죠?"

"노코멘트."

난 인터넷에서 그 운동화를 찾아보았다. 시내의 몇몇 운동화 가게가 홈페이지를 운영하고 있는데 어떤 가게의 주인이 자신을 운동화 전문가라고 소개하며 이메일 주소를 적어 놓았다. 난 그 가게 주인에게 메일을 썼다.

미탁스큐리어의 W.K.입니다.
특정 운동화에 대한 정보가 필요해서 연락 드렸습니다.

인터넷에서 판매되는 운동화의 종류가 얼마나 많은지 짐작이나 할 수 있는 사람이 있을까? 수백 가지가 아니라 수천 가지다. 공장에서 막 생산되어 판매되는 것들만 모아 놓아도 그렇게 된다. 거기에 특별히 제작된 수제화와 리미티드 에디션까지 합하면 천문학적인 숫자가 된다. 맙소사! 대체 왜 그렇게 다양한 운동화가 만들어지는 걸까?

약 한 시간 정도 시간이 지나자, 컴퓨터 마우스를 계속 눌러 대던 내 오른손 검지가 무감각해져서 나는 일단 중간 점검을 했다. 우리 손에 들어온 운동화가 대기업 제품은 아니다. 그건 나도 이미 생각한 바였다.

운동화 전문가의 회신도 왔다.

마라톤 경기 축하 파티에 와 있는데 술을 좀 마셨습니다.
내일 아침 일찍 가게로 와 주세요.
운동화에 대해 모든 것을 알고 있습니다.

독일, 영국, 미국, 일본과 브라질 유명한 제조사의 제품에서는 찾아볼 수 없었다. 알고 보니 많은 제조사들이 고가의 제품과 저가의 제품, 이른바 노브랜드 제품을 동시에 생산하고 있었다.

결국 생산자들을 좀 더 찾아봐야 한다는 결론이 내려졌다. 운동화들이 전부 어디에서 만들어지고 있나? 내 머릿속에는 대만, 인도네시아, 베트남과 관련 있는 기사들이 뒤죽박죽 들어찼다. 어디서 시작해야 하나? 이쯤에서 중국 경제 전문가라는 클라인슈미트에게 도움을 요청해야 하나?

"내 도움을 필요로 할 거라는 소식 이미 들었어요."

클라인슈미트가 전화기 너머에서 말했다.

"운동화는 물론, 대부분의 신발은 요즘 중국에서 생산됩니다. 대기업도 그곳에서 제품을 만들어요. 대개 중국이나 인도네시아에서요. 그곳 노동자들은 손이 빠르고, 무엇보다 인건비가 저렴하거든요."

"그쪽 사람들과 어떻게 연락을 취할 수 있을까요?"

내가 물었다.

"중국의 신발 제조사에 연락을 취한다고요? 전에는 그런 게 쉽지 않았어요. 대부분의 중국인들이 영어를 거의 못 해서 서면 연락은 더 어려웠죠. 하지만 이제는 도움이 될 수 있는 보조 도구가 있어요."

"보조 도구요?"

"정확하게 말하면 인터넷을 통해 만나는 거죠. 전 세계의 판매자들과 중국의 생산품을 연결해 주는 포털 서비스요. 이름도 있어요."

"이름이 어떻게 되는데요?

"알-리-바-바."

"알리바바와 40명의 도둑에 나오는 그 알리바바요?"

"맞아요. 다만 여기서는 누가 알리바바고, 누가 40명의 도둑이고, 누가 보물을 캐느냐는 거죠. 한번 생각해 보세요."

알리바바는 이베이(Ebay) 같은 곳인데 규모가 훨씬 더 크고, 특히 전문적으로 물건을 파는 판매자를 위한 곳이다. 그곳에서 운동화를 검색해 보니 5,400개가 검색되었다. 그것으로는 일이 진척되기가 어려웠다. 그래서 나는 기자가 아닌 판매자로 알리바바에 가입했다.

가입 확인 메일을 기다리는 동안 나는 요청하고 싶은 것들을 다시 요약해 보았다.

운동화를 찾아요!

스페셜 에디션 운동화를 찾고 있습니다.

(그 밑에 우리가 갖고 있는 운동화 사진을 올린다. 물론 사진은 선명하게 나오지 않게 찍은 것으로 올린다. 혹시라도 누가 그 사진을 이용할 수도 있으니까.)

누가 이것을 만들었을까요?

이 제조사에 주문을 넣고 싶어요.

(그런 다음 내 연락처를 기입한다. 물론 회사에서 쓰는 전자우편 주소가 아니라 잡다한 조사를 할 때 사용하는 개인 메일 주소를 쓴다.)

저녁 7시까지 내가 갖고 있는 두 가지 의문 - 어디에서 제작되었고, 누가 신었는지에 대한 답은 찾지 못했다.

사진기자가 텅 비어 있는 3면의 지면에 운동화 사진 파일을 올려놓았다. 내가 작성할 기사는 아직 빠져 있다. 그래서 편집장은 어서 감동적인 이야기를 만들어 내라고 나를 닦달할 것이다. 그러나 나는 그런 이야기를 쓸 상황이 아니다. 무언가를 쓰기엔 정보가 너무 없다. 더구나 우리에게 그런 운동화가 있다는 것도 약간의 언질 정도만 해야 한다. '마라톤 코스를 둘러보는데……' 정도로 우회적으로 써야 한다. 회사의 고문 변호사가 해 준 조언을 따르려면 그렇게 해야 한다.

"아무것도 밝히지 말아야 합니다. 안 그러면 내일 아침 당신 집 앞에 경찰이 나타나 그 물건을 달라고 할 겁니다."

그래서 나는 기자로서 하면 안 될 짓을 했다. 우회적인 표현만 한 것이다.

"마라톤 선두 그룹이 신고 뛴 운동화는 중국에서 생산된 운동화일 것 같다."

나는 대답 대신 질문을 던졌다.

"왜 어떤 선수는 운동화를 벗어 버렸을까? 혹시 다른 운동화로 바꿔 신었을까? 아니면 맨발로 뛰었을까?"

그런 다음 나는 운동화를 신지 않거나, 특수 제작한 운동화를 신고 뛴 선수들에 대한 이야기부터 시작했다. 1960년 로마에서 개최된 올림픽 경기에서 에티오피아 출신 아베베 비킬라가 맨발로 마라톤에서 우승을 거머쥔 유명한 이야기를 썼다. 시장에 좋은 운동화가 이미 많이 나와 있었지만 아프리카에서 온 아베베 비킬라가 전통에 따라 맨발로 달렸던 이야기다. 많은 전문가들은 맨발로 뛴 것이 아프리카 출신 선수들이 마라톤에서 두각을 나타내는 주요 이유라고 보았다. 어려서부터 신발을 신지 않고 뛰어서 발이 튼튼해졌다고 본 것이다.

이름 모를 어느 선수가 50년 전에 있었던 그 일을 새삼 상기시키려고 했을까? 아니면 극소수의 선수하고만 계약을 맺어 프로 선수로서의 전망이 극히 희박하게 된 현재의 시장에 대한 항의 표시를 했던 걸까? 그런데 피는 왜 묻어 있었을까? 기사의 말미에 긴장감을 고조시켜 독자로 하여금 후속 기사를 기다리게 만들기 위해 나는 이렇게 썼다.

편집장은 만족하지 않았지만 나는 최선을 다했다고 생각한다. 그래서 '기권인가, 거부인가? ─ 마라톤의 이면'이라는 제목으로 기사가 나갔다. 그때까지만 해도 우리들 가운데 어느 누구도 그 일의 파장을 짐작하지 못했다.

5월 30일 9시 30분, 시내

나는 시내에서 제일 잘 나가는 운동화 가게인 '스네이크 잇' 앞에 서 있었다. 어제 인터넷으로 조사해 보니 다른 두 곳의 가게도 비슷한 수준이었다.

테이크 아웃 커피잔을 한참 전에 비운 채 들고 있는데 어려 보이는 한 사내가 출입문에 다가와 문을 열었다. 나는 사내를 따라가게 안으로 들어갔고, 그가 나를 빤히 바라보는 것을 보고 입을 열었다.

"아, 여기 사장님한테 메일을 보냈습니다."

"알아요, 내가 여기 사장이에요."

나는 사장을 다시 쳐다보고, 사장이 술집에 가서 맥주를 주문하는데 아무 문제가 없는지 궁금해졌다.

"미안합니다. 나는 사장님이 이렇게……"

"괜찮아요. 다들 내가 견습생인 줄 알아요. 하지만 여기는 내 가게가 맞아요. 그리고 운동화에 대해서라면 아는 게 제법 많죠. 뭐든지 물어보세요. 전 톰이라고 합니다. 그냥 편하게 말은 놓으셔도 돼요."

그러면서 사장이 오른손을 한 바퀴 휘저으며 가게 안을 가리켰다. 물건들이 일정한 기준에 따라 진열되어 있었다. 하얀 선반과 벽에 설치된 유리 선반 위에 많은 운동화들이 놓여 있었다. 운동화에 문외한인 나 같은 사람 눈에는 거의 구분이 안 되는 운동화들이었다. 나는 속으로 질문할 준비를 했다.

"얼마나 많은 종류의 운동화가 있나요?"

내가 물었다.

"아, 수없이 들어 본 질문이네요. 그건 아무도 정확히 몰라요. 전체 상품이 들어 있는 카탈로그 같은 게 없거든요. 한번 계산해 보죠. 보통 거래되는 운동화들은 대략 20개 회사에서 만들어지는데, 그곳 연구실에서 신제품이 계속 쏟아져 나와요. 한 회사에 15개에서 50개의 다양한 모델들을 만들죠. 그것을 다 계산해 보면 대략 300개에서 1,000개의 신발들이 나오는 거네요. 여기 우리 가게에는 시장에서 최고로 평가되는 최상품 623개 종류의 신발들을 갖고 있어요. 이런 상품들은 특별히 선정된 가게에서만 판매해요. 신제품 말고 이월상품도 있고, 노브랜드 상품과 가짜 상품까지 있다 보니 어느 누구도 전체를 다 알 수는 없어요. 운동화가 세상에 나온 지난 100년 동안 만들어진 운동화를 생각하면 엄청나죠."

"대략 몇 종류의 운동화가 그간 세상에 나왔을까요?"

"흠, 그건 생각하기 나름이죠. 5,000, 10,000, 15,000? 거기에 중국인들이 제대로 완성하지도 않고 시장에 쏟아낸 신발들까지 합하면 운동화 시장은 엄청 넓어요. 독일은 판매량으로만 따지면 중간 정도 되죠. 독일인들은 운동화를 1년에 평균 1.5켤레 정도 사요. 미국인들은 2~3배 더 많이 사는데 인구도 독일보다 3배는 많죠. 그러니 그곳에서 운동화가 10배는 더 팔린다고 볼 수 있어요."

"운동화는 어차피 미국에서 처음 나온 거 아닌가요?"

"물론 미국인들은 자기네가 운동화를 발명한 것처럼 굴지만 그건 맞는 말이 아니에요. 나이키 창업자인 필 나이트는 일본 운동화를 미국에 수입해 팔면서 성공의 발판을 마련했죠. 상자째 갖고 와서 팔았어요. 그럼 일본인들이 운동화를 발명했을까요? 그것도 아니에요. 제일 처음 시작한 곳은 독일이에요. 기자시잖아요. 아디다스, 퓨마, 아디, 루디 다슬러의 역사를 한번 살펴보세요. 아주 재미있어요."

거기까지 듣고 나는 자칭 운동화 전문가에게 뭔가 비밀이 있을 것 같은 마라톤화를 보여 주었다. 톰이 그것을 이리저리 만져 보고, 약간의 거리를 두고 살펴보기 위해 오른손에 쥔 채 팔을 쭉 뻗었다. 그런 다음 운동화의 냄새를 맡고 신발 안쪽을 이리저리 살피며 라벨을 찾았다.

"라벨이 없더라고요. 아주 작은 상표도."

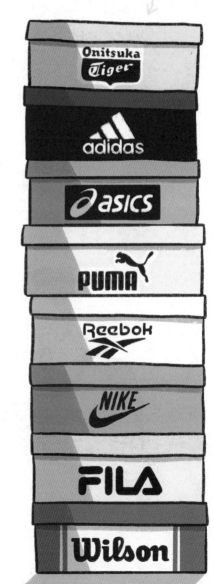

내가 말했다.

"만약 있었다면 일이 쉬운데……."

톰이 신발 안창을 꺼내 냄새를 꼼꼼히 맡고 다시 신발을 만져 본 후 '바이오'라고 팻말이 붙어 있는 선반에 내려놓았다.

"어렵네요."

"그럴 것 같았어요. 좀 더 구체적으로 말한다면요?"

"특이한 게 두 가지 있어서 특히 어렵네요. 내 느낌이 틀리지 않다면 외피가 순면으로 만들어져 있는데 순면으로 만든 운동화는

아주 드물거든요. 거의 대부분의 운동화가 화학 섬유, 스웨이드 같은 것으로 만들어지죠. 순면은 물기를 빨아들이고 늘어나요. 그래서 마라톤 선수가 피부에 손상을 입을 수 있죠. 그런데 밑창은 요즘 유행하는 패턴이에요. 에어쿠션도 분명히 들어 있는 것 같고."

그가 한숨을 길게 들이쉬더니 말했다.

"최신과 고전이 혼합되어 있어요. 아주 묘한 조합이네요."

"이것을 만든 곳을 추정한다면 어디일까요?"

"중국!"

"이유는요?"

"그럴 확률이 높으니까요. 거의 대부분의 운동화가 중국에서 생산되거든요."

나는 톰에게서 운동화에 대한 상식을 좀 더 듣고 싶었지만 시간이 별로 없었다. 그래서 고맙다는 인사를 하고, 다시 연락하겠다는 약속만 남기고 그곳을 떠났다.

"꼭 연락 주세요. 아주 특이한 운동화네요."

톰이 내 등 뒤에 대고 소리쳤다.

11시, 미탁스큐리어 편집부

알리바바에 올려놓았던 내 질문에 대한 답변이 잔뜩 와 있었다. 대부분 같은 대답이었다. "우리가 그 운동화 만들어 줄 수 있어요.", "예쁘고, 저렴하고, 고급지게 만듭니다."

그런 운동화 정도는 쉽게 만들 수 있다고 모두 생각하는 것 같았다. 예쁘고, 싸고, 질도 좋게 만들 수 있다고 호언장담했다.

어떤 사람은 사진 파일도 첨부했다. 운동화 사진이었다. 자칫 우리가 갖고 있는 운동화처럼 보이기는 했지만 크기가 너무 작았다. 확대하니 선명도가 떨어지고 그 신발이 실제로 발신인이 직접 찍어서 올린 건지 판단하기도 어려웠다. 혹시 어디 다른 곳에서 그런 사진을 구해 왔거나 아니면 내가 올린 사진을 가지고 컴퓨터 작업을 거쳐 배경을 바꿔 찍었을지도 모를 일이다.

12시, 편집회의

공교롭게도 내가 쓴 운동화 기사를 보고 우리 신문사에 지속적으로 불평불만을 하는 W. 바이트만스탈 박사가 독자 투고를 했다. 우리의 단골 골칫거리인 그는 우리가 CDU(기독교 민주주의 연합)와 SPD(사회당)에 대한 기사를 얼마나 자주 쓰는지를 유심히 지켜보다가 '미탁스큐리어답네요'라는 글을 보내오곤 하는 사람이다.

오늘 보내온 투고 내용 :

요즘은 이런 걸 르포 취재라고 하는 건가? 미탁스큐리어답군. 밑도 끝도 없는 소재를 들고 나와 독자를 궁금하게 만든 후 내팽개치다니! 당신들은 겁이 많아 이런 독자 투고를 신문에 올리지도 못하겠지. 내가 한 가지는 약속하지. 당신들이 원하는 답을 찾지도 못하겠지만 만약 찾는다면 내가 다음

번 마라톤 대회에 벌거벗고 나가 미탁스큐리어의 로고를 들고 뛰어 주겠음.

  – 빌헬름 바이트만스탈 박사

  편집장의 얼굴 표정을 보니 이번 투고가 그에게 어떤 의미로 받아들여지는지 알 수 있었다. 그의 승부욕에 불을 지른 것이다.

  "우리는 그것을 반드시 밝혀내야 해. 못하면 내가 회사를 떠나지. 만약 나머지 한 짝도 발견되면 운동화 한 켤레를 우리 건물 현관에 전시해야지. '우리가 바로 그 미탁스큐리어! 70년간 충실히 언론 보도를 하고 많은 경험을 축적한 회사'라고 밑에 적어 놓을 거야."

  편집장은 그렇게 말하면서 경제부 기자와 임풀스 – 게베어 중국 전문가 클라인슈미트가 편집회의에 참석하기 위해 사무실에 들어와 있는데도 계속 나를 쳐다보았다. 그래서 내가 얼른 회의를 시작했다.

  "알리바바에 도움을 요청했는데 많은 중국 제조사들이 그 운동화를 만들 수 있다고 회신해 왔습니다. 아직은 뭐가 뭔지 잘 모르겠습니다."

  클라인슈미트가 양팔을 벌리며 말했다.

  "원래 그런 식으로 일이 진행돼요. 누군가 무언가를 물어보면 그것과 똑같은 것을 만들어 낼 수 있다는 사람이 나타나죠. 그런 다음 세부적인 것을 논의하고 가격을 흥정해요."

"그렇게 나라가 큰데 그 사람들을 어디에서 만나나요?"

"흠, 당신 오늘 운이 좋은 날이야."

클라인슈미트가 뽐내듯이 말했다.

"내가 그 문제를 간단히 도와줄 수 있거든."

"예?"

"오른손 검지를 들어 중국 지도 위를 빙 돌다가 오른쪽 윗부분에 탁 내려놓으면 홍콩에서 조금 떨어져 있는 그곳이 태평양 연안에 있는 '온주'라는 곳이죠."

"온주?"

"그래요, 온주. 처음 들어 봤어요? 그 도시, 아니 그 거대한 도시에 약 천만 명이 살고 있어요. 중국에서 나오는 거의 모든 신발이 이곳에서 생산되고 있죠. 아니, 중국뿐만 아니라 세계적인 도시예요. 다행히 중국은 동양에 가면 흔히 볼 수 있는 시장처럼 나뉘어 있어요. 모두 알다시피 시장에 가면 여기는 철물 거리, 저기는 납땜 거리 그런 식으로 나뉘어 있잖아요. 그런 식으로 중국에는 거의 전적으로 특정한 제품을 생산하는 지방이 따로 있어요. 우산, 성탄절 장식품, 라이터 등. 그중에 신발 생산 특화 도시가 바로 온주라는 거죠."

제3장

5월 30일 오후 4시, 미탁스큐리어의 추가 편집회의

"모든 신발들이 그 도시에서 나온다고요?"

편집장이 클라인슈미트에게 재차 확인했다. 클라인슈미트는 고개를 끄덕였다.

"흠, 그럼 거기로 가서 우리가 갖고 있는 운동화를 어느 공장에서 만들었는지 찾아보면 되겠네."

편집장이 말했다.

"북경 통신원한테 다녀오라고 할까?"

편집장이 잠깐 망설였다.

"아니, 코신스키가 이 일을 전담하는 게 좋겠어. 외국 경험도 많으니까."

"중국은 달라요. 전 세계와 무역 거래를 하는 곳이지만 중국은 외부에 봉쇄된 곳이고, 외부인이 그 안을 들여다보기가 아주 어려워요."

클라인슈미트가 말했다.

"그렇다면 더 흥미로운 이야기가 나오겠지."

편집장이 말하고 나를 바라보았다.

"베르너, 비행기 타고 중국에 다녀올 수 있지? 당신이 우리 특파원이 되어 웬즈인가 뭔가 하는 곳으로 가."

"온주라는 곳이에요."

"비행기 타고 가서 이 운동화와 같은 새 운동화와 그것을 찾아낸 과정에 대해 재미있는 이야기를 만들어 와."

"만약 못 찾으면요?"

내가 물었다.

"그럼 당신이 목숨까지 걸고 노력했지만 끝내 그 운동화를 발견하지 못한 이유에 대해 흥미로운 이야기를 풀어내야지."

"언제요?"

"어제 갔다면 더 좋았겠지. 늦어도 내일은 가야지."

여행사와 한참 동안 통화를 하던 비서가 고개를 가로저으며 회의실로 들어왔다.

"가는 건 쉬워요. 비행기가 하루에도 몇 대나 있는데 대개 상해나 홍콩에 들렀다 가네요."

"다른 문제는 없고?"

"하지만 일이 생각보다 쉽지 않아요. 외국인은 사전에 비자를 신청해 받은 사람만 중국에 들어갈 수 있대요. 아무리 특급으로 빨리 처리해도 받기까지 며칠은 걸린대요."

모두 안타까운 한숨 소리를 냈다.

"하지만……."

"반전이 있나?"

"예! 한 가지 방법이 있기는 해요. 홍콩이나 상해같이 특정 공항으로 입국한 사람이 싱가포르 같은 제3국으로 경유할 때는 비자 없이 144시간까지 머물 수 있대요."

"144시간이라…… 그게 정확히 말하면, 5일이 120시간이니까 24시간이 남고, 딱 6일이네. 그 정도의 시간이라면 운동화 한 켤레 정도는 찾을 수 있지 않을까? 그리고 우리 회사 통신원한테 북경에서 열리는 중국 공산당 중앙위원회의 회의에 대한 보고가 끝나면 곧바로 그곳으로 가라고 연락해 두지. 그렇게만 되면 운동화 제작에 관한 단독 보도를 할 수 있을 거야. 이 운동화를 만든 사람이 운동화의 주인을 알려 주겠지."

그렇게 말하면서 편집장은 거의 사랑스러운 눈빛으로 운동화를 바라보았다.

"그렇게만 되면 우리 미탁스큐리어가 특종을 낼 수 있어. 그때까지 나는 경쟁사 기자들의 관심을 다른 데로 돌리게 하지. 모두 피 냄새를 맡고 달려들고 있으니까."

그렇게 해서 이튿날 신문에는 바이트만스탈 박사의 독자 투고가 그대로 실려 나가고, 편집부의 한 줄 답변도 같이 덧붙였다. '계속 노력하겠습니다!'

내 비행 일정표도 나왔다. 기차를 타고 프랑크푸르트 공항에 가서 차이나 항공을 타고 상해를 거쳐 온주로 간다. 비행 시간은 총 13시간 55분 걸린다.

비행기 출발 2시간 반 전에 프랑크푸르트 공항역에 도착해서 기차역과 공항 사이의 끝없이 긴 통로와 각 항공사의 체크인 창구를 거쳐 보안 검사까지 종종걸음으로 하나씩 통과했다. 달리기와 관련된 일답게 바쁘게 움직였다.

5월 31일 오후 3시 10분(독일 시간), 헤센 지방의 하늘 어디쯤

비행기에 무사히 탔다. 낡은 점보 제트기였다.

내 좌석은 가운데 줄 벽 바로 뒤에 있어서 앞자리에 시끄럽게 떠드는 사람들이 다행히 없었다.

하지만 주변에서 낯선 말소리가 시끄럽게 들렸다. 앞을 못 보는 사람이라도 이 비행기가 중국행 비행기라는 것을 알아차릴 정도였다. 나는 애써 마음을 진정하고 소지품을 점검했다. 내 이름으로 예약된 호텔 주소를 인터넷에서 영어와 중국어로 인쇄하고, 네 곳의 신발 공장과 독일 - 중국 상공회의소 주소도 영어와 중국어로 인쇄해서 갖고 왔다. 별 문제는 없으리라.

비행기는 오후 2시 40분에 출발해 약 10시간 후 상해에 도착한다. 독일 시간으로 자정이다. 하지만 상해는 7시간이 빠르니까 도착하면 다음 날 아침 7시 40분이다. 결국 나는 밤을 짧게 보내며 가는 셈이다. 하지만 잠이 오지 않고 한 가지 질문만 머릿속에 계속 맴돌았다. 수천 개의 공장이 매년 3천만 켤레 이상의 운동화를 만드는 곳에서 특정한 운동화를 어떻게 찾지?

잘 모르는 지역이나 도시에 대해 조사하는 게 기자에게는 별로 어려운 일이 아니다. 대개 그런 곳에 다른 기자들이 있기 때문이다. 대서양에 혼자 떨어져 있는 외딴섬이라도 대개의 경우 섬 주민들에게 새로운 소식이나 (대개는 틀린) 기상 정보를 알려 주는 지역 통신원이 한 명이라도 있기 마련이다.

그러나 중국은 다르다. 지방 언론사에서 일하는 기자가 없다. 모두 국가에서 통제를 받기 때문이다. 더구나 무역업에 종사하지 않는 한 영어를 어느 정도 말하거나 쓸 줄 아는 중국인이 거의 없다.

그렇다면 다른 나라에서 온 외국 통신원들만 남는데 그들 가운데 거의 대부분은 온주에서 일하지 않고, 북경이나 상해, 홍콩에 사무실을 두고 있다.

다른 신문사와 연락을 취하는 우리 통신원의 사무실도 당연히 북경에 있다. 더구나 지금은 중국 공산당 중앙위원회 회의가 열리고 있기 때문에 그는 반드시 북경에 있어야 한다. 굉장히 지루한 회의인데 이번에는 공산당 총서기와 국가 주석이 중요한 발표를 하는 것으로 되어 있다. 급속도로 환경이 파괴되는 것을 더 이상 간과할 수 없는 지경이 되어서 열리는 회의다. 수도이면서 특별시인 북경만 해도 연간 100일 이상 극심한 스모그 때문에 사람들이 밖에 잘 못 나오고, 나올 때는 마스크를 쓰지 않고 다니기 힘들다.

그래서 현재 온주에 주둔하는 기자는 없다. 하지만 문화 관련 기관이라도 있지 않을까? 없다. 괴테 독일 문화원도 온주에는 없다. 900만 명이 넘는 시민들이 살고 있는 대도시인데도 말이다.

나는 눈을 감고 중국에 관해 내가 알고 있는 지식을 모두 머리에 떠올려 보았다. 국토의 크기는 히말라야산맥에서 시작해 중국해까지 아시아의 넓은 부분을 차지할 정도로 크다. 역사에 대해서도 조금 알고 있다. '차이나'라는 국명이 중국 최초 황제인 '진시황'에서 유래되었다는 것이다. 그러나 중국인들은 차이나라는 말을 잘 사용하지 않는다. 그 이유는 무엇인지, 차이나 말고 자기 나라를 뭐라고 부르는지는 잘 모른다.

나도 모르게 잠깐 잠이 들었다가 비행기가 하강하는 느낌에 눈을 번쩍 떴다.

까마득하게 내려다 보이는 모습이 비현실적이었다. 끝이 없을 것 같은 유리 터널로 이어진, 지붕이 둥근 거대한 유리 구조물. 그 옆에 있는 비행기들은 작은 장난감처럼 보였다. 최신식 상해 푸동 공항이다. 어떤 것들은 적당한 거리를 두고 보면 더 커 보인다. 그러나 여기는 그와 반대되는 상황이다.

입국 심사관한테 경유 허가 비자를 받았다. 나는 늦어도 6월 7

일 8시까지 최종 목적지를 향해 출발해야 한다. 정확히 6일이다.

공항에 도착해서 입국장과 출국장을 지나 한참을 걷다 보니 내가 한없이 작게 느껴졌다. 둥근 유리 천장이 인위적으로 만든 하늘 같았다. 천장에서 내려온 하얀 긴 장대에 표지판 같은 것이 붙어 있었다. 공항 안을 돌아다니는 사람들이 플레이 모빌 인형처럼 보였다.

그러나 눈을 휘둥그레 뜨고 놀란 눈으로 여기저기 구경할 시간이 내게는 없었다. 온주로 가는 비행기가 출발하기까지 2시간도 채 안 남았다. 더구나 국내선 공항까지 이동해야 한다. 다행히 파란색 커다란 표지판에 적힌 글자들이 3개 국어로 되어 있었다. 중국어 옆에 영어 표기만 되어 있지 않고, 국제 통용 기호들이 간단한 그림으로 그려져 있어서 이해하기 쉬웠다.

우여곡절 끝에 보딩이 거의 끝나갈 무렵, 온주 행 비행기에 탔다. 내가 탄 비행기는 1시간 20분 후면 온주의 룽완 공항으로 데려다 줄 에어차이나 비행기였다.

온주에 주둔해 있는 기자가 없어서 나는 이렇게 계획을 세웠다.

첫 번째는 알리바바를 통해 접촉한 네 곳의 신발 회사와 미리 해 둔 약속대로 찾아간다. 그들 모두 우리가 보여준 운동화를 갖고 있거나 제작할 수 있다고 했다.

두 번째로 독일 – 중국 상공회의소의 슈미트 첸 씨와 만날 약속이 되어 있다. 그는 온주에서 시간을 조금 내 나를 데리고 온주의 이곳저곳을 보여 주고, 한 신발 회사에 같이 가 주기로 했다.

세 번째는 우리 회사의 통신원이 올 때까지 내가 직접 부딪쳐 보는 거다. 전에도 그런 적이 있었는데 매번 놀랄 만한 성과가 있었다. 많은 경험을 했고, 나중에 르포 기사를 쓸 때 큰 도움이 되는 만남이 많았다.

네 번째는 나한테 문제가 있을 경우를 대비해 회사에서 통역을 한 사람 붙여 주기로 했다.

그런데 통역이 왜 필요할까? 중국은 전 세계와 무역을 하는데 무역 세계에서 공식 언어는 영어가 아닌가? 운동화 생산에 있어서 세계적인 도시인데 내가 영어를 쓰면 별 문제 없을 것 같았다. 혹시 나도…… 거미나 썩은 계란, 개고기같이 이상한 중국 음식을 먹게 되지는 않을까? 많은 중국인들이 개고기를 먹는다고 한다. 특히 베른하르디너가 맛이 좋다는 소문이 있다.

그런 생각들을 하면서 가다 보니 비행기가 하강해 부드럽게 착륙했다.

비행기 창밖으로 화려한 풍경이 파노라마처럼 펼쳐졌다. 인터넷에서 보았던 온주시 홍보 영상 같았다. 온주는 그림처럼 아름다운 자연환경에 에워싸여 있다. 앞쪽에는 다도해가 보이는 바다가 있고, 항구가 있는 도시는 강이 만든 삼각지에 세워져 있었다. 온주시 뒤쪽으로는 산이 병풍처럼 도시를 에워싼다. 홍보 비디오의

후반부가 사실이라면 온주에 사는 사람들은 아주 친절하고, 개방적이고, 모두 영어를 잘한다고 하던데…….

6월 1일, 온주의 국제공항

공항 입국장은 다른 나라의 대형 공항 입국장과 거의 비슷했다.

딱 두 가지만 달랐다. 여기에서는 아시아인으로 보이는 사람들이 압도적으로 많았고, 표지판들은 상해 공항에서 기대했던 것처럼 다국어가 아니었다. 거의 모든 표지판이…… 아니, 전체 표지판이 중국어로만 적혀 있었다!

出租车   到来

　餐厅   国际航班   厕所

나는 반쯤 넋이 나간 채 주변을 살폈다. 기분 좋은 출발이 아니었다.

마치 신경안정제 두 알을 에스프레소와 함께 삼킨 기분이었다. 정신은 멀쩡한 것 같은데 몸이 무거웠다. 신경이 바짝 곤두서고 엄청난 피로가 한꺼번에 몰려왔다. 독일 시간으로 보면 지금이 한밤중이다. 그러나 중국 시간으로는 오전 10시 반이다.

나는 여러 가지 장해 요소가 있음에도 불구하고 어떻게 해서든지 정신을 차리려고 애썼다. '出口'라고 적힌 표지판이 있는 곳으로 모두 우르르 몰려갔다. 가 보니 그곳이 출구였다.

중국어를 모르는 외국인으로서 홀로 내팽개쳐진 느낌이었다. 외국인들이 입국장에 나타나자 대기하고 있던 중국인들이 달려 나와 마중했다. 팻말을 치켜들고 서 있는 사람들이 사방에 보였다. 대개 유럽식 이름이었고, 회사나 여행사의 이름도 있었다. 나는 걸음을 멈추고 우두커니 서서 그 모습을 지켜보았다. 외국인이 팻말을 든 사람들을 지나 마중 나온 사람도 없이 밖으로 걸어 나가면 남자들이 우르르 몰려와 에워쌌다.

알고 보니 남자들은 일종의 거간꾼이었다. 남자들이 서툰 영어로 택시나 호텔 등을 연결해 주었다. 남자들은 '노 프러블럼'이란 말을 입버릇처럼 반복했다.

나는 입국장을 힘차게 가로지르지 못했기 때문에 그런 사내들에게 둘러싸였다.

"호텔?"

"택시?"

"투어 가이드?"

나는 약간 소극적으로 보이는 어떤 사람에게 말했다.

"택시, 다운타운!"

그 사람이 곧바로 나를 데리고 어디론가 갔다.

그를 따라 한참을 이리저리 길을 꺾으며 걷다가 어떤 차의 뒷좌석에 탔다. 이게 택시 맞나?

나는 회사에서 나를 위해 인쇄해 준 호텔의 주소가 적혀 있는 종이를 운전사에게 보여 주었다. 차가 두 번 커브를 돌자 6차선 도로가 나왔다. 나는 여행을 제법 다녀 봤던 경험이 있어서 택시 운전사가 요금을 더 받으려고 일부러 먼 길로 빙빙 돌지 않는지 확인하려고 창밖을 열심히 보았다.

차가 30분간 계속 달렸다. 그래서 나는 불안한 생각에 "시티?", "센터?", "다운타운?" 하고 말했다. 중국어로 '시내, 도심'을 뭐라고 하는지 꼭 알아 둬야겠다고 다짐했다.

운전사가 고개를 끄덕이고 고집스럽게 계속 앞만 보고 질주했다. 홍보 비디오에는 모든 것이 아름다워 보였었다. 온주는 중국 문명의 요람이라고 생각했다. 그곳에 수천 년 전부터 능숙한 기술자나 훌륭한 상인들이 살고 있고, 역사적인 건축물들이 오늘날 역동적인 경제 성장으로 한층 젊어진 현대 건물에 에워싸여 있다고 했었다. 실제로 자동차는 고층 아파트 단지들 옆을 계속 지나갔다. 아파트 단지가 4~50개는 되는 것 같았다. 그런데 특이하게도 사람들이 살고 있는 것 같지는 않았다.

마침내 목적지에 도착했다.

온주 시내에 있는 수많은 고층 빌딩 가운데 하나인 온주 인터내셔널호텔이다. 내가 호텔을 정할 때 가장 중요하게 생각하는 것은 호텔이 구도심 근처에 위치해야 한다는 점이다. 이 호텔은 중국 전문가의 추천을 받아 회사 비서가 예약했다. 이곳에서 독일인들과 영어가 가능한 사업가들이 많이 묵는다고 했다. 어쩌면 저녁에 호텔 바에 가면 몇 가지 중요한 정보들을 주워들을 수도 있을 것이다.

나는 호텔 방으로 들어가 침대에 누워 쉬기 전에 일단 인터넷부터 접속했다. 일반적으로 우리가 말하는 중국은 티베트와 몽고까지 속해 있는 중화인민공화국이다. 국토가 950만 제곱킬로미터로 유럽(1,020만 제곱킬로미터)과 크기가 거의 비슷하다. 중국 인구

가 유럽, 미국, 러시아 인구를 다 합친 것보다 많다. 현재 14억이다. 그 숫자만으로는 지난 25년간 달성한 엄청난 경제적 성장이 설명되지 않는다.

비몽사몽이어서 나는 더 이상의 정보는 찾지 못했다. 많이 피곤한데도 불구하고 쉽게 잠이 오지 않았다. 침대에 누워 텔레비전을 켰는데 중국 방송들은 하나같이 시끄럽고 요란했다. 다행히 영국 BBC 월드 채널에서 조용한 화면이 나왔다. 전형적인 영국식 말소리가 들리자, 마음이 진정되고 마침내 잠이 들었다.

몇 시간이 지난 후 나는 호텔 로비로 갔다.

호텔 리셉션에 있는 직원들이 중국어로 호텔 주소가 적혀 있는 명함을 몇 장 건네며 항상 갖고 다니라고 했다. 그래야 택시 운전사나 투어 가이드가 호텔에 잘 데려다준다는 것이었다.

그날 오후에 나는 일단 두 곳의 신발 공장을 방문하기로 했다.

호텔 직원이 택시 운전사에게 주소를 일러 주고, '올 라잇!'이라고 한 다음 팁을 챙겼다.

그런데 맙소사! 예상과 달리 내가 도착한 곳은 신발 공장이 아

温州市
온주시

니라 매장이 일렬로 늘어서 있는 상가 거리였다. 그중 어느 가게 앞에서 누군가 나를 반갑게 맞이하며 환영했다. 중국이나 다른 아시아 나라에 가면 흔히 있는 일이다. 애써 미소 띤 얼굴로 나를 맞이한 사람들은 나를 잠깐 쳐다보고 계속 웃는 표정을 짓는다.

"니 하오! 니 하오! 니 하오!"

그 말이 무엇을 의미하는지는 사전 조사로 나도 알고 있다. "안녕하세요?" 혹은 "안녕!"이다. 두 번째 단어를 말할 때는 목 깊숙한 곳에서 소리를 내야 한다. "니 - 하아아아아우우우." 그렇게 말하면서 가슴 앞에 양손을 모으고 상대를 향해 목례를 한다.

다음으로 명함을 서로 주고받는다. 내 것은 영어와 독일어로만 되어 있다. 상대는 미소 띤 얼굴로 명함을 몇 번이나 뒤집었다. 그의 미소 사이사이 난감해 하는 표정이 보였다.

그래서 내가 먼저 말을 걸었다.

"온주 이즈 어 나이스 타운(온주, 아름다운 도시네요)."

미소, 또 미소를 지었다.

"온주 이즈 어 빅 타운(온주는 큰 도시네요)! 윗 매니 팩토리(공장도 많고)."

이번에도 미소, 또 미소를 지었다.

그렇게 해서 나는 아주 천천히 내 할 일을 했다.

30분쯤 시간이 지난 후 - 어쨌든 내 느낌은 그랬다 - 비로소 처음으로 신발을 가까이서 볼 수 있었다.

그들은 내게 최고급 상품을 보여 주었다. 가죽으로 만든 남성용 구두였는데, 마치 영국의 궁에서 일하는 궁중 장인이 찰스 황태자를 위해 만든 구두처럼 보였다. 인상적이지만 나는 운동화를 찾는다고 했다.

"베리 파인!"

나는 말하고, 기다렸다.

남성용 구두, 샌들, 부츠, 여성용 구두 등 많은 상품들을 본 다음 마침내 운동화 모델을 봤다. 어떤 운동화는 할인 매장에서 판매하는 저렴한 운동화처럼 보였다. 두꺼운 밑창에 단색 외피를 꿰매거나 붙여 놓았다. 그제야 나는 지금이 어떤 상황인지 비록 말은 못 하지만 느낌으로 알 수 있었다. 내 미팅 파트너가 새로운 시리즈들을 앞에 죽 늘어놓는 것을 보자 더욱 느낌이 확실해졌다. 여러 창고에서 가져온 신발들 밑창에는 다양한 선과 무늬들이 있었다. 외피도 마찬가지였다. 여러 가지 재질들이 꼼꼼하게 바느질되어 있었다. 다만 상표가 있는 곳만 간단한 동그라미로 그려져 있었다. 그것을 보고 나는 그 신발들이 유명한 메이커 신발들의 가짜 상품이라는 것을 알았다. 파란 운동화는 아디다스 운동화를 따라 한 것 같았고, 검은색과 하얀색은 나이키 모조품이었다.

"웨어 두유 프로듀스 더 슈즈(신발을 어디에서 만듭니까)?"

그제야 그들은 내 질문에 대답을 했다.

"예스, 우이 프로듀스 더 슈(예, 우리 신발 만들어요)!"

"웨어(어디요)? 웨어 이즈 팩토리(공장이 어디 있어요?)? 캔 유 쇼 우 미(보여 줄 수 있나요?)?"

"아, 팩토리(공장)! 투모로우(내일)!"

그런 대화가 한동안 이어졌다. 마침내 내가 자리에서 일어나 그 만 나가려고 했다.

내 파트너도 자리에서 벌떡 일어나 상체를 숙이며 인사했다.

"위아 마이 마이?"

나는 그 말뜻도 모른 채 "야, 마이, 마이."라고 했다.

세 시간이나 흘렀다. 나는 택시를 잡아타고, 운전사에게 호텔 주 소가 적힌 명함을 보여 주었다.

사실 난 저녁에 호텔 바에 갈 생각이었지만 저녁 식사 후 너무 피곤해서 방에 간신히 돌아가 잠옷으로 갈아입었다. BBC 월드 채 널의 첫 번째 뉴스도 끝까지 듣지 못한 채 잠이 들었다.

6월 2일, 온주 시내

오전에 나는 신발을 만든다고 했던 두 번째 공장을 찾아갔다. 그곳도 상가에 있었고 물건을 판매하는 매장이었다. 간단히 결론 만 말하면 이틀째 되는 날도 모든 것이 똑같이 반복되었다. 그래 서 나는 다시 일찍 호텔로 돌아갔다.

호텔에 돌아가 샤워를 하고, 호텔 바로 내려가기 전에 할 일을 몇 가지 처리하려고 인터넷을 통해 온주에 대한 정보를 찾아 보았다. 그런데 중국에서는 구글이 잘 검색되지 않는다. 금지된 단어(예를 들어 반체제 인사, 공산당 비판)를 쓰면 국가 검열 기관에 의해 접속이 차단되고 그림을 검색하는 것도 엄청 느리다. 페이스북, 트위터, 유튜브와 같은 사이트도 전부 차단되어 있다. 그런 차단의 배경에는 정치적 이유만 있는 것이 아니다. 중국이 바이두와 같은 자국 검색기와 유튜브에 경쟁하는 유코우를 지원하기 위해서다.

검색을 해 보니 온주에 300만 시민이 산다는 기사와 900만 시민이 산다는 기사가 뒤섞여 있었다. 실제로 온주 시가 발표한 바로는 현재 900만 명이 살고 있다. 면적은 12,000제곱킬로미터로 슈레스빅 - 홀슈타인보다 약간 작다. 실제 도시 면적은 1,188제곱킬로미터로 892제곱킬로미터인 베를린에 비교된다. 베를린에는 350만 명이 살고 있는데 온주 시에 사는 시민들의 숫자는 2009년에 90만 명이었다가 급속하게 증가하였다. 주변의 위성도시까지 이주민들이 정착하면 온주는 대도시 중에서도 엄청나게 큰 도시가 될 것이다.

항구 도시인 온주는 현재 이미 막강한 경제력을 갖고 있다. 온주에서는 주로 소비재와 소형 전자 제품이 생산된다. 수많은 중·소 공장들이 대개는 열악한 조건으로 운영된다. 비슷한 방식으로 중국에서 신발뿐만 아니라 안경, 면도기, 라이터, 필기구, 열쇠, 자물쇠 등이 생산된다. 그렇게 하며 그 분야에서 세계 시장의 선두 주자가 되는 것이다.

중국의 경제 중심_ 마치 시장처럼 조직되어 있다

지난 30년간 중국은 세계의 공장이 되었다. 중국에서 대부분의 의류, 구두, 라이터와 장난감 등이 생산된다.

그 모든 것이 시장처럼 지역별로 중점을 두는 제품을 지정해 만들어지고 있다. 특정한 제품을 특정한 지역에서 압도적으로 많이 만들게 한 것이다.

그렇게 해서 온주는 연간 대략 1억 5천 켤레의 신발을 생산하는 신발 공장의 세계 수도가 되었다. 대부분의 라이터(세계 생산량의 70%)도 이곳에서 만들어지고, 안경테도 거의 전부 이곳에서 제작된다.

의류는 특히 중국 남부 지역 광동에서 나온다. 신탕에 있는 약 4,000개의 공장에서는 한 가지 제품만 생산한다. 다양한 모양과 색으로 출시되는 청바지다. 2억 6천만 명의 인구 가운데 매년 70만 명의 노동자들이 재봉틀을 돌리고, 염색하고, 탈색하고, 세탁하는 일에 종사한다.

세상 그 어느 곳에서도 그렇게 많은 장난감과 성탄 장식품이 중국 남부에 위치한 선전에서만큼 생산되지 않는다.

북경에 있는 중관춘에는 중국 공산당 중앙위원회의 결정에 따라 중국의 실리콘 밸리, 컴퓨터 산업의 혁신 센터가 있다. 많은 투자금과 정당의 정책이 생산적인 디지털 산업으로 촉진되었는지에 대한 결과는 향후 몇 년이 지나면 나타날 것이다.

시내에 나갔다 온 후 나는 호텔 바에 갔다. 아직 이른 오후밖에 안 되어 커피를 마실 시간이었지만 불이 켜져 있어서 시간이 그렇게 느껴지지 않았다. 그리고 놀랍게도 사람들이 가득했다.

외국에서의 호텔 바는 대개 일종의 정보 창고다. 나는 바에 앉아 차가운 생맥주를 단숨에 비워 버렸다. 그런 다음 옆자리에 앉아 있는 사람에게 내 소개를 했다. 그는 운동화 가게를 열려고 하는 유통업자였다. 맥주잔을 세 번 비운 다음 나는 지금까지 겪었던 일들을 그에게 말했다.

"알리바바에서 그걸 만들어 주겠다는 말을 듣고 왔다고요? 그게 정말이라면 얼마나 좋을까요?"

옆 사람이 말하며 내게 건배를 했다.

"중국 장사꾼들이 안 된다는 말은 절대 하지 않는다는 말 아직 한 번도 들은 적 없어요?"

"중국 사람들은 '아니요, 그건 안 됩니다'라는 말은 절대 하지 않아요."

내 옆자리에 있는 사람 옆에 있던 사람이 대화에 끼어들며 말했다.

"이 나라에서는 체면을 잃는 짓을 절대 하지 않거든요. 그래서 안 된다는 말을 하느니 차라리 거짓말을 하지요. 못 한다는 말을 패배로 받아들이니까요."

"중국인들은 항상 웃는 얼굴로 말해요. 네, 당연하지요. 다 됩니다. 내일 오면 이것과 이것을 보여 드리죠. 다음 주면 납품 가능합니다."

나는 맥주를 한 잔 더 주문했다.

"내가 조언 하나 해 드리죠."

옆 사람의 옆 사람이 말을 이었다.

"마지막에 헤어질 때 다시 웃는 얼굴로 이렇게 말하죠. '마이마이'."

"맞아요, 그랬어요."

"그게 무슨 의미인지 아세요?"

"잘 모릅니다."

"마이는 여러 가지 뜻이 있을 수 있어요. 악센트가 밑에서 위로 올라갈 때의 '마이'는 '산다'는 의미고, 위에서 밑으로 내려오게 악센트를 줄 때는 '판다'는 의미예요. 거래를 한다는 거죠, 한마디로."

그가 나를 빤히 쳐다보았다.

"마이, 마이?"

"헤헷, 중국어 잘하시네요!"

주변 사람들이 큰 소리로 웃었다.

"잠깐 온주로 날아와 운동화가 어디에서 만들어졌는지 보고 가겠다니. 중국인들이 우리 코쟁이들한테 안방까지 내 주며 다 보여줄 거라고 착각한 거네요!"

"중국인들은 뭐든지 다 알려고 해요."

우리가 앉아 있는 자리 뒤에 모여 있던 사람들 가운데 한 사람이 말했다.

"모든 것이 감시됩니다. 인터넷을 감시하는 경찰이 5만 명이나 있어요. 그러니 비밀스러운 메일이나 문자는 보내지 마세요."

"전화를 하는 게 낫죠."

"그것도 표준어가 아니라 사투리를 써서 말하는 게 좋아요. 작센이나 바이에른 사투리로 말하면 아무도 못 알아들을 거예요."

내가 맥주를 다섯 잔째인가, 여섯 잔째인가 마시고 있는데 내 주변에 있던 사람들이 무서운 이야기를 해 주었다.

"대외적으로는 이 나라 지도자들이 문호를 활짝 연다고 말하지만 실제로는 독재 국가예요."

"그걸 어떻게 알죠?"

내가 물었다.

"많은 것들에 가혹한 처벌이 따르죠. 그것도 어느 날 갑자기. 오랫동안 이 정부는 환경오염에 대해 아무런 조치를 취하지 않았어요. 오직 경제 성장만 중요하게 생각했지요. 그러나 북경에 미세먼지가 지독한 날이 잦아지자 이제는 환경 범죄자들을 반역자들처럼 처벌하죠."

"마음만 먹으면 심한 환경오염을 저지른 자에게 사형도 언도할 수 있어요. 마약 거래를 한 자나 경제사범에게만 사형을 내리지 않아요. 중국처럼 사형 선고가 많은 나라는 이 세상 어디에도 없을 거예요."

그날 밤 나는 악몽을 꾸었는데 모든 것이 현실처럼 보였다. 꿈에서 나는 어떤 배우에 대해 알아보려고 분장실을 살펴보았다. 나는 배우가 무대에 신고 나가는 엄청나게 큰 신발을 조사하는 임무를 맡았다. 그러나 모두 각자 역할을 맡아 나를 훼방했다.

"무대 뒤를 보는 것은 금지입니다. 걸리면 사형이에요!"

"기자인데요?"

"나라에서 내 준 허가증이나 감시자를 동행하지 않은 기자? 그런 사람들은 강제 노역소로 끌려가요. 히말라야나 고비 사막 어딘가에 그런 곳이 있어요."

나는 땀에 흠뻑 젖은 채 잠에서 깼다.

6월 3일, 온주 시내

중국 신발 특화 도시에 도착한 지 사흘째다.

오늘은 내 일정의 하이라이트가 있다. 우리가 갖고 있는 운동화 사진을 나한테 보내 주었던 공장을 찾아가는 거다.

지난밤 꾼 악몽에도 불구하고 어쨌든 잠은 잘 잤고, 아침으로 국수와 만두를 든든하게 먹었다. 커피도 충분히 마셔서 음식을 말끔하게 밑으로 밀어냈다. 자, 시작!

하지만 내가 찾아간 곳은 다시 가게였고, 모든 것이 그대로 반복되었다. 심지어 나는 내 미팅 파트너가 어제 만났던 그 사람이 아닌가 하는 의심까지 들었다. 옷만 갈아입고 다른 장소에 나타난 것 같았다. 그러나 중국인들이 다 비슷해 보여 그렇게 생각되었을지도 모른다.

인사를 하고 명함 교환을 하다 보니 한 시간이나 지났다. 나한테 운동화 사진을 보내 주었던 공장이 정작 그들이 만들었다는 운동화는 내게 보여 주지 않았다.

"내일 오시면 됩니다."

"운동화가 어디에 있는데요? 이거 대체 뭡니까?"

내가 목소리를 높였고, 내 입에서 나가는 말도 더 이상 공손하지 않았다. 아무도 독일어를 알아듣지 못했으니 다행이다.

나는 체면을 구길 위험에 처해 있었지만 그런 건 상관하고 싶지 않았다. 그런 거짓부렁이나 들으려고 지구 반 바퀴나 돌아온 게 아니다. 화난 얼굴로, 잔뜩 실망한 채 나는 호텔로 돌아가 방에서 수첩을 꺼내 메모했다.

> 집으로 가지고 갈 새로운 발견들
>
> 첫 번째 발견- 중국인들은 내가 생각했던 것처럼 친절하지 않다. 그리고 전혀 깨끗하지 않고, 겉으로 보이는 것처럼 정리정돈을 잘하지도 않는다.
>
> 중국인들은 교육을 많이 받았다고 알려져 있고, 남 앞에 잘 나서지 않고,

> 항상 다정하게 웃는다고 알려져 있다. 그러나 실제로는 전혀 딴판이다. 온주
> 의 중국인들은 상당히 무례했다. 그들은 언제나 화난 얼굴을 한 채 에스컬레
> 이터나 출입구에서 상대를 거칠게 민다. 특히 어디를 가든 아무 데나 침을 뱉
> 는다. 반짝반짝 빛나는 공항 바닥에도 침을 뱉는다. 심지어 비행기나 호텔 카
> 펫에도 뱉는다. 역겹다.

오후에 가기로 한 네 번째 공장의 만남도 내가 이미 알고 있는
순서에 따라 그대로 진행되었다. 실망스러운 경험을 한 끝에 나
는 다시 호텔로 돌아가기를 포기하고 걸어서 주변을 살펴보기로
했다.

행인들이 밀치는 대로 가다 보니 시장 한복판처럼 보이는 상가
에 도착했다. 그곳에서 온주가 상상했던 모습의 중국으로 갑자기
변했다. 좁은 가게에 울긋불긋한 상품들이 탁자 위나 바닥에 널
브러져 있고, 벽에는 천장까지 물건들이 주렁주렁 걸려 있었다. 그
사이에 중국어 글자판이 화려한 색으로 여기저기 놓여 있었다. 그
리고 입구에서 울리는 시끄러운 음악과 낯선 말들이 귀를 쩌렁쩌
렁 울려 댔다.

게다가 냄새가 진동했다. 석탄과 오줌, 땀 냄새가 범벅이고, 기
름에 뭘 튀기는 것 같은 냄새와 전형적인 향신료 냄새가 뒤섞여
있었다.

어떤 가게 앞에는 동물들을 가둬 놓은 바구니, 어항, 새장 등

이 있었다. 물고기와 게 종류가 보였고, 거북이도 있고, 여러 종류의 새들이 있었다. 그곳은 애완동물 가게가 아니라 맛있는 별미를 파는 곳이었다. 중국인들은 거의 모든 종류의 생물을 맛있게 만들어 먹는 것으로 유명하다. 강아지도 별미가 된다. 사람들은 그걸 장에서 살 때 집에 가서 바로 요리할 수 있게 손질해 달라고 한다. 때로는 파는 곳 바로 옆에 걸어둔 큰 냄비에 집어넣고 살짝 데치기도 한다.

나는 한참을 더 걷다가 한 노점상 앞에 쭈그리고 앉았다. 만두 같은 것이 수북이 쌓여 있는 것을 손으로 가리켜 주문했다. 그 안에 뭐가 들어 있는지 알 수 없었다. 만두피 속에 들어 있는 것도 맛이 좀 이상했다. 소고기처럼 질기지도 않고, 양고기 맛도 나지 않았다. 돼지고기나 닭고기처럼 부드러웠지만 뭔가 더 맛이 강한…… 어제 시장에서 본 베른하르디너의 모습을 머릿속에 떠올리지 않으려고 애를 썼지만…… 갑자기 식욕이 사라졌다.

때마침 중국에서 사람들이 많이 다니는 길에 흔히 볼 수 있는 장면이 내 눈에 들어왔다. 나와 불과 10미터도 떨어지지 않은 곳에서 일어난 일이었다. 한 노인이 어린 사내아이를 덥석 잡아 엉덩이를 쓰레기통 위에 들고 있었다. 사내아이는 굳이 바지를 내릴 필요도 없었다. 아이는 바지 아래에 뚫려 있는 구멍 사이로 큰 볼일을 보았다. 그런 스타일의 바지가 중국에서 대히트를 쳤을 것 같다. 어쩌면 우리나라에서도. 그것을 보자 조금이나마 남아 있던 허기가 싹 사라졌다.

난 돈을 지불하고 길을 걷다가 금방 길을 잃었다.

사실 나는 그곳에서 호텔로 돌아가는 길을 잘 알고 있다고 생각했었다. 택시를 타고 같은 길을 네 번이나 왔다 갔다 했으니 말이다.

그러나 걸을 땐 차를 타고 다니는 것과 달랐다. 번화한 곳 사이사이에 휴경지가 나타났다. 온주가 진흙밭에 세워진 도시라서 많은 수로가 도시를 가로지른다. 그러다 보니 외지인은 계속 막다른 골목이나 다리가 설치되어 있지 않은 운하와 맞닥뜨린다. 안타깝게도 호기심 많은 사람에게는 적합하지 않은 도시다.

처음에는 운하로 이어지는 막다른 골목에 들어갔다. 그 다음에 걸어간 곳은 이웃 도시까지 연결된 고속도로 옆이었다. 내가 실망한 채 뒤로 돌아 걷고 있는데 어떤 남자가 내게 말을 걸었다.

"구텐 아벤트!"

남자가 나한테 독일어로 말했다는 것을 난 잠깐 정신을 집중하고 나서야 알아챘다. 유니폼을 보니 그제야 그가 제대로 보였다. 내가 묵고 있는 곳의 호텔 보이였다. 그와 함께 걷다가 모퉁이를 두 번 도니 호텔이 보였다.

"저기 보이죠?"

그는 장차 '온주 인터내셔널 호텔'의 매니저가 되고 싶어서 영어와 독일어를 틈틈이 배우고 있다고 했다. 이름은 '리'였다, 리가 내일 오후 내게 시내 구경을 시켜 주겠다고 제안했다. 그리고 자기 사촌이 신발 공장, 그것도 대기업에서 일을 한다는 말까지 해서 난 무척 반가웠다.

호텔 방으로 돌아가서 다시 수첩을 손에 들었다. '첫 번째 발견_중국인들은 내가 생각했던 것처럼 친절하지 않다.'라는 말 뒤에 '예외적으로 친절한 사람도 있다.'라고 적었다. 이제는 모든 중국인들이 비슷해 보인다는 생각도 조금 바뀌었다.

🥾 모든 중국인은 똑같이 생겼다_ 서양인들도 그렇다

중국인이 보기에 서양인(코쟁이)은 다 똑같이 생겼다고 주장하는 것처럼 우리도 똑같은 선입견으로 중국인(째진 눈)을 대한다.

과학자들은 왜 그런 현상이 일어나는지 조사했다. 그것은 우월 감이나 인종주의와 상관없다고 밝혀졌다. 누구나 자주 접하지 않는 얼굴을 잘 구분하지 못하는 것이다. 과학에서는 그것을 '인종 교차 효과'라고 부른다.

처음 중국에 온 외지인들은 현지인을 보면 다 똑같이 생겼다고 한다. 그러나 좀 더 자세히 들여다보면 제각각 다른 점이 눈에 뜨인다. 어떤 사람은 얼굴에 살이 도톰하고, 어떤 사람은 눈이 동그랗고, 어떤 사람은 입이 작고, 어떤 사람은 머리카락이 길고, 어떤 사람은 귀가 엄청 크다. 마침내 외지인은 개개인의 얼굴을 각각 다른 얼굴로 구분할 수 있게 된다.

중국인들 가운데 전혀 중국인 같아 보이지 않는 사람도 있다. 인구의 약 10퍼센트가 중국의 실질적 인종인 한족에 속하지 않고, 수많은 소수민족에 속해 있다. 중국인들은 '중국인'과 '한족'으로 구분해서 말한다.

'중국인'은 오늘날 중화인민공화국에 살고 있는 사람들 가운데 외국인이 아닌 사람을 일컫는 말이다. 즉, 중국 국적을 갖고 있는 사람들이다. '한족'은 어떤 소수민족에도 속하지 않은 채 중국의 실질적 민족에 속해 있는 사람들을 일컫는 말이다. 그들은 중국 인구의 90퍼센트가 넘는다. '한족'을 정확하게 말하면 '중국 인종'이다.

제4장

온주에서의 방황 _ 운동화 대신 새로운 친구를 만나다

부끄럽지만 솔직히 고백하건대, 나는 그동안 온주 사람들이 어떤 신발을 신고 다니는지 주목하지 않았다. 얼굴, 옷과 표지판에만 온통 신경이 집중되어서였다.

오늘에서야 아래쪽을 쳐다보았다. 소수, 특히 나이가 많은 중국인들만 샌들이나 나무로 만든 신발을 신고, '마오 복장'이라고 부르는 허름한 인민복을 입고 다녔다. 제2차 세계 대전 이후 공산주의자들이 권력을 잡았고, 그들의 지도자 마오쩌둥이 모든 중국인들에게 똑같은 옷을 입고 검소하게 살 것을 지시했다. 어느 누구도 다른 사람들 눈에 띄는 옷을 입으면 안 됐고, 마오쩌둥을 비롯해 모두 회색 인민복을 입었다. 대부분의 젊은 중국인들은 여기 온주에서 서양식 옷에 현대식 신발을 신고 다닌다. 대부분 운동화를 신는다. 나는 아디다스, 퓨마, 나이키에서 만든 신발들을 쉽게 알아볼 수 있었다. 나도 그사이 나름 전문가가 되었으니까.

6월 4일, 온주 시내

온주에 도착한 지 나흘째 되는 날이다.

오늘은 독일 – 중국 상공회의소 회장 슈미트 첸 씨의 주선으로 마침내 신발 공장을 찾아갈 수 있었다.

슈미트 첸 씨는 중국인으로, 아내는 독일인인데 독일어가 유창하다. 그녀는 공장 견학을 하려는 나와 동행해 주겠다고 제안했다.

"그런데 새벽 7시까지 공장에 도착해야 해요."

나는 동양의 시장에선 특화 구역을 흔히 볼 수 있는 것처럼 온 주의 신발 공장도 어느 한곳에 모여 있을 거라고 생각했다. 그런데 여기저기 공장이 흩어져 있다고 했다.

우리가 왜 아침 7시까지 공장에 도착해야 하는지 그곳에 가서
야 알게 되었다.

창 신발 공장의 하루는 군대처럼 아침 조회부터 시작되었다. 아
스팔트가 깔려 있는 공장 운동장을 자세히 보니 작은 표시를 해
놓은 것들이 많이 있는 게 눈에 띄었다. 노동자들이 각자 설 자
리가 정해져 있는 표시였다. 그래서 수백 명의 근로자들이 여기
저기 우왕좌왕하지 않고, 주석 병장들처럼 제시간에 차렷 자세
로 도열했다.

우리도 회사 사장이 하는 말을 함께 들어야 했다. 나는 아무 말
도 이해하지 못해 사장의 말소리에만 귀를 기울였다. 뭔가 엄격하
게 지시를 내리는 것처럼 매우 강경하게 들렸다.

잠시 후 나는 창 씨가 회사를 위해 자기가 짊어진 책임이 얼마
나 큰지에 대해 말했다고 전해 들었다. 그리고 각각의 노동자들에
게 주어진 책임, 품질을 통해 세계에서 받고 있는 평가를 보존해
야 한다는 것, 세계의 경쟁이 날로 치열해지고 있기 때문에 모든
근로자들이 더 열심히, 더 오래 일해야 한다는 것, 품질을 절대 떨
어뜨리면 안 된다는 말을 했다고 통역을 통해 들었다.

그런 지시사항을 들은 후 근로자들이 사가(社歌)를 부르며 체조
를 했다. 사가는 근로자 모두 제각각 주요한 임무를 수행하고 있
음에 한없이 행복해 한다는 내용이었다.

온주를 위해, 조국을 위해, 편하고 안전한 신발을 신고 활기차게

걸어 다닐 이 세상 모든 사람들을 위해.

근로자들이 종종걸음으로 작업장에 가는 동안 사장이 우리에게 사무실에 가서 차를 한잔 마시자고 했다.

통상적인 인사를 한 다음 회사의 창업자이며 사장인 창 씨가 회사의 연혁을 짧게 소개했다. 아버지가 쓰시던 도구를 물려받은 평범한 구두 수선공이었던 그는 초창기에 매우 가난해 신발을 부엌에서 만들었다. 그러다가 성공해야겠다고 굳은 결심을 하고, 밤낮없이 일을 해서 온주에서 최상품의 신발을 만들었다. 그것으로 돈을 벌어 가게를 빌려 개업한 후에도 쉼 없이 일을 계속했다. 성공한 사업가라면 누구나 말하는 것처럼 그도 성공 비결을 성실함과 근면함 덕분이라고 했다. 직원을 고용해 일을 시켜 보았지만 대부분의 사람들이 그의 기대에 못 미쳤다. 그래서 자기는 모든 것을 갖게 되어도 다른 사람은 그렇지 않은 게 당연하다고 말했다. 공산주의에 대해서도 이러저러한 말들을 했다.

그렇게 말하고 창 씨가 회사 근로자들 앞에서 길게 했던 말을 반복했다. 자기가 운영하는 신발 공장이 인류에 막중한 임무를 지고 있으며 회사에서 일하는 근로자들도 그 책임을 함께 짊어져야 한다는 것, 그렇게 해서 만들어지는 훌륭한 신발들에 대해…….

마침내 창 씨가 우리를 공장 안으로 안내했다. 정확히 말하자면 여러 작은 작업장 가운데 하나를 공개했다. 그곳에서 작업이 순서대로 진행되고 있었다. 제일 먼저 밑창을 만드는 근로자들이 보였다. 거대한 롤에 감겨 있는 원자재에서 일부분을 잘라내 각 밑창의 모형에 따라 고무를 잘랐다. 그 뒤에는 100명쯤 되는 근로자들이 줄을 맞춰 특수 재봉틀 앞에 앉아 있었다.

한 관리자가 우리에게 작업 진행에 대해 설명해 주었다. 이 작업장에서는 먼저 외피에 재봉질을 한 다음 안창을 붙이는 일이 진행되었다. 그 작업을 위해 길고 튼튼한 특수 바늘이 꽂혀 있는 재봉틀이 준비되어 있었다. 그곳에서는 숙련된 근로자들이 일했다.

모든 것이 순조롭게 진행되는 것처럼 보였다. 근로자들은 스트레스도 별로 받지 않은 채 넉넉한 공간에 자리를 잡고 편안하게 앉아 있었고, 작업장은 천장이 높아 통풍도 잘되고 기온도 쾌적했다. 전체 공장의 환경이 그곳과 같을까?

내가 앞으로 걸어가다가 안내자가 왼쪽으로 꺾으라고 했지만 일부러 오른쪽으로 가자 회사 직원이 즉각 예민하게 반응했다. 그리고 누군가 웃는 얼굴로 다가와 내 앞길을 막았다.

"여기로 가면 안 됩니다."

"거기로 가면 아무것도 없답니다."

나는 통역을 통해 들었다.

"창고뿐이래요."

결국 우리는 외부인에게 보여 주는 작업장만 보았다. 나는 대학교에 다닐 때 공장에서 종종 일하며 학자금을 마련했기 때문에 일이 바쁜 공장이 어떤 모습인지 잘 알고 있다. 사실 바쁘게 움직이는 작업장은 복잡하게 어지럽혀 있기 마련이다. 하지만 온주의 그 공장에는 뭔가 부족하다는 것을 나는 직감적으로 알아챘다.

우리는 직원의 안내에 순순히 따랐다.

마지막으로 회사 직원이 선물로 주는 운동화 박스를 건네받고 헤어졌다. 그러나 나는 자동차에 타자마자 슈미트 첸 씨가 좀 더 진실을 털어놓을 때까지 귀찮게 질문을 퍼부었다.

온주에 소위 '신발 공장'이라고 하는 회사가 4,000개가 넘는다. 대부분의 신발 공장은 새로 지어진 건물에 입주해 있다. 그곳은 외국인 손님에게 보여 주는 공장이었다. 실제 작업은 공장 뒷마당에서 이뤄지고 있었다.

"그런 공장도 보고 싶어요."

내가 말했다.

"오, 그건 어려워요."

슈미트 첸 씨가 말했다.

"그럼 다시 나 혼자 부딪쳐 봐야겠군요."

슈미트 첸 씨가 운전사에게 상체를 숙이더니 뭔가 귓속말을 했다. 그러자 자동차가 갑자기 왼쪽으로 방향을 틀어 작은 길을 지

나 어느 공장의 뒷마당에 도착했다.

슈미트 첸 씨가 먼저 건물 안으로 들어갔다 나오겠다고 했다. 나는 그 사이 주변을 둘러보았다. 그곳은 우리나라에서 볼 수 있는 재활용품 집합소처럼 보였다. 고철, 나무판자, 엄청난 양의 플라스틱, 고무가 수북했다. 원자재일까? 아니면 쓰레기일까?

슈미트 첸 씨가 돌아와 기분 좋게 고개를 끄덕였다. 작은 공장 안을 구경할 수 있게 되었다는 뜻이다. 그러나 대부분의 작업장에서 작업이 이뤄지지 않고 있었다. 나는 기계 몇 대와 특수 재봉틀과 통만 보았다. 그곳은 접착제를 보관하는 창고라고 했는데 안창을 잘라내고, 외피를 재봉질하고, 상표를 붙이는 작업만 하고 있었다.

그런데 신발에 이상한 상표가 붙어 있었다. 아비바스! 아디다스와 똑같이 생긴 운동화였다.

나는 다시 호텔에 돌아와 샤워를 하고, 수첩에 몇 가지 발견한 것들을 적었다. 그런데 내 방에서 이상한 냄새가 났다. 주유소나 공장에서 나는 냄새 같았다.

냄새의 진원지는 쉽게 찾을 수 있었다. 내가 받아 온 운동화에서 나는 것이었다. 접착제와 용해제의 냄새가 지독했다. 그제야 나는 공장에서 무엇을 보지 못하고 왔는지 뒤늦게 알아챘다. 접착부!

그래서 수첩에 적었다.

집으로 가지고 갈 새로운 발견들

두 번째 발견- 중국 신발 공장이 반드시 자체 공장을 갖고 있는 것은 아니다. 나는 누가 자기 공장에서 물건을 만들어 매장에 내놓는지, 누가 단순한 상인이고, 도매상인지 구분할 수 없다. 많은 가게들이 기계와 수많은 근로자가 있는 자체 공장을 갖고 있지 않다. 어떤 공장은 규모가 너무 작아서 회사라고 말하기도 어렵다. 그런 것들은 어느 구석 작은 공간에서 특별한 수작업만 한다.

그날 저녁, 나는 호텔 바에서 코카콜라만 마셨다. 오른쪽에 앉은 사람이 내게 불쑥 물었다.

"코카콜라를 중국어로 뭐라고 하는지 아세요?"

"코카콜라 아닌가요?"

"아니요, '커코우커러'라고 합니다."

"진짜요?"

"예, 처음에는 사람들이 코카콜라의 발음만 생각하고 '커커컨러'라고 했었대요."

"비슷하게 들리네요."

"그런데 그 단어를 중국어로 해석하면 '양초 올챙이를 물어라'였어요. 그걸 듣고 마시고 싶은 생각이 날까요?"

"아니오!"

"우리가 싫어하는 것도 잘 먹는 중국인들도 그랬대요. 그래서 이름을 커코우커러로 바꿨어요. 그 말의 뜻은 '맛도 좋고 기쁨을 준다!' 그런 내막이 있었던 거죠. 이곳에서는 제품의 이름을 지을 때 잘 지어야 해요. 여기는 무슨 일로 오셨나요?"

내가 사정을 털어 놓자, 옆 사람이 자기 이야기를 했다. 그는 알고 보니 이곳에서 신발과 가죽 제품을 제작해서 팔고 있는 영국의 백화점 품질 관리자로 거의 20년간 일하고 있다고 했다.

나는 그에게 묻고 싶은 게 수천 가지 있었지만 첫 번째 질문으로 수위 높은 걸 선택했다.

"중국인들이 신고 다니는 그 많은 아디다스, 퓨마, 나이키가 다 정품인가요?"

"아니오."

내 새로운 친구가 말했다.

"물론 아니죠. 중국인들은 운동화 한 켤레를 10~20유로면 충분히 사는데 굳이 80~100유로나 주고 사지는 않아요. 더구나 같은 공장에서 나오는 똑같은 제품일 때도 많으니까요."

"뭐라고요?"

"중국인들이 짝퉁을 기가 막히게 잘 만들거든요. 대부분의 공장들이 유지비가 많이 들어서 제품 개발실 같은 것도 갖고 있지 않아요. 대신 복제품 장인들이죠. 그런데 제품을 잘 모방하긴 하지만 몇 가지 실수는 꼭 해요."

"구체적으로 어떤 건가요?"

"공장 한쪽에서는 세계적인 브랜드 제품을 만들어요. 그리고 다른 곳에서 완전히 별개로 나뉘어 있는 작업장에서 비슷하게 닮은 모조품을 만들지요. 단지 신발만 그렇게 하는 게 아니에요. 드릴과 펌프를 생산하던 독일의 중견업체도 그것에 당했죠. 중국인들이 몇 킬로미터 떨어진 공장에서 그 회사 제품과 똑같은 것을 만든 거예요. 외국 회사들이 이곳에 들어와 기술을 빼앗기고 다시 중국을 떠나는 일이 종종 일어나요. 그러던 중국이 이제는 자체적으로 제품을 개발할 수 있게 되었어요."

"운동화도 독자 기술로 만드나요?"

"완벽한 운동화는 신 모델을 직접 개발하고, 신어 보고, 검증한 회사에서만 만들 수 있어요. 그건 엄청난 비용이 드는 일이죠. 그런데 그 사이 돈이 많아진 중국인이 나타나 여기 3억 달러가 있으니 한번 해 보라고 하는 거예요. 그래서 이제는 그들도 독자적으로 제품을 만들어 선수들에게 제공하고 있어요. 현재 상황이 그렇게 돌아가고 있어요."

"신발을 사고 파는 것은 온주에서 아무나 다 할 수 있어요."

내 왼쪽에 앉아 있던 사람이 우리의 대화에 끼어들어 말했다.

"뭔가 새로운 것을 만들어 틈새시장을 노리는 거예요."

나는 오른쪽에 앉아 있는 사람과 이야기를 더 나누고 싶어서 그의 말을 듣지 못한 척했다. 그러나 왼쪽 사람이 그냥 물러서지 않았다.

"내가 조언 하나 해 드리죠. 중국인을 위한 향수를 만들면 떼돈을 벌 수 있을 거예요. 당신들도 14억 중국인들에게 향수가 꼭 필요하다는 생각을 했을 거예요. 그런데 문제는 중국인들이 그걸 몰라요. 그러니 먼저 그들에게 향수가 필요하다는 것을 가르쳐줘야 해요. 중국인들은 뭐든지 다 하잖아요. 뭐든지 듣고 뭐든지 보지만, 냄새는 못 맡는 것 같아요. 특히 자기 자신의 몸에서 나는 냄새를요."

6월 5일, 온주

온주에 도착한 지 닷새째다.

나는 다시 악몽을 꾸다 깼다. 아침 여섯 시였다. 나는 '사랑도 통역이 되나요(Lost in translation)'에 나오는 배우 빌 머레이가 된 것 같은 느낌이 들었다. 다만 도쿄가 아니라 중국의 21세기 거대도시에 있다는 게 달랐다. 다시 잠이 오지 않아 빌 머레이가 했던 것처럼 이른 아침의 도시를 걸었다. 온주는 벌써 활기에 넘쳤다. 청소부는 거리를 청소하고 많은 직장인들이 출근하고 있었다. 사람들이 출근길에 아침 식사를 사 갔다. 모두 길거리에서 음식을 만들어 판매해 김이 모락모락 나는 작은 비닐봉지를 들고 갔다. 바닥에 시멘트가 깔려 있는 공원에는 노인들 특히 여자들이 함께 모여 태극권을 했다. 우아하고 천천히 몸을 돌리고, 팔을 원형으로 움직이며 어떤 형태를 만드는 것 같았다. 입을 쩍 벌린 사자나 몸을 비튼 낙타처럼.

그런데 주변을 살펴보니 조깅하는 사람은 없었다. 세계에서 운동화를 제일 많이 만드는 도시에 사는 시민들이지만 달리기는 거의 하지 않는 것 같았다. 집에 운동화는 있을까? 아, 태극권을 하는 노인들이 다양한 모양의 운동화를 신고 있었다.

오늘은 아무 약속도 잡혀 있지 않아서 나는 아침 식사 후 호텔에서 사귄 친구 호텔 보이 리와 함께 나가기로 했다. 그가 나에게 관광 명소를 보여 주겠다고 약속했다.

지금까지 내가 받은 온주에 대한 인상은 별로 예쁘지도 않고, 특히 역사가 깊어 보이지도 않았다.

나는 리를 호텔에서 만나지 않고, 호텔에서 좀 떨어진 곳에 있는 유명한 커피 체인점 앞에서 만나기로 했다. 리가 나와 같이 있는 모습을 호텔 동료들에게 들키지 않고 싶어 했다. 호텔 손님과 개인적인 만남을 갖는 게 엄격한 금지사항이기 때문이었다.

리는 운전사가 딸린 차를 준비했고 우리는 차에 함께 타고 출발했다. 방향을 두세 번 튼 다음 다양한 장식들이 되어 있는 오래된 건축물이 많이 있는 도로를 천천히 지나갔다.

"이곳은 구도심으로 19세기쯤 사업가들이 조성한 곳이에요. 온주에는 불교와 도교 사원이 몇 개 더 있어요. 기독교 교회와 성당

도 있지요."

리가 설명했다.

우리는 초대형 실내 체육
관이 있는 스포츠센터도 보
고, 박물관과 오페라, 많은 고
층 건물과 쇼핑가를 보았다. 모든
것이 다 있는 것처럼 보였지만 그래도 아직 도시가
덜 완성된 것처럼 보였다. 어딘지 허술한 틈이 계속 보였다. 어느
순간 갑자기 건물들이 더 이상 보이지 않더니 휴경지나 건축 자재
가 쌓여 있는 허허벌판이 나왔다. 내게 익숙한 풍경이었다.

나는 리에게 그의 가족과 리가 살아온 지난날의 일상에 대해
자꾸 물어보았다. 리는 버스를 타고 북쪽으로 몇 시간 가야 되는
작은 시골 마을 출신이었다. 학교에 다닐 때 날마다 아주 먼 길
을 걸어 다녀야만 했다. 리는 학교에서 성적이 가장 좋았지만 운
이 없어서 정부 장학금을 받지 못해 대학교나 체육 전문학교에 들
어갈 수 없었다. 다행히 시골 마을 인맥을 통해 호텔에서 일할 수
있는 교육을 받았다.

새로 조성된 주거지를 지나가면서 나는 동네 구경을 하고 싶다고 했다. 주택단지는 12층짜리 아파트가 대여섯 줄 길게 늘어서 있었다. 수많은 집들이 완공 상태인데도 텅텅 비어 있었다.

"이렇게 많은 집들을 지어 놓았는데 왜 사람들이 입주를 하지 않죠?"

내가 리에게 물었다.

리는 한참 동안 머뭇대더니 말했다.

"그 질문에 좋은 대답을 해 줄 수가 없네요. 많은 농민공들이 중국 곳곳에서 새 일자리를 찾아 이곳 온주로 왔어요. 그런 사람들이 살 수 있게 아파트가 지어진 건데 그들은 돈을 벌면 다 고향으로 보내니까 저렇게 비싼 아파트에서 살 수 없어요."

리도 그렇게 하고 있었다. 합숙소 같은 데서 사는데 방 하나에 이층침대가 잔뜩 있는 곳에서 다른 남자들과 함께 지내며 월급의 대부분은 고향에 있는 가족에게 송금했다. 리의 사촌 웨이도 같은 합숙소에 사는데 여자들만 사는 방에 산다고 했다. 리는 자기의 숙소를 내게 한사코 보여 주지 않으려고 했다. 숙소를 보여 주는 것을 몹시 부끄러워했던 리는 대신 웨이와 함께 식사할 것을 제안했다.

갑자기 운전사가 우리의 대화에 끼어들었다.

"아파트가 붕괴되는 일이 심심찮게 일어나요."

리가 통역해 줬다.

"우리 매형이 살던 집도 무너졌어요. 지진 때문에 그렇게 되기도 하지만 나쁜 건축 자재를 써서 그렇게 되는 경우가 많아요. 사람들은 그런 집을 부를 때 '두부로 만든 집'이라고 하지요. 바람이 불면 집이 흔들려서 음식에 넣은 두부 같거든요."

우리는 식당으로 가기 전에 오늘 관광 일정의 진수인 초록 오아시스를 보러 갔다. '사랑의 섬'이라고도 불리는 장신도는 온주 시내에 지대가 높은 곳에 강을 따라 길게 뻗어 있었다. 우리는 배를 타고 백설공주의 나라처럼 보이는 곳으로 건너갔다. 온주의 현대식 건물에 에워싸여 있는 그곳은 모든 것이 오래되어 보인다. 섬의 끄트머리에 설치되어 있는 두 개의 등대도 몇 개의 층에 발코니가 있고 뾰족한 지붕이 있어서 탑처럼 보였다. 천 년은 더 되었을 것 같았다. 온주에도 예쁜 곳이 있기는 했다.

리가 사촌 웨이와 함께 만나 식사를 하기로 한 식당에 들어갔을 때 나는 무슨 음식을 주문해야 좋을지 몰라 리에게 도움을 요청했다.

"굳이 고민할 필요 없어요. 중국에서는 대개 음식을 몇 개 시켜 모두 같이 나눠 먹어요. 그렇게 하면 이것저것 맛볼 수 있으니까요."

"유럽인들이 먹지 못하는 게 있을 수도 있잖아요."

혹시 나도 모르게 강아지 요리를 먹게 되지는 않을지 걱정스럽다고 나는 말했다.

"강아지? 그런 것은 일반 요리랑 같이 나오지 않아요. 그런 것은 잘 안 나오고, 특별히 누가 주문해야 주는 거예요. 일반 식당에서 먹기에는 개고기가 비싸기도 하고요."

우리가 나눈 이야기를 리가 웨이에게 통역해 주자, 웨이가 말했다.

"새 요리도 요즘 거의 없어요. 작은 새를 찢거나 조리하는 게 2008년 올림픽 때문에 외국인이 많이 들어올 때 금지되었거든요."

"맞아요."

리가 그 말을 번역해 주고 이어서 말했다.

"요즘은 기껏해야 참새 요리 정도밖에 안 해요. 마오쩌뚱 시절에는 참새를 많이 잡았죠. 특이한 음식 재료에 대해 말하는데 우리 중국인들도 야만적이라고 생각하는 게 있어요. 서양인들이 식당에서 날카로운 칼로 고기를 잘라 먹는 것을 보면 그렇죠. 중국에서는 모든 음식이 잘게 썰어져 나오니까요. 우리 식문화는 쇠로 된 도구를 사용하지 않고 나무젓가락만 있으면 뭐든지 찢어 먹을 수 있어요."

리의 사촌 웨이가 후식을 먹으면서 직장 생활에 대해 이야기했는데 어제 내가 신발 공장에서 보고 들은 것과는 완전히 다른 내용이었다. 웨이는 접착부에서 일한 지 2년이나 되었는데도 원자재, 용해제와 접착제가 뿜어내는 냄새에 아직도 적응이 안 된다고 했다. 오히려 더 예민해졌다고 한다.

공장에는 마스크를 쓰고 독가스를 조심하라는 현수막이 걸려 있지만 어느 누구도 그것을 따르지 않는다고 했다. 특히 새로운 접착제와 섞기 위해 용해제의 뚜껑을 열 때가 제일 힘들어서 그런 일이 있을 때마다 근로자가 기절해 근처의 병원으로 실려 간다고 했다.

그런데도 나란히 붙어 앉아 접착하는 일을 하는 근로자들은 마스크도 쓰지 않은 채 일한다. 웨이가 근무하는 작업장의 근로자들은 신발의 부속을 붙이는 일을 하는데 하루에 2,000~3,000개의 운동화를 붙여야 한다. 하루에 배당된 분량을 채우지 못하면 남아서 잔업을 더 해야 퇴근할 수 있다.

웨이가 내게 자기의 손을 보여 줬다. 손의 피부가 여기저기 벗겨져 있었다. 현재 담당하고 있는 일은 밑창에 접착제를 스프레이로 뿌리면 동료가 안창에 붙여 놓은 외피를 이어 붙이는 것이다. 그래서 접착제를 내뿜는 분사기에 밑창을 들고 있어야 했다.

접착부에서 일하는 인원이 얼마나 되냐고 묻자 제법 많다고 했다.

"신발 공장에서 일하는 사람 거의 대부분은 접착하는 일을 해요. 외피에 쓰일 재료를 다 붙여야 하고, 밑창도 하나씩 다 붙인 다음 외피에 붙여 줘야 되거든요. 마지막 단계에서 바느질된 구멍에 접착제를 스프레이로 한 번 더 뿌려 줘야 일이 끝나요."

그제서야 나는 외부인들에게 보여 주는 공장에서 무엇을 보지 못하고 왔는지 확실히 깨달을 수 있었다. 나한테 그 모습을 들킬까 봐 다들 두려워했던 모습도 생각났다.

호텔로 돌아온 후 나는 온주에 대한 공식 홍보물을 다시 읽어 보았다. 거기에도 온주에 약 4,000개의 신발 공장이 있다고 적혀 있었다.

그 사이 모은 정보에 따라 나는 이런 결론을 내렸다. 창 씨가 보여 준 신발 공장은 외부 사람들에게 보여 주기 위한 목적으로만 이용되는 예외적인 곳이다. 웨이와 리는 이곳에서 일하는 평범한 근로자의 전형적인 모습이다. 그들은 값싼 농민공들로 월급의 대부분을 시골 고향으로 보낸다. 그래서 새로 지은 많은 아파트들은 텅텅 비어 있다. 급속하게 성장하는 대도시 온주의 원대한 계획이 완수되지 못할 위기에 처해 있다.

6월 6일, 온주

온주에 도착한 지 엿새째다.

아침 첫 비행기를 타고 회사의 통신원이 날아왔다. 그래서 아침 식사 때부터 일에 대한 이야기를 할 수 있었다. 통신원 요아킴 쿠르츠, 상공회의소 대표 슈미트 첸 씨와 내가 한자리에 모여 앉았다.

"공장에 가짜 상품들이 엄청나게 많던데요?"

내가 말했다.

"우리가 보는데도 굳이 감추지 않던 걸요?"

슈미트 첸 씨가 말했다.

"예, 안타깝지만 아직도 그런 일이 비일비재하지요. 하지만 앞으로는 그렇지 않을 겁니다. 중국이 날마다 변하고 있으니까요. 누구나 처음에는 다른 사람이 만들어 놓은 물건을 따라 해서 만들지요. 당신네 나라도 처음엔 19세기에 영국의 모든 것을 모방했죠. 그러다가 이제는 여러 분야에서 영국을 앞지르게 되었고요."

나는 통신원과 함께 상공회의소 대표에게 질문을 퍼부었다.

"중국인들은 외국인을 왜 그렇게 배척하나요? 사형 선고가 그렇게 많이 내려지는데 왜 아직도 부정부패가 심한가요? 엄연히 시장 경제인데 왜 아직도 공산당만 뭐든지 말할 수 있나요?"

슈미트 첸 씨는 우리의 질문을 묵묵히 듣더니 잠시 생각한 다음 길게 대답했다.

"그 모든 질문에 대해 좋은 대답을 해 주지요. 우리나라가 세상의 중심, 즉 중국이기 때문이에요. 우리는 위대한 문화유산을 갖고 있는 나라예요. 서양은 이제 그것을 인정해야 합니다. 우리는 우리끼리만 살아도 충분해요. 인구 14억이 한 나라에 살고 있어서 그렇다는 게 아닙니다. 이 땅은 유럽 전체가 자리를 잡을 수 있을 만큼 큰 나라예요. 우리의 문화는 세계에서 제일 위대하고 역사가 가장 깊지요. 우리는 그것을 초등학교 때부터 배우고 자라서 자다가도 그것을 말할 수 있어요. 인류에게 가장 중요한 발명품들이 이 나라에서 나왔어요. 종이, 실크, 화약, 국수, 바퀴…… 우리는 콜럼버스 이전에 미국을 발견할 수도 있었어요. 정화(Zheng He) 장군이 당시 최고의 함대로 인도양을 정복하고, 거기까지 가려고 막 출동하려던 참이었는데…… 새롭게 권좌에 오른 황제가 그의 함대를 폐기하고, 중국이 해외 출정을 더 이상 하지 못하게 만들었죠. 우리가 그렇게 자제한 것에 대한 보상엔 뭐가 있었나요?"

슈미트 첸 씨가 대답을 기다리는 표정으로 우리를 번갈아가며 바라보았다. 우리가 바로 대답하지 않자, 그가 말을 계속했다.

"유럽인들은 그들의 힘이 강해졌다는 확신이 들자, 중국을 정복하려고 했죠. 영국은 19세기에 전쟁을 일으켰고, 인도에서 재배한 마약을 중국에 팔기 위해 상인들의 손에 쥐어 주었죠. 그것으로 모든 중국인들을 마약 중독자로 만들어 버릴 셈이었어요. 그렇게만 되면 영국은 우리 중국인들을 더 이상 두려워하지 않고 이익을 극대화할 수 있었으니까요. 당신들의 나라 독일과 프랑스도 먼 동양에서 땅덩이를 조금 차지하려고 했었죠. 중국이 거의 폐망 지경에 이르자 그때는 일본이 야욕을 드러냈어요. 그들이 1931년 현대식 군대를 이끌고 쳐들어와 내 고향에서 대학살을 저질렀어요. 그렇게 중국인들은 오랫동안 굴욕을 맛봐야만 했습니다."

슈미트 첸 씨가 말을 끊고 비난 가득한 눈빛으로 우리를 바라보더니 다시 말을 이었다.

"그러나 제2차 세계 대전이 끝나자 마오쩌둥과 공산당이 등장 했지요. 처음에는 소수의 그룹이었지만 긴 행군을 하는 동안 인원이 점점 불어났죠. 그들이 모든 외국인과 그들과 관계 있던 중국인들을 나라 밖으로 추방했어요. 이 나라를 다시 재건하는 과정은 매우 힘들었어요. 물론 그 과정에서 몇 가지 실수도 있었죠. 그러나 중국은 산업이 발전하기까지 불과 몇십 년밖에 안 걸렸어요. 우리는 다른 많은 나라에 뒤처진 상태로 시작했죠. 하지만 이제는 우리가 그들을 추월하고 있어요. 국민들이 열심히 일하고, 성공적인 산업 국가가 되기 위해 필요한 지하자원, 에너지, 농업, 강, 근로 의욕에 가득 찬 노동력, 그리고 현명한 지도자를 두루 갖추고 있기 때문이죠."

통신원은 내말에 고개를 끄덕였다. 슈미트 첸 씨의 말은 마치 교과서에 나온 글 같았다. 우리의 질문에 대한 대답은 끝내 들을 수 없었다. 그런 상황에 더 이상의 말을 할 필요가 없었다.

6월 6일 오후, 온주 시내에서 통신원과 함께 산책

오후에 나는 통신원 요아킴 쿠르츠와 함께 온주 번화가를 걸었다. 모든 것이 서양처럼 보였다. 대형 상가가 죽 이어지고, 세계적인 상표의 가게들이 수두룩했다.

"거의 서양식 제품만 만들거나 모조품을 만들던 시기는 지나갔어요."

요아킴 쿠르츠가 말했다.

"이제 중국인들은 많은 영역에서 필요한 지식을 갖게 되어 그에 합당한 전문가도 확보했어요. 신발 같은 것을 직접 개발한 디자인으로 자체 제품을 만들기 시작한 거죠. 자동차처럼 고도 기술 분야도 그렇게 되었고요."

"예를 들면 어떤 거요?"

"그레이트 월 모터스가 제법 괜찮은 SUV 하발 H8을 생산했고, 소형차 '지리 글리글 판다'를 시장에 내놓았고, 그 차가 미국 충돌 테스트에서 최고 점수를 받았어요."

뒷골목으로 들어가자 거기에 있는 집들은 금방이라도 쓰러질 것처럼 보였다.

"이런 골목을 보고 착각하지 마세요."

요아킴 쿠르츠가 말했다.

"내가 중국에서 배운 게 있다면 바로 이런 거예요. 많은 것들이 마술처럼 보이고 실제로 연극 같죠. 교육을 받지 않아 단순 노동에 종사할 농민공들이 어마어마하게 많아요. 2억 내지 3억 명의 사람들이 일거리만 있으면 그곳으로 가죠. 그래서 중국은 외국인 노동자가 따로 필요 없어요. 농민공들은 대개 불법으로 고용되어 임금도 열악하죠. 제대로 교육받은 근로자와 숙련공들은 회사에 정규직으로 채용되고, 그들에 대한 법 규정도 확실해요. 지난 몇 년간 최저임금이 급격하게 상승했고, 현재는 260유로 정도 되지요. 그러나 빠른 경제 성장으로 생활비도 폭등했어요. 모든 것이 비싸졌죠. 그런 돈을 다 주고 저가 제품의 세계적인 경쟁을 이겨 낼 수 없어요. 방글라데시나 캄보디아 같은 다른 아시아 나라에서는 최저임금이 중국의 3분의 1밖에 안 돼요. 섬유산업 관련 외국 기업은 벌써 오래전부터 거기에서 제품을 생산하지요. 그러니 중국 사업가들이 값싼 노동력이 있는 새로운 곳을 찾아나서는 것도 당연한 일이에요. 당신이 찾고 있는 운동화와도 상관있는 일이지요. 온주의 대기업 신발 회사들도 그 사이 캄보디아나 베트남, 혹은 아프리카에서 제품을 만들고 있어요."

"아프리카에서요?"

"예, 이집트, 남아프리카, 에티오피아에서요."

"에티오피아? 그런 후진국에서요? 기아에 허덕이는 사람들이 많은 나라인데요?"

"예, 에티오피아는 중국과 협력하는 주요 국가 가운데 하나예요. 중국은 아프리카에 투자를 많이 하고 있어요. 그것에 대한 조사부터 해 보세요."

저녁 때 나는 수첩에 메모를 남겼다.

집으로 가지고 갈 새로운 발견들

세 번째 발견— 미처 완성되지 않은 온주가 벌써 끝을 향하고 있다. 고층 빌딩, 대규모 주거지, 불과 몇 주일 안에 도시의 한 구역이 건설된다. 그러나 많은 것들이 마무리되지 않았다. 많은 위성도시들이 날림 공사로 붕괴 위험에 처해 있다. 미 입주 상태로 비어 있는 집들도 많다. 단순 노동을 하는 농민공들이 20만~30만 유로나 되는 집을 사서 들어갈 수 없기 때문이다.

🥾 온주 혹은 중국의 발전이냐, 몰락이냐?

공식 보고서에 따르면 온주에 40만 명의 노동자들이 신발의 생산과 판매 직종에 종사하고 있다. 그러나 독립 조사 기관은 온주의 성공 신화 정점은 이미 찍은 지 오래된 것으로 판단한다. 중국이 세계 시장에 노동력이 집중되는 제품을 만들어 어느 정도 부유해졌기 때문이다. 중산층이 늘어나고, 백만장자, 억만장자가 계속 나오고 있다.

온주처럼 부자 도시에서의 평균 임금은 500~600유로이고, 정부에서 보장하는 최저임금은 2,400위안(약 260유로)이다. 이것은 상당히 높은 금액이고, 세계 시장에 내놓아 경쟁할 저가 제품 생산이 여러 영역에서 이제는 더 이상 가능하지 않게 되었다. 그래서 요즘은 많은 회사가 양보다 질을 생각해서 싼 제품 대신 고부가가치 제품을 만들려고 한다.

임금 상승뿐만 아니라 환경문제가 중국의 기본 입장을 바꾸는 계기가 되고 있다. 세계적으로 가장 많은 청바지를 생산하는 신탕에서는 거의 모든 것이 파랗다. 공장의 하수구에서 흘러나오는 물은 강으로 직접 흘러 들어가고, 강가의 쓰레기조차 파랗게 물이 든다. 소비자에게 많은 사랑을 받는 돌로 세탁된 청바지를 만들기 위해서 색깔의 대부분을 용암을 이용해서 탈색하고, 상당한 양의 표백제를 써서 바지 색을 뺀다.

다른 지방에서는 화학제품과 제초제가 땅과 강을 오염시킨다. 특히 전력의 상당 부분을 제공하는 많은 석탄 발전소와 점점 많아지는 자동차들이 공해를 유발해 중국의 대부분 대도시에서는 스모그가 자주 나타나고 있다.

6월 7일, 온주

이 나라에 머물 수 있도록 허락받은 시간이 줄어들고 있다. 아침 여덟 시에 싱가포르 행 비행기를 타야 된다. 안 그러면 체류 허가증이 없는 외국인이 되어 불법으로 국경을 넘어가야 한다.

나는 이른 새벽에 아침을 먹으면서 수첩을 폈다. 안타깝게도 이제껏 새로 깨닫게 된 발견들보다 새로 알게 된 네 번째 발견으로 총평을 남겨야 할 것 같다.

집으로 가지고 갈 새로운 발견들

네 번째 발견— 지난 5일 동안 신발 유통업자들과 함께 시간을 보내고, 신발 공장도 몇 군데 가 본 결과 내린 결론이다. 온주는 신발을 만드는 세계적인 수도이긴 하지만 우리가 발견한 운동화가 어디에서 만들어졌는지에 대한 단서는 찾을 수 없었다. 세상 그 어디에서도 찾아볼 수 없을 만큼 그렇게 많은 신발이 생산되는 이곳은 오리무중 막다른 골목이다.

6월 7일 이른 아침, 온주 국제공항으로 가는 길

리가 공항까지 함께 나와 나를 배웅해 주었다.

"아 참, 우리는 당신 같은 코쟁이들을 코쟁이라고 안 부르고 '라오웨이(老外)'라고 해요. '밖에서 온 노인'이라는 뜻이죠."

"네? 왜요?"

"수염을 기른 외국인들이 많은데 중국 젊은이들은 수염을 안 기르거든요. 중국인 가운데 나이 든 노인이나 지혜가 많은 중국인만 그렇게 해요."

"그래서 우리보고 노인이라고 한다고요? 그래도 지혜롭다고 보기는 한 거네요."

"아니, 코쟁이들은 절대 우리 중국인처럼 지혜로울 수 없죠."

리가 웃는 얼굴로 말했다.

"중국인이라면 뭘 조사하려고 단 며칠 동안 북경에서 온주로 오는 무모한 짓은 하지 않았을 거예요. 외국인들은 중국에서 일이 돌아가는 상황을 도무지 이해하지 못해요. 중국인들은 자기 혈족만 믿어요. 인간관계를 맺거나 연락처를 얻으려면 아주 많은 시간이 필요하지요. 중국에 온다면 중국의 문화와 언어를 이해할 수 있어야 해요. 그래야 존중을 받지요. 당신 나라에서는 안 그런가요?"

"많은 외국인들과 이민자들이 독일에서 살 생각으로 왔으면서도 그렇게까지 하지는 않아요. 그렇지만 사실 우리 독일인들도 그것을 바라지요. 우리나라에 오는 사람은 우리의 문화와 언어를 이해할 수 있어야 하니까요."

리가 고개를 끄덕였다.

"우리랑 같네요."

"예, 중국의 생활 방식은 전체적으로 이해하기가 참 어려워요."

"정말요? 몇 가지 기본 조건만 조심하면 돼요. 중국의 규칙을 존중하고 항상 예의 바르게 행동해야 돼요. 바로 본론으로 들어가면 상대 중국인들이 압박을 받으니 그렇게 하면 안 돼요. 일단 처음에는 간단한 이야기를 하고, 웃고, 화난 표정을 짓지 말아야 하지요. 절대로 안 된다는 말도 하지 말고요. 그리고 나이프와 포크로 식사를 해서도 안 돼요. 다음에 중국에 오면 그런 것들을 꼭 기억하고, 중국어 몇 단어라도 외우고 오면 전혀 다른 경험을 하게 될 거예요. 인삿말부터가 시작이에요."

"나도 인삿말 알아요. 니 - 하오!"

나는 그렇게 말하면서 상체를 약간 숙였다.

"니 - 하오가 무슨 의미인지 아세요?"

"'안녕하세요'라고 하는 거잖아요."

"아니에요. 그건 그냥 '안녕!'이에요. 그래서 '닌 - 하오'라고 하는 게 더 나아요. 그렇게 해야 '안녕하세요'가 되는 거예요. 존댓말이죠. 작지만 중요한 차이가 있어요."

그런 다음, 리는 내가 중국 공항에 도착했을 때 어리둥절해 했던 중국 글자들을 설명해 주었다.

机场 – 지창 – 공항

그리고 到来 – 다오라이 – 도착

"다음에 오면 이 두 글자를 주의 깊게 봐야 해요 : 出口 – 이것은 '추코우'라고 읽는데 '출구'라는 뜻이에요. 그 다음 저기 '出租车' – 추즈츠 – 는 택시죠. 지금은 떠나야 되니까 국제선을 찾아봅시다. 国际航班 – 고우지항반, 그리고 出发 – 출발."

시간이 조금 남아서 우리는 간단히 요기를 하려고 작은 식당을 찾았다.

"저기 좀 보세요. 저게 무슨 의미인지 알겠어요?"

그가 餐厅을 가리키며 물었다.

나는 고개를 가로저었다.

"칸팅!"

"아, 칸틴! 독일에서도 구내식당을 그렇게 불러요."

그래서 우리는 공항 안에서 맛있어 보이는 만두를 같이 먹었다. 우리는 말없이 먹기만 했다. 각자 머릿속으로 생각하는 것을 말로 표현할 수 없었다. 중국어는 물론 독일어로도. 우리는 아마 다시 보지 않게 될 것이다.

나는 화장실에 가고 싶었다.

"화장실? 처수어?"

리가 둘러보고는 '廁所'라고 쓰인 표지판을 가리켰다.

이제 작별의 시간이 되었다. 리는 목례를 한 다음 내게 말했다.

"바이바이. 중국어로도 '바이바이'라고 해요."

그 말에 나는 리를 포옹했다. 중국식은 아니지만.

리가 가만히 있었다.

제5장

6월 9일 오후 10시, 우리 집 사무실

어젯밤에 싱가포르에서 30시간을 기다린 후 프랑크푸르트를 거쳐 다시 집으로 돌아왔다. 일주일 동안 내 몸과 정신이 아홉 시간의 시차를 두 번 극복해야만 했다. 그래서 아직도 정신이 멍하다. 청룡열차를 타고 있는 것 같은 기분이다.

그런 내가 딱해 보였는지 편집장이 휴가를 며칠 주겠다고 했다. 그러나 일단은 온주에서 내가 겪은 것들을 두 편으로 나누어 실을 수 있도록 원고를 제출한 다음 그렇게 하라는 거다. 나는 가서 경험한 것들을 그대로 적을 생각이었지만 편집장이 그런 내 생각을 나무랐다.

"독자들이 흥미를 가질 수 있도록 약간 뻥튀기를 해서 써야지, 안 그러면 작은 지면밖에 허락할 수 없어."

그래서 나는 르포를 쓰는 동안 뜻 모를 글자가 난무하던 온주에서 어느 누구의 도움도 받지 못한 채 홀로 헤맸을 때와 같은 느낌이 다시 들었다. 신발 공장에서 일하는 웨이가 공장의 비밀을 누설하는 첩자로 둔갑했다. 우리는 흔히 그런 것을 약간 극적인 효과를 주었다고 표현한다.

그 사이 편집장은 더 이상의 출장비 지출을 절약하기 위해 운동화를 다른 방법으로 조사하겠다고 했다. 운동화의 섬유 재질, 밑창과 신발에 남아 있는 이물질 등을 물질 연구소에 분석해 달라고 의뢰했다.

6월 10일 점심 무렵, 우리 집 사무실

이전 생활 리듬으로 되돌아오는 과정이 아주 느리다. 아직도 나는 밤에 자다가 깨서 몇 시간 동안 잠을 이루지 못한다. 그럴 때면 '하늘에서 본 독일' 시리즈를 본다. 그걸 보다 보면 어느 순간 스르르 잠이 든다.

쉬는 날에도 내 머릿속은 아주 복잡하다. 말하자면 기자로서 피 냄새를 맡은 셈이다. 나는 달리기와 운동화에 대해 모든 것을 알고 싶었다. 하지만 그것과 관련해 내가 찾은 것들은 단편적인 정보, 퀴즈, 잡다한 상식, 단순한 기록 등 큰 의미가 없는 것들뿐이다.

그것들은 기자로서 얻고 싶은 정보에 못 미치는 것들이라서 나를 화나게 한다. 사실 보도를 하기 위한 조사는 사실과 의미가 함께 작용해야 한다. 나는 일의 순서부터 정했다. 먼저 세부적인 사실을 점검한다. 누가 무슨 말을 했나? 그 정보를 점검할 수 있는 다른 독립적인 정보는 없나? 그런 다음 사실들을 서로 연결해 전체적으로 무슨 의미가 있는지를 파악한다.

나는 '달리기와 운동화의 전설'이라는 제목으로 우리 신문 온라인 편에 실을 수 있는 짧은 기사부터 작성했다.

6월 14일 11시 30분, 우리 집 사무실

내가 누구이고, 어디에 있는지 다시 정확히 알게 되었다. 내면의 시곗바늘이 다시 움직이기 시작했다. 이제는 몸을 더 움직여야 한다. 새파랗게 젊은 나이가 아닌 이상 온종일 컴퓨터 앞에 앉아 커피와 피자로 허기를 채우면서 몇날 며칠을 보낼 수는 없다. 밖으로 나가 움직여야 한다.

다행히 나는 일과 운동을 접목시킬 수 있다. 나가서 직접 달려보고, 운동화와 달리기에 실제로 나 자신을 투입시켜야 내가 원하는 것을 얻을 수 있다는 느낌이 강하게 들었다.

지금까지 나는 장거리 육상을 늘 두려워해 왔다. 학교에 다닐 때도 가벼운 운동만 좋아했다. 도구를 사용하거나 탁구 같은 것을 선호했고, 스포츠 종류는 뭐든지 잘하지 못했다.

오늘부터 나는 근처 시립 공원 숲에 가서 조깅을 하기로 마음먹었다. 숲에 가면 사람들이 많이 다녀 저절로 생긴 길이 있다. 길이는 제법 된다. 그 길을 가다 보면 집에서 스마트폰이나 만지작대다가 개를 데리고 산책 나온 사람들 몇 명 정도만 보인다. 그러니 거기에서 남의 이목을 신경 쓰지 않으면서 첫 도전을 해 볼 수 있다.

당장 오늘 낮에 시작했다.

일단 천천히 달렸다.

아무 문제 없었다.

좋다. 왼쪽 발목이 조금 당기기는 하지만…….

바로 포기하지 말자고 스스로 다짐했다.

조금 있으니 옆구리가 결렸다. 약간 통증도 느껴졌다.

크게 걱정하지 말자!

점점 호흡이 거칠어졌다. 마치 해마가 숨을 쉬는 것 같다.

약 2킬로미터 정도였지만 한 10킬로미터는 뛴 것 같은 느낌이었다. 숨이 막힐 것 같았다. 오늘은 그 정도로 끝냈다.

이런 식으로 달리다 언제쯤 제대로 조깅을 할 수 있게 될까?

그런데 예상보다 빠르게 편집장이 나를 회사로 불러냈다.

6월 18일 11시 30분, 편집부

출장 갔다 돌아온 나를 뭐가 기다리고 있을까? '멀쩡하게 다시 돌아왔네? 그 사이 당신 일을 누가 대신 해 줬는지 알아?'와 같은 동료들의 불만 섞인 질문일까?

그건 아니었다. 내 책상과 메일함에 처리하지 않은 일들이 넘쳐났다. 나를 본 편집장은 반가워하기보다 또다시 날아온 독자 투고 때문에 화가 난 얼굴이었다.

내가 이미 예상했었지. 당신네 신문사가 제품의 출처도 밝히지 못하고, 그 것을 신은 선수도 찾아오지 못할 거라고. 이 일을 제대로 된 전문가에게 맡기는 게 어때요? 내 친구의 아는 지인 중 슈피겔에서 일하는 사람이 있는데. 그쪽에 내가 추천서라도 써 줄 수 있음.

　－ 빌헬름 바이트만스탈 박사

군이 빌헬름 바이트만스탈 박사에게 추천서를 부탁할 필요도 없었다. 다른 언론 매체들이 우리가 확보한 운동화 때문에 계속 우리를 괴롭혔다. 전화로도 압박이 들어왔다.

"대체 언제쯤이면 우리가 그것을 볼 수 있나요?"

"제조사라도 확인되었나요?"

물질 분석한 결과를 기다리는 동안 내가 운동화와 관련된 뒷이야기라도 써서 틈을 메워 주어야 할 판이었다.

결국 나는 '세상에 어리석은 질문은 없고 어리석은 대답만 존재한다'는 언론계의 오랜 정설을 따르기로 했다. 소위 어리석다고 평가되는 질문들이 제대로 물어보지도 않고 다짜고짜 달려드는 성급한 질문이나 아는 체하는 사람의 설명보다 더 많은 것을 밝혀 낼 수도 있다.

일단 나는 질문들을 모아 봤다.

　－ 왜 아디다스와 퓨마의 본사가 헤르초게나우라흐와 같은 작은 도시에

가깝게 붙어 있나?

　- 왜 독일에서는 운동화가 더 이상 생산되지 않고 있나?

　- 왜 아프리카 출신 선수들이 잘 달리나?

　- 왜 그리고 어떻게 사람은 달리게 되었나?

　- 왜 아베베 비킬라가 1960년도 올림픽 마라톤 경기에서 우승할 수 있었나?

　무엇보다도 가장 중요한 질문 :

　- 왜 인간은 구두나 운동화 같은 신발을 필요로 하나?

6월 22일 오후 9시 30분, 미탁스큐리어 편집부

인터넷에 있는 수많은 기사들, 운동화 제작에 관한 책과 아디다스와 퓨마를 만든 다슬러 형제의 자서전까지, 운동화에 관련된 많은 출판물을 읽었다. 나는 그 모든 정보를 한꺼번에 다루려고 했지만 제일 먼저 신문의 새 시리즈에 실을 기사로 운동화가 처음 만들어진 시절까지 되짚어 보는 운동화의 역사에 관한 글부터 쓰기 시작했다.

달리기와 운동화의 신화 1
발자국 소리가 조용한 운동화가 세상에 나온 이야기

수천 년 동안 사람들은 부상과 추위로부터 보호하기 위해 식물이나 가죽으로 발을 감쌌다. 최초의 가죽 구두로 잘 알려져 있는 구두는 바빌로니아인들이 신었던 것으로 다리를 감싼 각반이다. 마치 모카신처럼 생겼다.

그리스인과 로마인은 샌들을 선호했다. 가죽으로 만든 두꺼운 밑창에 가죽 끈을 엮어 발을 고정했다. 중세기 초반부터 수제화 장인들이 점점 더 세련된 구두와 부츠를 만들었다.

1856년 최초의 재봉틀이 나오고 두꺼운 가죽을 재봉질할 수 있게 된 이후, 다양한 구두가 나오게 되었다.

언제, 어디에서 최초의 운동화가 만들어졌는지는 밝혀지지 않았다. 그러나 그런 발명을 위한 두 가지 중요한 전제 조건이 그 시절에 이루어졌다. 첫째는 고무로 만든 밑창이 어느 정도 내구성이 있었다. 둘째는 그런 신발에 대한 수요가 있었다.

파라고무나무에서 고무가 나오기까지

서양 산업 국가는 18세기 초부터 브라질 정글에 있는 파라고무나무를 알고 있었다. 그것은 탄성이 있는 물질로 인류에게 많은 도움을 주었다.

하지만 파라고무나무는 한 가지 중요한 단점이 있었다. 이 나무에서 채취한 천연고무의 성질이 보존되지 못한다는 것이다. 즉, 시간이 지나면 깨지거나 으스러졌다. 그래서 과학자들이 고압을 이용해 그것의 성질이 변하지 않게 만들었다. 1838년 찰스 굿이어가 생고무에 황을 화합하는 경화에 성공했다. 찰스 굿이어는 그 기술

에 특허를 받고 더 발전시켰다.

생고무 덩어리에 열을 가하고 황을 섞어
성질을 변화시켜 안정적인 고무가 만들어지면 그것으
로 가볍고 신축성 있는 신발 밑창을 만들 수 있었다.

파라고무에 대한 수요가 폭발적으로 늘어나 열대성
기후 지역의 모든 농장에서 파라고무나무를 볼 수 있
게 되었다.

현재 그것이 가장 많이 재배되는 곳은 남미가 아니
라 아시아다. 전에 나도 인도에서 그런 농장을 방문한
적이 있다. 불과 20분 정도 농장에 머물렀는데 온몸이
땀에 젖고 모기에 엄청 많이
물렸다. 직접 일을 한 것도 아
니고 구경만 했는데도 말이다.

그 일을 하는 노동자, 주로
여성 노동자들이 나무줄기에
사선으로 골을 만들고, 끝에
수액을 받을 수 있는 용기를

나무의 눈물

대 놓았다. 나무는 상처가 난 줄기를 보호하기 위해 수액을 배출
했다. 브라질 원주민들은 그것을 '나무의 눈물'이라고 부른다. 하
루에 300~500개의 나무에서 적은 양의 생고무가 채취된다. 그
힘든 노동에 대한 값을 신축성을 갖게 된 세상이 지불하고 있다!

생고무가 없으면 고무도 없고, 고무가 없으면 운동화도 없다

경화 과정을 통해 내구성이 생긴 고무가 산업 현장에서 '관절'
역할을 한다. 무엇이든 밀폐하고, 충격을 완화하고, 부드럽게 넘어
가도록 만들기 위해서는 고무를 사용한다.

그 사이 플라스틱처럼 석유 성분으로 만들어진 합성고무도 나
왔다. 그러나 세계에서 가공되는 고무의 절반이 아직도 파라고무
나무 농장에서 배출된다. 현재는 그런 농장들이 인도, 인도네시아,
캄보디아, 중국 같은 아시아에 많다.

파라고무나무에서 나오는 고무는 껌보다 신축성이 더 좋다. 그
래서 아직도 일회용 장갑, 콘돔, 타이어와 운동화 생산에 사용된
다. 대부분의 자동차 타이어가 그렇고, 비행기 타이어는 100퍼센
트 파라고무에 내구성을 유지하기 위해 약간의 탄소를 더해 만들
어진다. 운동화의 밑창에도 파라고무가 주로 쓰인다. 순수한 파라
고무를 사용하면 하얀 밑창이 나오고, 약간의 탄소를 섞으면 좀
더 강한 검은색 밑창이 만들어진다.

편집장이 운동화에 대한 성분 분석 결과를 이메일로 보내와 작업을 중단했다.

1. 첫 번째 단서 : 아프리카에서 출토된 흙

분석 결과의 요약
2113D17 검사 요청에 대한 중간 보고
제1장, 일반적인 분석 보고

외면에 대한 분석
수많은 이물질들이 밑창과 접촉한 흔적이 있음.
그중에는 진원지를 특정하기 어려운 아스팔트 조각, 특히 동아프리카와 북아프리카에 있는 흙과 모래알의 접촉이 있었다고 분석됨. 흙먼지에는 아프리카의 꽃 먼지가 섞여 있고, 모래알은 리비아 사막(아프리카 북부 사하라사막의 동부를 이루는 광대한 사막 – 역자 주)과 관련이 있는 것으로 나타남. 다른 물질과 혼합되지 않은 투명하고 마모된 석영도 나옴. 출처는 리비아 사막으로 추정됨.

"맙소사! 아프리카라니!"
나는 방에서 혼자 큰 소리로 말했다.
하지만 순서에 따라 차곡차곡 일을 진행해야 한다. 일단 운동

화의 탄생에 관한 조사를 끝내고, 그 다음에 새로 발견된 것들에
집중해야 한다.

여가 생활이 없다면 운동화도 없었다

증기기관차와 산업의 발전이 먼저 이루어졌던 영국, 미국, 캐나
다에서 스포츠에 대한 유행도 시작되었다. 그래서 최초의 운동화
가 19세기 중반 무렵 그 나라들 가운데 한 곳에서 만들어졌을 가
능성이 크다.

그곳의 사업가와 공무원들은 육체노동을 하지 않아도 점점 부자
가 되었다. 그들은 신체 건강을 유지하기 위해 테니스 같은 스포츠
활동을 처음으로 시작했다. 그런 활동을 하기 위해서는 그에 맞는
신발이 필요했다. 그 이전에는 단단한 가죽으로 만들어진 구두만
있었다. 그러나 그 사이 바다를 건너 온 새로운 재질들을 사용할
수 있게 되었다. 그 결과 목면에 생고무로 만든 밑창을 댄 최초의
가벼운 운동화가 생산되었다. 현대 기술의 발전으로 힘든 노동은
기계가 대신하면서 점점 더 많은 사람들이 운동을 하게 되었다.

최초의 운동화는 지금까지 남아 있지 않다. 박물관이나 전시장
에만 몇몇 오래된 운동화가 있을 뿐이다. 1890년 굿이어 회사가
만든 운동화, 밑창이 얇고 폭이 좁은 운동화, 단화와 까만 고무를
앞코에 덧댄 운동화, 그리고 어느 무명 회사가 만든, 밑창에 생선
가시 무늬를 새긴 갈색 운동화 등.

그리고 10년쯤 지나 비컨 펄스 - 러버 회사가 돛대 천으로 흰색 외피를 만들고, 밑창도 하얀 농구화를 생산했다.

나는 기사를 완성하자마자 원고를 편집부 네트워크에 올렸고, 편집장이 곧장 내게 전화했다.

"아주 좋아. 내가 여기에 짧은 서문 하나 써 주지."

나는 싫었다. 그가 짧은 서문을 써서 내 기사에 대한 흥미를 다 빼앗아갈 것 같았다.

"좋아, 운동화가 세상에 나오기는 했지만 오랫동안 지금처럼 인기 있는 신발은 아니었군. 그런데 어떻게 해서 지금처럼 된 거지?"

편집장이 내게 물었다.

"지금까지 알아본 바로는 운동화가 적어도 4개 국가, 핀란드, 독일, 일본, 미국에서 서로 독립적으로 지금처럼 인기 있는 신발로 발전되었어요. 물론 미국은 자기들이 처음 유행을 만든 것처럼 굴지만요."

"좋아! 그럼 후속 기사가 앞으로 사흘이나 나흘 안에 완성된다고 봐도 되겠나?"

"일본에 대한 자료가 별로 없어요. 그리고 다슬러(Dassler) 형제의 자서전과 나이키 창업자 필 나이트(Phil Night)의 삶에 대한 책을 이제 막 읽기 시작했어요."

"요즘 그러잖아도 잠을 잘 못 잔다고 하지 않았나? 그러니 그런

책쯤이야 하룻밤이면 충분히 읽겠지."

신발이란 무엇이고, 우리에게 어떤 의미가 있나?

세계 최고의 신발 연구가 페트르 흘라바체크(1950-2014)는 이 질문에 대해 매우 독특한 견해를 밝혔다. 그의 의견에 따르면, 인류가 신발을 신지 않았다면 더 좋았을 거라고 한다. 인터뷰에서 흘라바체크는 이렇게 말했다.

"걷기만 한다면 맨발도 충분해요. 맨발이 다양한 조건에 완벽하게 적응하니까요. 맨발로 걸으면 발이 튼튼해지고 발바닥이 가죽처럼 단단해집니다. 뿐만 아니라, 발이 바닥을 빨리 감지하고 거기에 맞게 적응합니다. 그 결과 무릎도 바닥에 맞게 변화해 자연적인 완충 작용을 하지요."

외치의 신발(이탈리아 북부에서 발견된 5,000년된 아이스 맨이 신고 있던 신발_역자 주)을 신고 알프스를 직접 기어오르면서 흘라바체크는 그 신발에 두 가지 기능이 있다는 것을 알아냈다. 가죽으로 된 바닥에 풀을 엮어 만든 신이 발을 따뜻하게 해 주고, 날카로운 돌부리에 걸려 다치지 않게 보호해 주었다는 것이다. 그것 이외의 다른 기능은 없을까?

"신발은 명함 같은 것이죠."

흘라바체크는 말한다.

"명함은 자기가 얼마나 부자인지, 어떤 꿈을 꾸고 사는지를 나타내는데 운동화에도 그런 의미가 있어요. 우리는 남들에게 멋있게 보이고 싶어서 운동화를 신고, 운동화 광고를 하고, 심지어 이름도 붙여 주는 스타의 성공에 동참하죠. 어떤 때에는 특정한 신발이 정치적인 색을 나타내기도 합니다."

7월 6일 11시 30분, 미탁스큐리어의 편집부

일주일이 넘도록 나는 우리가 확보한 운동화에 대한 일을 전혀 하지 못한 채 당장 급한 다른 일들에 파묻혀 살았다. 그러나 매일 아침 달리기 운동은 착실히 했다.

오늘은 운동복 차림으로 회사에 나가서 편집장이 내 새로운 취미 생활을 알게 되었다.

"아니, 당신 요즘 조깅해?"

"예, 그런데 별로 소질이 없어요."

"그래도 상관없지. 달리기는 자전거랑 똑같아. 아니, 그것보다 더 쉽지. 누구나 할 수 있으니까. 제대로 된 방법만 알면. 신체 조건이 좀 따라 줘야 되지만."

"말처럼 쉽다면야."

편집장은 내게 한층 다정한 말투로 다음번 베를린 마라톤 대회에 참가해 '마라톤 이야기'를 써 보라고 했다.

"전 달리기를 잘 못해요."

"그럴수록 더 재미있는 이야기가 나오겠지. 당신이 열악한 조건에도 불구하고 어떻게 해서 달리기를 하게 되었는지에 대해 적는 거야. 그것만으로도 건강을 위한 기사로 신문에 낼 수 있어. 하지만 마라톤에 참가한다는 목표를 세운다면 독자들에게 더 큰 흥미를 유발시킬 수 있지. 베를린 마라톤은 매년 9월 말에 열리잖아. 앞으로 3개월이나 남았고, 모든 게 완벽해."

"절대 참가 못해요. 달리다 쓰러져 죽을 거예요."

"전체 코스를 완주할 필요는 없어. 정 안 되면 하프 마라톤이나 10킬로미터 코스에 도전해도 돼. 단지 결승선을 통과하기만 하면 되니까. 온라인 편집을 맡고 있는 안카트린에게 당신 코치 노릇을 좀 하라고 지원해 줄게. 그렇게 되면 달리기 훈련을 하는 것도 근무 시간으로 쳐줄 수 있어. 어때, 괜찮지 않아?"

우리 일이 보통 직장인들처럼 출퇴근 시간이 정해져 있다면 솔깃할 것이다. 하지만 우리는 그렇게 일하지 않는다. 우리는 각자 잔업을 언제까지 했는지 시간을 기록하지도 않고 시간 외 근무도 많이 한다. 신문이나 잡지는 매일 혹은 특정한 날에 반드시 나와야 하니까.

"안카트린이 달리기 잘해. 이미 마라톤 대회에도 여러 번 참가한 경력이 있고. 지금은 철인 3종 경기에 나갈 연습을 하고 있어."

편집장은 이렇게 말한 다음 가 버렸다.

내가 자리에 가서 앉자마자 안카트린한테 전화가 왔다.

"내일부터 함께 뛰는 거예요?"

"흠, 조깅 정도라면. 마라톤처럼 달리기에는 내가 너무 늙었어."

"늙었다고요? 대부분의 일반 마라톤 참가자는 기자님과 나이가 비슷하거나 더 많아요."

"정말?"

"그렇다니까요. 하실 거예요?"

"한번 해 보지."

7월 8일, 숲에서

안카트린과 같이 달리는 동안 난 호흡이 원활치 않았다. 뜨거운 여름 한낮의 개처럼 헉헉거렸고, 프랑켄슈타인이라도 된 것 같은 기분이 들었다. 다리가 몸에 붙어 있지 않은 것 같은 느낌도 들었다. 달리다 보면 왼발에 계속 쥐가 나고 절뚝거리기까지 했다. 그래서 몸을 움직일 때마다 어딘가 삐걱거렸다. 그런 내 모습이 얼마나 보기 흉할까?

헉헉헉.

하지만 안카트린은 나와 달리 영양처럼 가볍게 뛰었다. 마치 발에 스프링이나 고무밴드 같은 것이 있는 것 같았다.

나는 안카트린에게 알고 있는 지식으로라도 체면을 세우고 싶었다.

"마라톤 코스 길이가 왜 42.195킬로미터인지 알아?"

"내가 알기로는 흔히 사람들이 생각하는 것처럼 아테네에서 마라톤까지의 거리는 아니에요. 그게 아니라 영국의 공주 때문이잖아요."

"거의 맞았어! 괜찮으면 내가 설명해 줄까?"

안카트린이 고개를 끄덕였다.

"장거리 육상 대회는 19세기 초부터 영국과 미국에서 열렸어. 그 경기에 참여한 선수들은 전문 보행자, 즉 걷는 사람들이라고 불렸지. 선수들은 도시의 경계석에서 경계석까지의 거리, 즉 30~40 킬로미터를 달렸어. 1896년 올림픽 경기에서 아테네 경기장까지의 거리는 불과 38킬로미터였지만, 실제로 아테네와의 거리는 40 킬로미터였어. 4년 후 파리에서 개최된 대회에서는 마라톤 거리가 40.2킬로미터였지. 그러다가 버킹엄 관련한 이야기가 나온 거야. 1908년 런던에서 올림픽이 열렸는데 영국의 공주가 마라톤 경기를 창문 밖으로 보고 싶어 했던 거지. 그래서 경기 위원회에서 마라톤 코스를 연장했는데 그 길이가 42.195킬로미터가 된 거야. 그러나 그것 때문에 마라톤 거리가 그렇게 되었다는 말은 맞지 않아. 그 이후에도 길이가 몇 번 바뀌었거든. 그러다가 1924년에 마침내 그렇게 고정되었지."

아차! 내가 뭔가에 열광하는 10대처럼 너무 진지하게 말했다는 후회가 뒤늦게 밀려왔다. 어쨌든 쉬지 않고 계속 말을 하느라 숨이 찬 것처럼 보였다.

안카트린이 달리면서 나를 돌아보더니 뒷걸음으로 뛰며 말했다.

"재미있네요. 그거 르포에 쓰세요. 그게 기자님이 쓰는 기사의 좋은 점인 것 같아요. 글을 보면 오랫동안 과학 전문 기자로 일했다는 게 느껴지거든요. 다른 사람이 모르는 것을 잘 짚어 주세요."

그런 큰 칭찬을 해 주다니!

"다음 주에도 같이 뛸까요?"

안카트린이 헤어지면서 물었다.

"좋아!"

난 신중히 생각해 보지도 않고 덥석 말했다.

그러나 과도한 운동에 대한 대가는 꽤 컸다.

밤에 잠을 잘 이루지 못하고 밤새 몸을 뒤척였다. 그리고 이튿날 온몸에 근육통이 심해져 버스 정류장까지 걸어가서 회사에 출근하기가 무척 힘들었다. 버스에 올라타니 어떤 할아버지가 장애인용 좌석을 내게 양보해 주었다. 이럴 수가!

나는 운동 체질이 아니다. 50대 초반에 몸무게가 80킬로그램 정도인 사람이 25살에 45킬로그램밖에 안 되어 영양처럼 뛰어다니는 사람을 절대 따라갈 수 없다.

회사 사무실에 가 보니 내 자리에 인쇄물이 잔뜩 놓여 있고, 안카트린의 쪽지가 붙어 있었다.

퇴근할 때쯤에야 시간이 나서 그것을 읽었다.

'기 – 방법으로 달리기'라는 제목의 글이었다. 달리기를 할 때

몸에 무리가 되지 않는 방법이었다. 먼저 몸을 따뜻하게 해 주고, 근육과 관절을 천천히 풀어 준 다음 달리기와 걷기를 번갈아 하다가 점점 더 먼 거리를 달린다. 특히 중요한 것은 몸 전체를 반듯하게 세우고, 상체를 조금 앞으로 기울인 채 달려야 한다. 그렇게 하면 몸의 무게중심을 앞에 두게 된다.

7월 10일 저녁, 혼자 숲에서

하루 쉰 다음 '기 - 방법으로 달리기'를 시도해 보기로 했다. 처음에는 아주 천천히 걷다가 몇백 미터 걸어간 다음 달리다가 다시 걷기를 반복했다.

안카트린과 함께 달리기로 한 약속은 며칠 뒤로 미뤄졌다.

7월 12일, 우리 집 사무실에서

그동안 미뤄 두었던 브랜드 운동화에 대한 공부를 더 할 수 있도록 편집장이 내게 이틀간의 휴가를 줬다.

내 앞에 읽어 볼 것들이 산더미다. 다른 사람들은 컴퓨터로만 조사한다. 그러면서 어떻게 전체에 대한 통찰을 하는 걸까? 내 작업 방식에는 종이가 꼭 필요하다. 글을 읽다가 밑줄을 긋고, 코멘트를 적고, 각각의 주제에 따라 작은 서류철을 만든다.

인터넷에서 인쇄한 다슬러 형제의 자서전, 그들의 삶에 대한 영화 두 편을 담아둔 DVD, 나이키 창업자 필 나이트의 공식 이력,

거기에 달리기와 인기 있는 운동화에 대한 여러 권의 책들이 내 앞에 수북하게 쌓여 있다. 그리고 일반 운동화에 대한 많은 책과 전시 카탈로그도 모여 있다.

그 모든 것을 이틀 안에 어떻게 다 보고, 중요 요점을 기록하나? 사실 그것은 불가능한 일이다. 그러나 나는 그동안 한번 맡은 일은 어떻게든 해내는 것을 여러 번 증명해 보인 바 있다. 길게 생각하지 말고 일단 무턱대고 시작하는 거다.

7월 15일 늦은 저녁

한참 일에 몰두해 있는데 메일이 왔다. 편집장이 아내와 함께 최고 요리사가 요리하는 어느 고급 호텔 레스토랑에 있다가 받은 메일이라며 내게 전달했다. 사실 그 식당은 스마트폰 사용이 금지되어 있는 곳이다. 하지만 양복 저고리에 넣어둔 핸드폰이 진동하자 편집장은 값비싼 송로버섯 요리를 식게 두고, 내게 메일을 전달한다고 했다.

2. 두 번째 단서 : 파라고무와 접착제

분석 조사 결과 요약
2113D17 신청 건 – 중간 보고서 제2장
제2장, 일반적인 분석 요약

밑창 분석 : 경화된 파라고무와 석탄 미립자를 뒤섞어 놓은 합성고무로 분석됨.

파라고무의 출처는 확인할 수 없음. 바닥창은 네 개의 층을 접착시켰음. 밑창의 형태와 여러 층을 접착한 것으로 보아 특히 유럽, 북미와 아시아 신발 공장에서 사용되는 현대식 방법으로 생산되었을 것으로 보임.

편집장이 덧글로 물었다.

"아프리카는 후보지에서 빼야 하나?"

우리는 도무지 앞으로 나아가지 못하고 있었다.

7월 18일, 숲에서

달리기 훈련을 위해 두 번째로 안카트린과 만났을 때 나는 몸을 풀면서 물었다.

"아디다스와 퓨마의 본사가 헤르초게나우라흐에 왜 바짝 붙어 있는지 알아?"

안카트린은 대충 짐작만 했다.

"창업자들이 형제인가 그렇잖아요?"

더 이상은 말하지 못해 내가 걸어가면서 이야기를 시작했다.

"독일 운동화의 역사, 아디다스, 퓨마의 본사가 왜 가까이 있는

지에 대한 이야기! 동화책에 나올 것 같은 이야기지. 옛날에 두 형제가 살고 있었는데 아돌프는 약칭 아디였고, 루돌프는 약칭 루디였어. 그들 형제는 100년도 더 된 어느 옛날 헤르초게나우라흐에서 태어났어. 루디는 키가 크고 체격이 좋은 젊은이로 자라나 많은 여자들에게 선망의 대상이었지. 반면, 아디는 키가 땅딸막하지만 대신 머리가 좋고 창의적이었지. 그런 두 사람의 성격이 초기 단계였던 스포츠 산업에 잘 나타났어. 그때만 해도 선수들이 대회에 갖고 나가 신을 만한 운동화가 없던 시절이었거든. 아디같이 성격이 꼼꼼한 사람은 할 일이 꽤 많았지. 아디가 운동화 제품 개발과 생산에 전념하는 동안 루디는 영업과 대외 협력을 맡았어. 두 형제는 나치 시절에도 큰 걱정을 하지 않았어. 나치가 스포츠에 전폭적인 지원을 아끼지 않았으니까. 스포츠는 민중의 건강, 집단 훈련, 정치 홍보에 좋은 도구였으니까. 그 결과 두 형제는 NSDAP(국가 사회주의 독일 노동당, 나치스)에 가입했고, 창업 후 얼마 되지 않아 매년 20만 켤레의 운동화를 생산할 수 있게 되었지. 두 형제는 무조건 스포츠에 집중했어. 그 결과 1936년 올림픽 대회에서 미국 국가대표 마라톤 선수 제시 오언스에게 신발을 무상으로 제공했어. 그때 제공한 운동화의 색이 검은색이었다고 알려져 있기는 한데……."

"사실이 아니에요?"

안카트린이 물었다.

"확실하게 밝혀지지는 않았어. 오늘날까지도."

"그럼 신발의 신화 시리즈에 그 이야기도 꼭 담아 주세요."

"이제 좀 뛸까? 아니면 이야기를 끝까지 할까?"

"달리기야 다른 때도 할 수 있어요."

그래서 우리는 걸었고, 나는 이야기를 계속했다.

"제2차 세계 대전이 터지자, 두 형제는 신발 공장의 제품 생산을 중단하고, 대신 군수물자를 만들어야만 했어. 그러다가 1944년 루디는 전쟁에 끌려가고, 아디는 징집당하지 않았는데 그런 불균형이 공동 창업주, 특히 두 형제의 부인 사이를 틀어 버리는 계기가 되었어. 원래는 한집에서 같이 살고 있었는데 평화로웠던 집안 분위기에 질투가 폭발하면서 두 아내의 다툼이 잦았지. 부인들이 서로 상대의 남편을 헐뜯다 보니 아디와 루디도 싸움에 휘말리게 되었어. 전쟁이 끝날 때쯤 형제의 싸움은 최악으로 치달았는데 그 무렵 불행 중 다행인 사건이 일어났지. 미국인들이 다슬러 형제가 제시 오언스에게 운동화를 무상 제공한 것을 알게 되자 신발 생산 허가를 내주고, 원자재 수급을 도와주고, 엄청난 수량의 농구화 주문을 한 거야. 그래서 두 형제는 다른 회사들보다 훨씬 빨리 재건에 성공할 수 있었지. 그러나 둘이 함께 회사를 운영하는 것은 불가능하게 되었어. 그래서 루디가 가족을 데리고 아우라흐강 건너편에 있던 다슬러의 작은 공장으로 이사를 갔지. 아디는 '아디다스'를 만들었고, 루디는 '루다'를 창업했다가 조금 시간이 흐

스포츠에
미친 사람

여자들에게 인기

치밀한 성격

으르렁!

아디

으르렁!

잘생긴 판매원

뛰어난
제품 개발자

주디

른 뒤 '퓨마'로 개명했어. 두 회사
는 서로에 대한 견제가 극심했지. 그러나 그렇게 하다 보니 창의적
이고 생산적인 일을 하는 데 꼭 필요한 경쟁 심리가 오히려 사업
에 도움을 주었어. 두 회사가 엎치락뒤치락하며 상대의 회사를 뛰
어넘으려고 했고, 둘 다 최고가 되려고 했으니까. 그러나 경쟁에서
제품 개발자였던 아디에게 유리한 판세가 되었지."

나도 모르는 사이에 우리는 계속 빠른 걸음으로 걷고 있었다.
안카트린의 기록기에 우리가 거의 뛰다시피 걸은 거리가 8킬로미
터로 나왔다.

"체질이 그렇게 나쁜 건 아니네요. 조금만 훈련을 받으면 더 좋
아지겠어요. 특히 머릿속으로 다른 것에 관심을 가지면 충분히 가

능하겠는데요."

안카트린이 말했다.

물론 나는 다음 날 다시 근육통에 시달리느라 온몸이 아팠다. 왜 나는 뭐든지 적당히 하는 것을 모를까? 다행히 이번에는 근육통이 다리에만 생겨서 시리즈에 내보낼 기사는 무사히 쓸 수 있었다.

달리기와 운동화의 신화 2

1936년 베를린 올림픽에서 금메달을 딴 선수는 어떤 운동화를 신었나?

제시 오언스가 1936년 베를린 올림픽대회에 참가했다. 역사책이나 사전을 찾아보면 1936년 개최된 올림픽대회에서 미국 육상 선수 제시 오언스(원래 이름은 제임스 클리블랜드 오언스)가 네 개의 중요한 육상 대회에서 금메달을 따는 바람에 나치를 격분하게 했다는 글을 볼 수 있다. 그 모든 대회에서 제시 오언스는 아디 다슬러가 무상으로 기증한 신발을 신고 뛰었다.

그때 신은 운동화의 모델이 '바이처'였다. 독일 올림픽 국가 대표단의 육상 트레이너였던 요세프 바이처에서 따온 이름이었다. 바이처는 얇은 가죽 외피에 얇은 가죽 밑창을 붙여 놓고, 앞쪽에 스파이크가 여섯 개 박혀 있는 운동화다. 오언스는 훈련할 때와 멀리뛰기 대회 때 그 신발을 신었다. 그러나 미국 신발 연구가들은 오언스가 달리기 대회에서도 그 신발을 신고 뛰는 것을 탐탁지 않게 여겼다. 그래서 달리기 시합에 참여했을 때는 오언스가 흰색 운동화를 신고 있는 사진이 남아 있다.

그런데 1936년에는 '바이처' 운동화에 흰색 운동화가 없었다. 아디다스의 공식 전시장에는 오언스가 실제로 신었던 신발과 동일하다는 운동화 복제품이 전시되어 있다.

캐나다의 바타 신발 박물관 직원은 다슬러에서 생산한 '바이처' 신발 전시품에 대해 이렇게 말했다.

"조시 오언스가 육상 경기에서 실제로 이 신발을 신고 뛰었다는 것이 아직 증명되지 않았습니다."

그런데 왜 아직도 그것이 사실처럼 전해져 오고 있는 것일까? 다슬러 형제와 아디다스 회사의 역사가 꽤 널리 퍼져 있어서 오늘날 스포츠 관련 책이나 역사책에 그렇게 기록되어 있기 때문이다.

신화는 종종 사실보다 힘이 세다. 이 글을 쓰면서 나도 그것을 확인했다.

제6장

7월 20일 오후, '스네이크 잇' 신발 가게에서

나는 내부 구조를 포함해서 신발에 대한 모든 것을 알고 싶었다.

운동화 전문가 톰과 만날 약속을 하는데 톰이 이상한 제안을 했다.

"우리 운동화를 하나 해부해 봐요. 아니, 낡은 것과 새것 두 개를 하는 게 좋겠네요."

"해부를 하자고?"

"예, 분석하고 하나씩 따져 보자고요."

"그렇게 하면 운동화가 망가질 텐데?"

"당연하죠."

"그 자리에 육상 전문가와 우리 신문 온라인 판 편집자를 초대해도 괜찮을까?"

"물론이죠."

그렇게 해서 나는 안카트린과 육상 전문가 클라우스 - 페터 슈미트 씨에게 연락했다. 슈미트 씨는 육상에 관해 상당히 많은 것을 알고 있고, 외치의 신발 복제품을 신고 알프스를 다녀오기까지 했다. 나는 얼마 전에 슈미트 씨에게 사람들이 지나다녀 만들어진 길에 대한 인터뷰를 했었다.

톰의 신발 가게에서 제1회 소규모 신발 전문가 회의가 열렸다.

"오늘 우리가 이 자리에 함께 모인 것은……."

톰이 먼저 말을 시작했다.

"결혼식 할 때 들었던 말 같네."

슈미트 씨가 씩 웃으면서 말했다.

"그때처럼 경사스러운 분위기네요."

내가 말했다.

"많은 운동화 마니아들에게는 신성 모독의 현장이죠."

톰이 말을 이었다.

"운동화를 해부하니까요. 마니아들은 운동화 끈을 묶어 전깃줄이나 높은 나뭇가지에 던져 서로 분리하는 방식으로 하겠지만, 우리는 이 자리에서 운동화를 잘게 잘라 볼 겁니다."

"좋아요. 그런데 어떻게?"

안카트린이 물었다.

"예전에 운동화를 회전톱으로 잘라 본 적이 있어요."

톰이 말했다.

"그랬더니?"

"반으로 잘려지기는 했는데 나뉜 절반의 모습이 아주 흉측했어요! 완전히 짓뭉개졌죠. 신발 재질이 질겨서 톱날에 찢겨진 거죠. 카펫을 자를 때 쓰는 카펫 커터도 운동화는 못 잘라요. 밑창이 아주 튼튼하거든요. 밑창은 수백 킬로미터를 견뎌야 하니까요. 정원 가위 같은 것은 아예 명함도 못 내밀죠. 볼트 커터를 갖고 와도 신발이 구부러지니까 제대로 물리지 않아요."

나는 슈미트 씨와 잠시 눈빛을 교환했다. 톰이 운동화 학살자처럼 장비를 준비해 놓았다.

"모든 기능이 하나로 합해진 것이 있는데……."

이런 것 안 됨!

톰이 말하더니 뒷방으로 이어진 문을 열었다.

"오늘은 특별히 실톱을 준비했습니다. 이것하고, 카펫 커터만 있으면 충분하죠."

"가슴이 찢어지는 것처럼 마음이 아프겠네요."

안카트린이 물었다.

"에어 고든이라면 그렇겠지만 이런 실험에는 폐기 처분할 거나 값싼 모조품을 사용해서 괜찮아요."

톰이 운동화와 카펫 커터를 손에 들었다.

"운동화 구조에서 우리가 관심 있게 봐야 하는 것은 과연 무엇이 신발을 안정되게 만드느냐는 거죠. 어떤 상황에서도 견뎌내야 하니까요."

"맞아요."

육상 전문가 슈미트 씨가 말했다.

"달리는 사람이 한쪽 발을 땅에서 떼면 다른 쪽 발이 다시 땅에 닿기 전에 몸이 잠깐 동안 공중에 머물게 되죠. 발이 다시 땅

이것만 있으면!

에 떨어질 때 3~6배의 체중 부하가 이뤄집니다. 다시 말해 60킬로그램이나 80킬로그램의 몸무게가 그 순간 180~480킬로그램이 되는 거죠. 신발은 그런 엄청난 체중 증가를 견뎌내야 하고, 그것도 한 번이 아니라 수천 번을 할 수 있어야 합니다."

"운동화의 수명이 대개 얼마나 되나요? 과학자들이 계산한 게 있나요?"

내가 물었다.

"물론이죠."

슈미트 씨가 말했다.

"재질의 다양한 품질과 제작 과정이 신발의 수명을 결정합니다. 대개 300~2,000킬로미터 정도 됩니다. 보통 사람이 평균적으로 10킬로미터를 걷는데 8,000~1만 보를 걸으니까 보통 운동화는 30만 보를 채 걷지 못하고, 좋은 것은 2백만 보까지 걷는 게 가능하죠."

"그래서 품질이 우수한 운동화는 30~50개의 조각들로 만들어져요."

톰이 분해할 운동화를 들어 보이며 말했다.

"눈에 보이는 부분이 외피, 즉 갑피죠. 여기에는 체중 부하가 최저로 되기 때문에 별로 흥미롭지 않아요. 다만 한 가지 중요한 성질은 외피가 발의 살갗을 쓸리지 않게 하고, 열기와 땀을 배출해야 하지요. 옛날에는 외피를 가죽이나 면으로 만들었어요. 그런데

면은 습기를 빨아들이면 부풀어서 피부에 손상을 주게 되죠. 가죽이 더 낫기는 한데 열기와 습기가 쉽게 빠져 나가지 않아요. 그래서 요즘은 합성 재질, 예를 들면 메쉬 같은 것이 많이 쓰여요. 메쉬는 인조 섬유인데 땀을 배출시키는 구멍이 있어요.”

“그렇지만 외피가 눈에 잘 뜨이니까 많은 회사들이 외피에 신경을 많이 쓰죠. 눈에 띄는 색깔이나 부속품을 부착시키고, 회사 로고를 찍어 두고.”

슈미트 씨가 말했다.

“품질보다 멋인가요?”

내가 물었다.

“네, 많은 사람들이 달리기에 적합한 특성보다는 외형에 신경을 더 많이 쓰니까요.”

톰이 말하고 카펫 커터를 들더니 운동화를 길게 자르기 시작했다.

“여기서부터는 더 못 가요.”

톰이 말하고 카펫 커터를 내려놓았다.

“왜요?”

“이 안에 다양한 재질이 있거든요. 특히 아주 강한 재질이 안에 있어요. 뒤축이 외피 속에 숨어 있는데 중요한 지지 기능을 하면서 발꿈치가 닿는 부분에 있어요. 여기는 실톱으로만 가능해요.”

우리는 가게 뒷방으로 갔고, 톰이 보안경을 쓰고, 실톱의 전원을 켜더니 '위위위윙' 하는 소리와 함께 뒤축을 절개해 우리에게 보여 주었다.

"뒤축은 신발 안에서 발꿈치가 안정적으로 들어 있게 도와주면서 달리려는 방향으로 발이 가게 해 주고, 최적의 무게중심 이동을 용이하게 해 주죠."

톰이 다시 카펫 커터를 들더니 신발을 마저 더 자르고, 절반으로 자른 것을 자랑스럽게 보여 주었다.

"이걸 보면 잘 보여요. 밑창은 대개 유연하고 폭신한 재질을 세 겹이나 네 겹으로 붙여서 만들죠. 바닥은 알다시피 교환할 수 있는 안창과 밑창으로 되어 있어요. 그 다음은 내부 깔창인데 이것은 어떤 운동화에나 다 들어 있는 것은 아니에요. 옛날 신발에는 내부 깔창이 가죽이나 단단한 판자로 되어 있어서 한쪽은 외피에, 다른 한쪽은 밑창에 붙이거나 재봉질을 해 놓았죠. 다만 모카신은 그런 단단한 내부 깔창을 포기해서 외피가 발밑까지 가서 직접 밑창에 꿰매져 있죠. 그렇게 하면 발을 움직이는 게 훨씬 쉽거든요. 대부분의 운동화에는 절반 즉, 신발 뒤쪽에 내부 깔창이 들어 있어서 발꿈치를 붙잡아 주면서 발끝을 많이 움직일 수 있게 해 주죠. 운동화의 두 번째 비밀은 중간 깔창이에요.

중간 깔창은 폭신한 플라스틱 - 합성고무로 만들거나 깔창에 구멍을 뚫어 놓아요. 어떤 방법을 쓰든지 걸으면서 신발에 생기는 압력을 완화해 주는 기능을 해요. 두 가지 기능 가운데 하나는 신

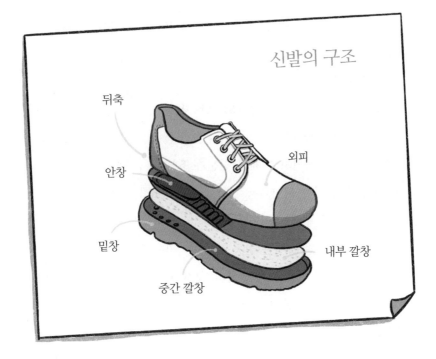

신발의 구조

뒤축
안창
밑창
중간 깔창
외피
내부 깔창

발이 땅을 밀 때 중간 깔창에 모여 있는 에너지의 일부를 다리에 다시 넘겨주는 일을 하고, 다른 하나는 발이 딱딱한 바닥에 부딪히지 않게 해 주죠. 신발의 완충 기능이 개발되기 전에는 딱딱한 도로에서는 달리기를 하지 말라고 했었어요."

"그랬다면 세계 대도시에서 개최되는 마라톤 대회는 없을 뻔했네요."

안카트린이 말했다.

"맞아요. 그런데 이거 아세요? 완충 기능은 운동화에서 가장 중요한 혁신적인 기술이었어요. 그런데 그것이 애초에는 아디다스나 퓨마에서 개발된 게 아니에요."

톰이 말했다.

"하지만 아디다스가 중간 깔창으로 완충 기능이 있는 운동화를 1968년에 개발해 아칠(Achill)이라는 상품을 내놨었어요. 그리고 1970년쯤에는 독일의 수제화 전문가 유겐 브뤼팅이 최초로 중간 깔창이 들어 있는 러닝화를 시장에 내놓았죠."

슈미트 씨가 부연 설명했다.

"그건 그렇지만 그것은 진동을 완화시키는 정도였어요. 땅을 밟을 때 공기층이 생기는 운동화의 충격 완화 시스템을 처음 도입한 곳은 1976년 세상에 이름이 잘 알려져 있지 않은 핀란드의 회사 '카르후'였어요."

"맞아요, 챔피언 신발에 에어쿠션 기능이 도입되었죠. 카르후나 리복 같은 회사들이 대기업만 혁신적인 것은 아니라는 것을 잘 보여 주었죠."

슈미트 씨가 말했다.

톰이 잠깐 나간 사이 안카트린이 질문을 던졌다.

"그런데 왜 카르후나 리복이 아니라 아디다스나 퓨마가 성공을 거두게 되었을까요?"

그 질문에 대한 대답을 누군가 하기 전에 톰이 여러 개의 운동화를 들고 다시 돌아왔다.

"별로 유명하지 않은 회사의 상품들도 물론 몇 개 가지고 있어요. 하지만 이것들은 진정한 운동화 마니아들을 위한 신발이죠."

"자, 소개해 드릴까요? 카르후의 챔피언 에어, 리복의 DMX 모델, 벌집 모양 중간 깔창이 있는 퓨마의 트리노믹입니다. 그리고 마지막으로 나이키의 테일윈드."

모두들 운동화를 만지거나 신어 보았다. 그런 와중에 가게 점원이 바퀴 달린 낮은 탁자에 간식과 음료를 준비해 방안으로 밀고 들어왔다.

저마다 이러저러한 이야기를 하며 잡담하다가 누군가 달리기나 운동화 관련 이야기를 하면 다시 조용해졌다. 톰의 가게 직원도 우리의 대화에 끼어들었다.

"중간 깔창이 부분적으로 투명한 에어쿠션 기능이 있는 나이키 에어 운동화가 미국 교도소에는 반입 금지라는 것 알고 계세요?"

"그건 또 왜 그래요?"

안카트린이 물었다.

"알고 보니 수감자들이 면도칼, 마약, USB같이 작지만 좋은 금지 품목들을 몰래 숨겨 오는 기능으로 그 깔창이 사용되어서 그렇대요."

"그것 참 이상하네."

내가 딴지를 걸었다.

"그곳에 숨겨 온다는 게 잘 알려져 있으면 교도관이 거기를 살펴보기만 하면 될 텐데. 그렇게 되면 수감자들도 그걸 알 테니까 거기에 뭘 숨기려고 하지 않을 것 같은데."

"그러다 교도관들이 검사를 제대로 하지 않으면 다시 감추는 거죠."

안카트린이 말했다.

"맞아요. 그런데 얼마 전에 마이클 조던이 신었던 운동화 경매가가 19만 달러까지 치솟은 것에 대해서는 어떻게 생각하세요? 1984년 L.A. 올림픽 결승전 때 신었던 컨버스 올스타요."

톰이 물었다.

"경기가 끝난 후 조던이 그 운동화에 사인을 해서 11살 꼬마에게 주었던 신발이래요. 그게 30년이 지나 19만 달러의 가치가 된 거예요. 굉장하지 않아요? 이제는 알려지지 않은 어떤 사람의 집 유리 상자 안에 들어 있겠죠. 그것은 조던이 나이키가 아닌 다른 브랜드를 마지막으로 신었던 농구화였어요."

이야기가 나이키 창업자 필 나이트까지 옮겨 가자 갑자기 토론 열기가 뜨거워졌다.

"필 나이트는 운동도 꽤 잘했잖아요."

가게 점원이 말했다.

"아니, 그렇지 않아요."

슈미트 씨가 말했다.

"경제학을 전공하는 학생으로 가끔 달리기를 하는 정도였어요."

"하지만 빌린 돈으로 차고에서 처음 운동화를 만들었다고 하던데요?"

톰이 나서며 점원을 옆으로 밀었다.

"그 운동화를 운반하기 위해 자기의 낡은 군인 신분증을 이용해 군대 수송기를 타고 전국을 누비고요."

"하지만 그때는 필 나이트가 이미 자기 회사를 차린 지 오래되었을 때였어요."

허황된 영웅담을 계속 듣고 있기가 거북해서 내가 말했다.

"우리가 지금 하고 있는 게 뭔지 알아요? 운동화 전설과 신화를 널리 퍼뜨리고 있거나 적어도 칭송하고 있어요. 운동화에 얽힌 헛소리들을 확대 재생하는 데 한몫하고 있는 거예요."

"다른 사실을 알고 계신 게 있나요?"

가게 점원이 나를 쳐다보며 물었다.

"아니, 아직은 아니에요. 하지만 이 자리에 내가 기자로 온 거니 다음에 만날 때는 더 많은 사실을 확인해서 갖고 오죠. 이름하여 '필 나이트와 그의 나이키 운동화에 관한 진실'. 사실 나이키라는 이름도 훔쳐 온 거고, 발음도 틀렸어요. 원래 그리스 승리의 여신 '니케'에서 따온 말이거든요."

그것으로 나는 나름대로 주관이 있음을 굳이 드러내 보였다.

 ## 스니커즈 – 광고의 명칭?

'스니커즈'라는 이름은 어떻게 생긴 걸까? 많은 운동화 전문가와 팬들은 그 단어가 광고계의 천재적 발명이라고 말한다. 1917년 처음으로 광고 전문가 헨리 넬슨 맥키니가 그 말을 사용했기 때문이다. 맥키니는 새로 나온 고무 밑창이 일반 가죽 밑창보다 훨씬 더 조용히 걸을 수 있다는 점을 강조하고 싶어서 가볍고 조용한 고무 밑창 신발에 '스니커즈'(영어의 sneak에서 나온 '살금살금 가다'의 의미)라는 이름을 붙여 주었다.

그런데 스니커즈에는 영어로 '밀고자'라는 뜻도 있다. 이름에 그런 뜻이 있다면 이렇게 물건이 잘 팔릴 수 있었을까? 그래서 엘리자벳 젬멜하크같이 신발의 역사를 연구하는 문화사 연구자들은 다른 견해를 갖고 있다. 연구자들은 스니커즈라는 말이 미국 슬랭에서 나온 말이고, 19세기 말에 이미 사용되고 있었다고 본다. 처음에는 미국 젊은이들만 고무 밑창이 있는 신발을 스니커즈라고 불렀다. 그것을 신고 살금살금 다가가 뭔가 안 좋은 일을 할 수 있기 때문이었다. 그런 주장에 대한 증거도 있다. 1997년에 발행된 보스턴 저널에 〈스니커즈 : 남자 아이들이 테니스 신발을 부르는 이름〉이라는 기사가 실렸었다.

그렇다면 젊은이들 사이에 유행하던 말을 광고계 사람이 가져다 쓴 게 아닐까? 그런 일이 처음 있는 경우도 아니다. 많은 유행과 명칭들이 순수한 반항 문화로 이해되는 독립적인 젊은이들의 문화에서 비롯된다.

의류나 광고계가 그런 문화를 정복하고, 결국은 무엇을 입고, 무엇을 신어야 하는지를 홍보한다.

7월 23일, 미탁스큐리어의 편집부

사무실에서 일하고 있는데 편집장이 내 책상으로 급히 다가왔다.

"연구소에서 새로운 분석 결과가 나왔어."

편집장이 가쁜 숨을 몰아쉬며 말했다.

"뭐라고 나왔는데요?"

"모르겠어. 메일을 아직 안 열어 봐서. 나랑 같이 볼까? 우리 한 팀이잖아. 안 그래?"

팀이든 아니든 나는 편집장에게 내 의자를 내 주고, 편집장의 어깨 너머로 새로운 소식을 보았다.

3. 세 번째 단서 : 아프리카의 면?

분석 결과의 요약

2113D17 검사 요청에 대한 중간 보고

제3장, 일반적인 분석 보고

외피에 대한 분석

신발 외피가 전형적이지 않음. 일반적인 합성 재질이 아니라 혼방 면으로 분석됨.

종류 : 길게 실이 나오는 면으로 이집트면이라고 불리지만 실제로는 아프리카에서 재배되는 이집트면임. 정확한 재배지는 알 수 없음. 현재 면 재질의 색소를 분석하고 있음. 그것만 되면 기다리던 분석 결과에 접근할 수 있을 것으로 보임.

7월 26일, 숲속

사실 나는 안카트린과 만나 달리기 훈련을 할 생각이었다.

그런데 갑자기 운동화 전문가 톰이 불쑥 나타났다.

"여기에서 사람들이 운동을 한다면서요? 제가 같이 뛰어도 싫지는 않으시죠?"

톰이 비굴하게 웃으며 내게 물었다.

"그럼, 괜찮지."

내가 마음속으로는 불만이 있었지만 항상 예의 바르게 상대를 대해야 한다는 교육을 받은 어린아이처럼 말했다. 톰이 거기에는 왜 나타난 걸까? 여기는 안카트린과 내가 업무상 훈련을 하는 곳인데 말이다.

침착하게 대처할 것!

"아, 두 사람 모두 벌써 나왔네요?"

안카트린이 말하며 우리의 대답을 기다리지도 않고 우리 쪽으로 뛰어왔다.

"와, 컨버스 척을 신고 왔네요?"

톰이 말했다.

"네, 별로 이름도 없는 회사에서 만든 레트로 상품이에요."

나는 또 시작되었다고 속으로 생각했다.

우리는 달리기 시작해 내가 늘 가던 길로 접어들었다. 안카트린은 그 길을 마치 자기가 먼저 찾은 것처럼 굴었다.

그리고 내가 예상했던 대로 일이 돌아갔다. 두 사람이 처음부터 속도를 높여 뛰었다. 그들은 신나게 떠들면서 뛰었고, 나는 뒤에서 늙은 베른하르디너 개처럼 뒤따라갔다. 간격이 점점 벌어졌고, 두 사람은 일부러 작은 원을 만들고 돌면서 나를 두 번 기다렸다.

"괜찮으세요? 오늘 속도를 좀 내려고 하는데?"

안카트린이 물었다.

"응, 괜찮아."

내가 말했다.

그 말을 하자마자 두 사람이 내게서 멀어져 갔다. 마음대로 하게 두었다. 내 나이는 그 두 사람의 나이를 합한 것 정도 된다. 그동안 나는 지구를 돌며 컴퓨터, 자료 보관실, 어두컴컴한 술집, 더러운 뒷마당, 그 밖에 다른 위험한 곳에서 조사를 하느라 많은 세월을 보냈다.

내가 할 수 있는 것을 다음번 만날 때 보여 줘야겠다고 생각했다. 요즘 나는 밤낮으로 '나이키'에 관한 조사에 몰두하고 있다.

7월 29일과 30일 사이의 밤에, 새벽 3시 30분

마침내 일본과 미국의 운동화 역사를 조사하는 걸 끝냈다. 나는 조사한 것들을 모두 모아 글로 쓰고, 몇몇 사진 자료들을 첨부해 온라인 사이트에 올렸다. 최종 원고는 신발 전문가 그룹의 멤버들에게도 보내 주었다. 어쩌면 나중에 쓸 기사에 그것들을 사용할 수도 있을 것 같다.

필 나이트 혹은 자칭 운동화 신의 역사

필 나이트와 나이키의 역사에 대한 거라면 왜 전문가들의 의견이 일치하지 않는가? 나이키에 오니츠카 타이거의 지분이 얼마나 될까? 그 의문에 대한 대답이다. 이번 주제에 관련된 글은 다양하고, 때론 매우 빈약한 출처에서 수집되어 정보의 질이 그다지 좋지 않다. 나이트는 자신의 삶에 대해 극히 적은 정보를 공개했다. 나이트가 쓴 자서전에 사실만 적혀 있지는 않았다. 성공한 많은 사람들이 자신을 신격화하는 것처럼 나이트는 마케팅과 광고의 귀재로 자신을 소개했다.

확실한 것은 나이트가 다른 회사의 성공 위에 자신의 탑을 쌓았다는 것이다. 일본의 운동화 회사 창업자에 대한 출판물은 세상에 나온 게 거의 없다.

일본도 2차 세계 대전 때 독일처럼 처참하게 파괴되었고, 독일에서 그랬던 것처럼 재건의 의욕이 충만했다. 1949년 산업도시 고베에서 수제화 전문가 키하치로 오니츠카가 작은 공장을 세웠다. 오니츠카는 일본 운동선수들과 함께 세계 최고의 운동화를 만들기로 결심했다. 회사 이름은 '오니츠카 타이거'였다.

미국 군인들이 일본에 농구 경기를 유행시켰고, 오니츠카는 일본 선수들과 함께 독자적으로 농구화를 개발했다. 오니츠카는 선수들이 잘 멈출 수 있도록 오징어의 흡반 같은 작은 돌기를 밑창에 만들어 주었다.

1953년 오니츠카 타이거는 일본 마라톤 선수 토루 테라사와(Toru Terasawa)와 함께 장거리 육상 선수의 발에 물집이 잡히지 않는 특수 러닝화를 만들었다. 두 번의 혁신 과정을 거쳐 운동화가 완성되었다. 오니츠카는 바람이 잘 통하도록 거친 천을 외피로 사용했고, 가볍게 뛸 수 있게 밑창을 이중으로 만들었다.

1955년 일본 전역에 500개의 오나츠카 타이거 지점이 생겼다. 1956년 오니츠카 타이거의 운동화는 멜버른 올림픽대회 공식화로 지정되었고, 많은 육상 선수들이 그 운동화를 신고 뛰었다. 그러나 미국과 유럽에서는 크게 인기를 끌지 못했다.

몇 년 후, 한 젊은 미국인이 오니츠카에게 연락을 취했다. 그 젊은이는 미국에 그 신발을 유행시키겠다는 큰 꿈을 품었고, 그것으로 미국에서의 새로운 역사를 시작했다.

필 나이트는 운동선수로 뛴 적은 없고, 경제와 마케팅 전문가로 일했다. 필 나이트는 경제학을 전공한 학생이었고, 1950년대 오레곤과 스탠퍼드 대학에서 중거리 육상 선수 훈련을 받은 적은 있지만 선수로 뛰기에는 실력이 부족했다.

그래도 필 나이트는 스포츠를 광적으로 좋아했고, 그래서 '마케팅' 관련 졸업논문에서 아디다스와 퓨마가 압도하고 있는 미국 시장을 뒤흔들 운동화를 유통하는 것에 대해 썼다.

나이트는 논문에서 저렴한 가격에 경쟁력 있는 좋은 상품을 집중적으로 광고해서 미국에 자리 잡게 하면 가능할 거라고 썼다. 나이트는 그런 운동화를 당시 인건비가 무척 쌌던 아시아에서 찾았다. 1962년 나이트는 일본으로 건너가 오니츠카 타이거 회사를 방문해 미국에서 상품을 판매하겠다는 제안을 했다.

나이트는 자기가 만든 회사 '블루 리본 스포츠'를 통해 판매를 시작했다. 그 회사는 육상 코치였던 빌 보어만과 함께 500달러를 투자해 만들었다. 그들은 몇 년 동안 일본 오니츠카 타이거가 만든 운동화만 판매했다. 그 사이 보어만은 새로운 디자인을 제안해 오니츠카 타이거에 전달했다. 그렇게 해서 일본에서 1964년에 '코르테즈'라는 상품을 시장에 내놓게 되었다.

시간이 지나자, 나이트와 보어만의 회사는 독자적으로 신발을 시장에 내놓을 수 있을 정도로 튼튼해졌다. '코르테즈'의 상품 개발과 성공에 지분을 갖고 있었기 때문에 그들은 최초의 독자 생산 상품에 그 디자인을 갖다 썼다. 물론 오니츠카는 그것을 묵인할 수 없었다. 그래서 오랫동안 법정 다툼이 벌어졌다. 그러나 판사들은 둘 중 누가 신상품 개발에 더 많은 역할을 했는지 판단할 수 없다고 하며 양측에 그 디자인을 사용할 권리를 인정했다.

그 다음 이야기는 다음번 전문가 회의에서 이어질 예정이다.

8월 3일 9시 45분, 침실
밤을 거의 세우다시피 하다가 편집장의 메일을 받았다.

4. 네 번째 단서 : 소의 피

분석 결과의 요약
2113D17 검사 요청에 대한 중간 보고
제4장, 일반적인 분석 보고

혈흔에 대해 검사한 결과 아프리카에서만 사육되는 소 품종인 제부의 피로 판명됨.
분석한 결과 특히 동아프리카의 고원지대에 사는 제부의 피로 국한됨.

이제 문제는 딱 한 가지, 케냐인가, 에티오피아인가만 남았다.

8월 5일, 신발 가게 '스니커즈'

톰의 가게에서 전문가 그룹 2차 회의가 열렸다.

멤버들 모두 내가 보내 준 글을 읽고 왔다.

'나이키는 어떻게 세계 최대의 운동화 상표가 되었나?'가 오늘의 토론 주제이기 때문이다.

승리의 여신이 운동화의 미국 역사를 떠맡다

필 나이트는 판매하는 운동화에 '코르테즈'라는 이름을 계속 사용할 수 있게 되었지만 독자적인 상표가 필요했다. 나이트는 미국의 팝그룹 '5차원(The 5th Dimension)'의 열렬한 팬이어서 운동화에 '6차원'이라는 상표를 붙이려고 했다. 사실 얼마나 간교한 짓인가? 그러나 결정 과정에서 '나이키'란 이름이 최종 낙점되었다. 그 단어가 짧고, 힘 있고, 확실한 의미도 있기 때문이었다.

그 사이 오니츠카는 코르테즈만 '오니츠카 타이거 코르세어'라는 이름으로 생산한 게 아니라 다른 아시아의 신발 회사와 병합해 1917년 아식스(ASICS)라는 회사를 세웠다. 그렇게 되자, 나이키와 아식스가 당시 최고의 신발 회사였던 아디다스를 공격하기 시작했다.

그러나 1980년대 초기에 아디다스가 다시 붐을 일으켜 1982년

여름 역사상 최고의 매출을 기록하게 되었다. 스페인에서 개최된 월드컵 대회에서 24개 국가의 팀 가운데 13개 팀이 아디다스 운동복을 입고 출전했다. 8개 팀은 줄이 세 개씩 그려져 있는 아디다스의 신형 축구화를 신고 나갔다. 이탈리아를 상대로 한 결승전에서 독일 대표팀은 머리에서 발끝까지 아디다스 제품으로 무장하고 마드리드 경기장에 나왔다. 두 시간이 넘도록 전 세계 60개 국가에서 8억 명의 시청자가 세 줄이 선명한 운동화와 세 잎 클로버가 상의에 그려져 있는 운동복을 보았다. 심지어 골키퍼의 장갑에도 회사의 로고가 빠짐없이 그려져 있었다.

월드컵 경기가 아디다스 광고만을 위한 행사처럼 보였다. 그 해 아디다스는 60억 마르크의 연 매출로 세계 최고의 스포츠 관련 상품 제조사가 되었고, 시장 점유율은 60퍼센트에 육박했다. 나이키와 아식스가 그 뒤를 따랐고, 독일 국내에서 아디다스 매출의 3분의 1을 차지하는 퓨마는 세계 1위 기업인 아디다스와 엄청난 차이로 뒤처졌다.

"아디다스가 다른 회사보다 무엇을 더 잘한 거죠?"

톰이 물었다.

"아디 다슬러가 제시 오언스처럼 유명한 선수에게 운동화를 무상으로 공급했던 게 효과가 있었던 거지. 처음에는 단순한 호기심으로 그런 유명한 선수가 자기 회사의 제품을 사용할지 실험해 보려고 했는데 시간이 지나면서 아디다스 직원들은 그런 상호 협조가 큰 영향력을 행사한다는 것을 알게 된 거지. 점점 더 많은 사람들이 유명한 운동선수들을 주시하면서 그들이 신었던 것과 같은 운동화를 신으려고 했거든. 그런 엄청난 영향력은 광고만으로는 달성할 수 없었지."

"그래서 스폰서를 하는 게 아주 중요하게 된 거죠."

슈미트 씨가 맞장구를 치며 말했다.

"아디다스는 스포츠를 뛰어넘어 신화가 되었어요. 헤르베르트 폰 카라얀도 대부분의 관람객들이 그 당시만 해도 정장에 드레스를 입고 베를린 필하모니를 찾아오던 시절이었는데 연습할 때 지휘자석에 아디다스 운동화를 신고 나왔다고 해요. 1984년 요쉬카 피셔가 헤센 주정부 환경부 장관 임명장 수여식에 운동화를 신고 나타나 운동화 세대가 사회의 전면에 등장했음을 확실하게 보여 준 일도 있었죠."

내가 잠시 말을 끊었다가 다시 이었다.

"그러다가 사건이 터졌죠. 나이키가 아디다스를 추월한 겁니다. 어떻게 해서 그렇게 되었을까요? 90년대 초에 나이키는 스포츠 관련 제품의 매출 세계 1위가 되었어요."

"나이키가 다른 운동화들보다 더 멋있어서 그랬겠죠."

톰이 말했다.

"그래서 특히 젊은이들이 나이키 운동화를 찾았죠."

"그런 전세역전은 단 한 사람 덕분이었지."

내가 다시 말을 이었다.

"필 나이트가 아니라 프로 농구 선수 마이클 조던과 나이키 에어 조던 때문이었어. 한번 상상해 봐. 사실 조던은 처음에 나이키가 아니라 아디다스를 신으려고 했었어. 하마터면 나이키 에어 조던이 시장에 나오지 못할 뻔했지. 그런데 아디다스가 조던의 제안을 거절한 거야. 조던의 키가 198센티미터라서 농구 선수로는 작은 편이라고 판단해 임원진이 조던에 대한 스폰서를 하지 않겠다고 결정한 거지. 그래서 조던은 어쩔 수 없이 나이키와 계약을 체결했고, 그것으로 모름지기 운동화의 신이 되었어. 어떤 해에는 인세만으로 연간 1억 달러의 수입을 거두고 있으니까."

내가 잠시 숨을 돌리는 사이 톰이 한마디 했다.

"맞아요, 나이키 에어 조던이 운동화의 대명사가 되어 버렸죠."

우리는 잠시 토론을 멈추고 토론 결과를 요약하기로 했다.

"자, 한번 써 봅시다. 인기 있는 운동화에는 어떤 공통점이 있나요?"

나는 화이트보드에 적었다.

1. 좋은 운동화

"좋은 운동화에는 반드시 라벨이 붙어 있어요."

슈미트 씨가 말했다.

"물론 인기 있는 운동화가 되려면 그것만으로는 충분하지 않죠. 좋은 운동화는 카르후나 리복처럼 2등, 3등 혹은 4등이지만 분명한 제조 회사가 있어요."

"인기 있는 운동화에는 마법의 힘이 느껴지는 이름이 있어요."

톰의 가게 직원이 말했다.

"아식스가 무슨 의미인지 아는 사람?"

내가 물었다.

"그 이름에 무슨 뜻이 있나요?"

안카트린이 물었다.

"당연히 있지. 아식스는 다섯 글자의 알파벳인데 이번에는 그리스어가 아니라 라틴어야. 아니마 사나 인 코르포레 사노(anima sana in corpore sano), '건강한 정신은 건강한 몸에 깃든다'라는 의미지."

"하지만 그런 이름이 일본에 본사가 있는 회사에 어울리나요?"

"그 약칭이 나이키나 아디다스처럼 입에 착 달라붙지는 않아요."

"어쨌든 구매자들에게 가까이 다가가려고 노력을 한 거지. 어떤 때는 이름으로 크게 성공을 거두기도 하고, 어떤 때는 그 꿈이 무산되기도 하지."

나는 화이트보드에 다시 적었다.

2. 운동화 라벨에 붙는 마법의 이름

"성공한 운동화들이 갖고 있는 공통점에는 뭐가 더 있을까요?"

나는 모두를 둘러보며 물었다.

"인기 많은 운동화에는 반드시 훌륭한 로고가 있어요."

안카트린이 말했다.

나는 고개를 끄덕였다.

"좋아요. 다시 아디다스를 예로 들어 보죠. 아디다스의 신발에 그려져 있는 세 줄은 우연히 만들어졌어요. 운동화의 윗부분을 부각시키려고 처음에는 줄을 두 개만 바느질로 박아 만들었어요. 5~60년대에는 아디다스만 흰색 줄이 세 개 있었던 게 아니라 컨버스의 트랙스타에도 있었어요. 그 후 아디다스는 운동복과 같은 다른 스포츠 관련 제품도 만들면서 새로운 로고를 필요로 하게 되었어요. 그래서 아디 다슬러의 부인 케테 다슬러가 수백 개의 초안 중 세 잎 클로버를 선택하게 되었고, 그리고 나서 아디다스는 세 잎 클로버와 세 줄을 로고로 번갈아가며 사용하게 되었죠."

나는 화이트보드에 다음 안건을 적었다.

3. 인기 있는 로고

"인기 있는 운동화를 만드는 회사의 한 가지 공통점은 유명 스타가 있다는 거예요."

안카트린이 말했다.

"맞아요. 최고의 운동선수가 그 회사 제품만 입고 신으면 광고 효과가 최고죠."

슈미트 씨가 말했다.

"아디다스는 축구에서 최고이고, 나이키는 농구에서 그렇죠."

"한 가지 생각나는 게 있네요."

내가 말했다.

"농구화는 평소에도 신고 다닐 수 있지만 축구화는 그렇게 못하죠. 아디다스가 훌륭한 육상 선수나 핸드볼 선수에게도 투자를 했다면 더 좋았을 것 같아요."

몇 사람이 고개를 끄덕였지만 톰은 머리를 가로저었다.

"육상 선수나 핸드볼 선수는 별로 인기가 없어요."

"적어도 독일에서는 그렇지."

내가 말했다.

화이트보드에 네 번째 안건을 적었다.

4. 운동선수 -> 인기 스타

"아직 부족한 게 운동화의 신화나 전설이에요."

안카트린이 말했다.

"그런 게 저절로 생기기도 해. 예를 들어, 나이키가 원래는 6차원이 될 뻔했다는 이야기 같은 것. 다행히 운동화 세계에 전설이 하나 더 생긴 셈이 되었지. 사람들의 입에 자주 오르내리는 게 중요하니까. 스타나 전설에 그게 중요한 요소지."

나는 요약해 말했다.

마지막으로 하나 더 적었다.

5. 신화와 전설

"연구와 혁신은 어떻게 되는 거죠? 큰 운동화 회사의 비밀 연구소에서 새로운 기술이 개발되었다는 등의 보도가 자주 나오던데……."

안카트린이 물었다.

"다 헛소리예요."

슈미트 씨가 말했다.

"요즘은 운동화가 고급 기술 연구소에서 개발되었다는 말을 자주 하지만 원칙적으로는 새로운 운동화를 차고에서도 만들어 낼 수 있어요. 설계는 미국이나 유럽에 있는 디자인 회사가 하고, 집을 건축하거나 의자를 설계할 때처럼 설계도면대로 작업하면 되니까요. 실제로 하는 일은 모형을 만들고, 그것을 꼼꼼히 잘 만드는 거예요. 몇 가지 조건을 버텨내는 모형을 만드는 거죠. 그 모형이 완성되면 중국이나 인건비가 싼 나라에 있는 공장에 제작을 맡기면 됩니다. 그런데 그곳에서 운동화를 만드는 조각들을 바느질로 박지 않고 접착제로 붙여 만드는 경우가 점점 더 많아지고 있어요.”

그 말을 듣고 나는 온주에서 웨이가 접착제 분무기 앞에 조각들을 손에 들고 깔창에 접착제를 붙인다는 이야기를 해 줬다.

슈미트 씨가 그 말을 듣고 깜짝 놀랐다.

“그렇게 하면 절대 안 돼요. 접착제를 분무기로 분사하려면 용해제를 많이 섞어 줘야 해요. 그럼 다른 물질과 섞여 강한 반응을 일으켜 사람의 간에 손상을 주는 디 메틸 포름 아미드와 같은 위험한 성분이 나와요. 그런 용해제는 공장 부지에서 증발되지 않은 채 요리조리 빠져 나가다가 나중에는 신발에 잠복해 있어요. 그리고 그 신을 신는 사람의 발까지 침투해요. 요새는 그것보다 성능이 더 좋은 접착제가 나와서 근로자나 환경에 해를 덜 끼치고, 신발을 사는 우리 소비자에게도 덜 유해한 게 있죠. 접착제를 분사기로 사용해 분사하지 말고, 좀 더 걸죽하게 만들어 주걱 같은 걸로 찍어 발라야 하는데 그렇게 하려면 시간이 더 들 거예요.”

"그럼 신발을 개선할 게 아니라, 일하는 방식을 개선하면 되겠네요."

"맞아요. 그 사이 운동화가 많이 발전했어요."

슈미트 씨가 말했다.

"이제는 굳이 새로운 기술을 사용할 필요가 없어요. 그냥 각각의 신발을 손님에게 맞춰 주는 서비스만 개선하면 돼요."

"개별적으로 맞게 해 준다는 말은 마법의 주문 같은 말이네요."

톰이 끼어들며 말했다.

"많은 사람들이 잊고 있는 게 있는데 운동화는 정형외과 쪽에서 봤을 때 발을 지지해 주는 도구 같은 거예요. 평생 쓰는 게 아니라는 거지요. 안 그러면 발이 저항력을 갖지 못하거든요."

슈미트 씨가 말했다.

"그게 무슨 말이죠?"

톰이 물었다.

"운동화를 신고 있으면 보행 관련 근육이 조작되기 때문에 독자적으로 미세한 느낌을 감지하는 기능을 갖지 못하게 돼요. 그래서 바닥에 맞게 일어서고, 구르고, 차는 방법을 잊어버리는 거예요. 그 모든 것을 운동화의 완충물질이 떠맡게 되면서 자연스럽게 걷는 기능을 마비시키는 셈이죠."

"완충 작용이 너무 많이 이뤄지면 신발을 신고 걷던 사람이 갑자기 멈출 때 완충물질을 통해 에너지가 빠져나가게 되어 있어요."

톰이 말을 이었다.

"그래서 새로 나온 운동화에는 완충 역할의 비중이 다시 적어졌어요. 사용자의 개별적인 요구사항과 사용자가 신발에 어떻게 적응하느냐에 따라 바뀌게 되었죠."

"그러나 그것은 매 시즌마다 시장에 쏟아져 나오는 새로운 모델의 신발들과는 아무 상관이 없는 말이죠."

슈미트 씨가 다시 강조했다.

"맞아요. 마케팅, 유행과 신화가 새로운 혁신을 대신하고, 매출을 뒷받침해 주고 있죠."

톰이 운동화를 파는 사람이니 그것을 애석해 할 것 같지는 않았지만 그런 생각은 내 머릿속에만 간직했다.

새로운 정보들을 생각하며 집으로 가는 도중 분석 보고서 메일이 또 날아왔다.

5. 다섯 번째 단서 : 색소

분석 결과의 요약

2113D17 검사 요청에 대한 중간 보고

제5장, 일반적인 분석 보고

색소 : 동아프리카에서 전통 문화를 고수하는 곳에서 사용되고 있음.

색의 성분에 대한 분석 결과 : 색소에는 주로 세 개의 요소가 들어 있음.

1. 용해제 : 색을 액체로 만들어 바를 수 있도록 해 줌. 색깔이 건조되면 용해제는 날아감.

2. 색소 매개체 : 기본 골격은 고분자, 즉 합성물질로 특별한 특징을 나타냄.

3. 반면, 일반적인 색조와 다른 안료로 분석됨. 이산화티타늄에는 흰색, 산화구리에는 빨간색과 같이 기술적으로 생산된 안료.

빨강에는 보라, 파랑에는 코발트와 같이 자연에 존재하는 색소. 그것들은 구하기도 어렵고, 값도 비쌈. 그래서 그것들은 아프리카 대륙에서 전통 방식으로 일하는 지역에서만 사용됨. 바로 그런 색소를 운동화의 면에서 발견하였음.

이제는 공식적인 분석 결과가 아프리카를 가리켰다.

8월 9일 8시, 편집회의

일찍이 이렇게 이른 시각에 편집회의를 해 본 적이 없다.

"모두 다 참석해서 좋네요. 무엇 때문인지는 다 알고 있을 거예요. 우리 운동화에 대한 분석 결과 모든 단서들이 아프리카를 가리키고 있어요. 첫째는 리비아 사막의 모래가 동아프리카를 가리켰고, 둘째는 면이 그랬죠. 아프리카에서 나왔을 가능성이 크고,

섬유의 조직이 아프리카 전통 직조라고 합니다. 세 번째는 혈흔이 동아프리카에 사는 소에서 나온 거라고 합니다. 다만 고무는 보통 유통되는 신발에 사용되는 것으로 중국에서 나왔을 가능성이 큰 것으로 밝혀졌습니다. 하지만 마무리 공정에는 전문 시설의 도움이 있었을 것으로 보입니다. 신발에 재봉질을 하려면 수제화 장인이 가죽을 꿰매는 데 쓰는 송곳으로 작업하거나, 특수 재봉틀이 필요합니다. 결론적으로 동아프리카에서 이 운동화의 역사가 시작되었고, 주인도 있을 것으로 보입니다. 문제는 케냐냐, 에티오피아냐 둘 중 어디냐는 거지요."

"색깔을 보면 에티오피아 쪽으로 기울어요."

내가 말했다.

"이 세 가지 색깔은 아프리카 나라의 국기에 많이 있는 색깔이고, 아프리카인들은 그것으로 자기들이 공동 운명체라는 것을 강조하지요. 초록은 땅의 비옥함, 노랑은 조국애, 빨강은 독립을 위해 뿌린 피를 상징합니다. 에티오피아가 제일 먼저 19세기에 그 나라를 대표하는 색으로 이것들을 사용했습니다."

"좋아요."

편집장이 말했다.

"그럼 이제 뭘 해야 하는지 알고 있죠?"

나는 어깨를 들썩였다.

"아프리카에 가라고요? 요즘 마라톤 훈련을 받고 있는데요? 에티오피아입니까, 베를린 마라톤입니까? 혼자 그 두 가지를 다 할 수는 없어요."

"그럼 훈련을 쉬도록 해요. 그건 안카트린에게 맡기면 되니까."

"휴우!"

내가 긴 한숨을 토해 냈다. 하지만 진심이 우러나서 내뱉은 소리는 아니었다. 사실 마라톤 훈련은 내게 다른 사람을 만나서 재미있는 이야기를 나누는 것 이상의 의미가 있었다.

어쩌면 그래서 나는 좋은 선수는 되지 못하겠지만 좋은 기자는 되고 싶었다. 아니, 좋은 기자가 아니라 최고의 기자가 되는 거다! 내 목표는 제대로 된 이야기보따리를 전해 주는 기자가 되는 것이다. 운동화의 비밀을 들춰 보고 그걸로 기자 상을 받을 수 있을 만한 이야기를 쓰고 싶었다.

그래서 나는 아프리카에 가기로 결정했다.

그곳에 가면 선수와 운동화의 흔적을 찾을 가능성이 있다.

한편으로는 흥분되면서, 다른 한편으로는 아프리카로 여행을 간다는 것에 대한 두려움도 컸다.

제7장

출국하기 전날 밤, 나는 한숨도 못 잤다.

여행을 떠나기 전날 나는 늘 프랑크푸르트에서 다리가 부러지거나 호주에서 여권을 잃어버리면 어떻게 될지에 대한 불길한 상상을 한다. 아프리카로 가기 전날은 전혀 다른 걱정이 밀려왔다. 물, 말라리아, 강도, 내란……. 나는 그만하라고 나 자신을 책망하며 마음을 다잡았다.

사실 아프리카는 크게 두 지역으로 나뉜다.

한쪽은 관광객들이 많이 찾는 이집트, 튀니지, 모로코가 있는 북아프리카와 케냐, 나미비아, 남아프리카공화국이 있는 남부와 남서부가 있다. 그런 나라에는 잘 관리된 국립공원이나 고고학적인 의미가 있어서 유네스코 문화유산으로 보호하는 이집트의 룩소르와 마라케시 같은 도시가 있다. 그곳은 전기, 물, 도로 시설 등이 잘 구비되어 있고, 치안 상태도 좋다. 세렝게티를 가로질러 사파리로 향하는 길을 따라 관광객을 위한 방역 활동도 잘되어 있고, 말라리아모기에 대한 방역 조치도 실행된다.

난 전에 아무 문제 없이 아프리카를 여행한 적이 있었다. 그러나 그렇게 잘 보호된 지역을 벗어나면 또 다른 진짜 아프리카가 나타난다.

그 진짜 아프리카가 아직은 내게 두려움으로 다가온다. 그곳을 머릿속에 떠올리면 기아에 시달리는 많은 사람들이 길바닥에 누워 있고, 에이즈에 걸린 수백 명의 환자들, 칼라시니코프 장총을 들고 있는 꼬마 병사들, 고여 있는 물이나 오줌을 누는 사람의 음경으로 파고드는 벌레가 자꾸 머릿속에 떠올랐다.

👟 아프리카 1 - 어둡고, 위험한 대륙?

아프리카는 3,200만 제곱킬로미터로 지구상 두 번째로 큰 대륙이다. 미국, 중국, 인도와 유럽의 영토를 합한 만큼의 크기로, 독일의 84배다.

12억 명의 인구 수로도 지구상 두 번째로 큰 대륙이다. 54개의 국가가 있어서 한 대륙에 국가가 가장 많고, 2,000개 이상의 민족이 다양한 언어와 문화를 사용하며 살아가고 있다.

또한 아프리카는 우리와 같은 호모 사피엔스가 살았을 뿐만 아니라, 그들의 조상도 살아 온 인류의 요람이다. 아프리카에는 지구에서 가장 큰 야생동물 기린이 산다. 그리고 지구에서 가장 큰 사막인 사하라사막이 있고, 가장 긴 강인 나일강이 흐른다.

또 지하자원도 풍부하다. 세계에서 채굴된 금의 절반은 남아프리카공화국의 '비트바테르스란트'라는 곳에서 출토되었다.

그 외에도 스마트폰처럼 전자 제품을 많이 쓰는 현대사회에 꼭 필요한 지하자원이 많이 매장되어 있다. 축전지에 꼭 필요한 물질로 콩고나 잠비아에서 나오는 코발트, 교류와 접속에 필요한 남아프리카공화국의 금과 은, 응축 용도로 쓰는 탄탈, 퓨즈 필라멘트에 쓰이는 텅스텐, 합금에 필요한 아연 – 마지막 세 개의 지하자원, 탄탈, 텅스텐, 아연은 콩고에서도 채굴된다.

비행기를 타고 출발하면서부터 난 충격을 받았다.

약 10년 전까지만 해도 나는 배낭을 짊어지고 세계 곳곳을 돌아다니며 낯선 문화와 고고학적으로 의미가 있는 발굴 현장 소식을 전했었다. 그 당시 에티오피아 항공은 악명이 높았다. 비행기가 낡고, 비행사 실력이 부족하고, 이용하는 승객이 적어 중간 경유지로 사용되던 아디스 아바바 공항도 무척 허름했다. 그래서 나는 그 항공사 비행기를 절대 타지 않고 우회했었다. 그러나 이번에 공항 내를 이동하는 버스를 타고 가서 '에티오피아'라는 이름이 크게 적혀 있는 초대형 신형 보잉 – 드림 라인 비행기를 보고 긍정적인 면에서 충격을 받았다.

8월 13일, 프랑크푸르트에서 출발해 아디스 아바바로 향하는 사하라 상공 비행기

에티오피아 항공사의 비행기는 저녁에 출발해 밤새 날아가 두 시간의 시차(에티오피아가 두 시간 늦음) 때문에 아디스 아바바 공항에 이른 아침에 착륙한다.

그러니 비행 중에 푹 자면서 쉴 수 있다.

그러나 나는 너무 긴장하고 있었다. 도착하면 과연 무슨 일이 펼쳐질까? 두 번 정도 잠깐 졸았을 뿐 꼬박 눈을 뜬 채 시간을 보내느라 힘들었다. 비행기가 파노라마 관광 비행기 같았다. 일반 비행기보다 창문이 커서 창문 덮개를 수동으로 닫는 게 아니라 전자식으로 밝기 조절을 할 수 있어 실내가 어두워도 밖을 내다볼 수 있었다.

나는 계속 저 아래가 아프리카라고 되뇌었다. 냄새라도 맡을 수 있을 것 같았다. 밤이라서 밖은 잘 보이지 않았다. 그리고 아프리카의 많은 나라들이 밤에 전등을 밝게 켜지 않아 많이 어두웠다.

비행기 아래 넓은 사하라사막이 펼쳐졌다. 현대 기술이 아무리 발달해도 그곳은 목숨이 위태로워질 수 있어 많은 사람들이 멀리하는 곳이다. 피부가 검은 사하라사막의 유목민 투아레그족, 또는 겁 없이 여행하는 사람들이나 피난민들만 사막을 지날 뿐이다.

마침내 여명이 트이기 시작할 때 사막이 아니라 뾰족뾰족한 산봉우리가 있는 산맥들이 보였다. 잠시 후 새빨갛게 빛나는 사막

도 보였다. 약 30분 정도 수단 상공을 날고 있는 것 같았다. 동 아프리카의 산들이 더 보이더니 갑자기 푸른 자연이 우리 밑으로 펼쳐졌다.

8월 14일 8시 30분

비행기가 거의 정시에 아디스 아바바 외곽에 위치한 볼레 국제 공항에 도착했다.

도시가 거대한 협곡에 조성되어 있었다.

수없이 펼쳐지는 작은 농토 위로 비행기가 착륙할 때 멀리 고층 빌딩이 몇몇 있는 도시가 보이고, 기차와 공항도 보였다. 낡고 허름한 임시 건물들이 모여 있을 거라고 예상했었는데 막상 가서 보니 상해 공항의 축소된 모습이었다. 거대한 건물이 유리로 장식되어 있었고, 천장이 높은 현대식 건물 안에 지나다니는 사람들이 작아 보였다.

다행히 여기는 모든 표지판들이 2개 국어가 멋들어진 글씨체로 적혀 있었다. 첫 번째 공용어인 암하라어와 두 번째 공용어인 영어라서 나는 마음이 한결 편했다.

밖에 나가 보니 많은 사람들이 이름이 적힌 표지판을 손에 들고 기다리고 있다가 도착한 사람들에게 달려들었다. 한 남자가 내 이름이 적힌 표지판을 높이 든 채 기다리고 있었다. 낯선 곳에서 나를 기다려 주는 사람을 만나니 기분이 매우 좋았다.

그는 독일 문화원에서 보내 준 운전사로 내 출장 일정을 도와줄 사람이었는데 키가 작고 약해 보여 무거운 가방을 내가 대신 번쩍 들어 트렁크에 실었다. 그런데 가방 몇 개를 들어 올리고 고작 몇 발자국 걸었을 뿐인데 금방 숨이 찼다.

"예스, 베리 하이(많이 높지요)?"

기사가 말하며 웃었다.

우리는 알프스의 높은 봉우리에 오른 것처럼 해발 2,400미터에 와 있었다. 그런 고도가 그곳에서 달리기 훈련하는 선수들에게 유리한 환경이었다.

온주와 달리 시내까지 가는 길이 그리 멀지 않았다. 차가 볼레시로 접어들더니 곧바로 시내 중심가로 가 몇 번 방향을 튼 다음 마치 오래된 근사한 별장처럼 보이는 타이투 호텔 앞에 도착했다. 호텔은 도시가 처음 형성될 때 지어진 터라 입구에 '1898'이라는 숫자가 새겨져 있었다.

크고 멋진 1인실 방을 배정받았다. 방 안에는 가구가 거의 없고 커다란 침대와 테이블, 옷장이 전부였다.

나는 일단 누워 몇 시간 쉰 다음 샤워를 하고, 가방을 풀어 잘 도착했다는 메일을 편집장에게 보냈다.

8월 14일 오후, '아름다운 꽃' 구경

"아디스 아바바, 번역하면 '아름다운 꽃'이라는 의미라고 독일 문화원에서 일하는 비르깃 블룸탈러가 말했다. 비르깃은 내게 시내 구경을 시켜 주기 위해 왔다. 우리는 각자 자기 소개를 하고, 자동차로 가는 길에 서로 말을 놓기로 했다.

"가 보면 이 도시의 이름이 별로 잘 어울리지 않는다는 생각을 하게 될 거야. 하지만 아프리카의 대도시에서 이 정도면 대단한 거지."

우리는 곧장 출발했다. 오른쪽 큰 도로로 접어들자 비르깃이 말했다.

"왼쪽에 보이는 게 국립 박물관. 저기에 루시가 전시되어 있지."

루시 — 과학 전문 기자인 나는 그게 무엇인지 알고 있다. 그것은 인류 조상의 가장 오래된 화석인류다.

"꼭 보고 가야지."

"그러려면 반드시 오전에 가야 해. 지금은 이미 문을 닫았어. 300만 년이나 된 루시의 나이를 생각하면 아디스는 아주 젊은 도시야. 이 도시는 메네릭 2세 황제가 19세기 말 처음 만들었어."

우리는 지난 세기에 건축된 왕궁들을 살펴보았다. 그런 다음 아프리카 회의장 건물 옆을 지나갔다. 1963년 32개 아프리카 국가들이 최초의 공동기구를 만들었던 곳으로, 현재는 아디스에 새로 거대한 회의장을 만든 아프리카 연합의 전신이다.

이어서 우리는 시내 광장인 마스칼 광장으로 갔다.

그곳은 반원형의 관람석 뒤에 주차장 시설도 되어 있는 큰 광장이다. 그곳에서 5월 28일 국경일과 같은 큰 축제나 행사가 개최된다. 또한 '에티오피아 런'이라고 부르는 유명한 에티오피아 마라톤도 이곳에서 개최된다. 많은 선수들이 세 갈래의 도로에서 에티오피아의 국기 색깔인 초록, 노랑, 빨강 운동복을 입고 광장으로 몰려오는 경기다.

그런 축제가 아니더라도 일부러 광장을 찾아가 지나가는 차들을 구경하는 것도 재미있다.

여섯 개의 서로 다른 방향으로 가는 큰 도로가 별 모양으로 나뉘어 흔한 대도시에서 보는 것처럼 교통 정체가 심하다. 다만 이곳에는 교통 표지나 신호등, 교통경찰이 없다.

다른 나라에서라면 극심한 혼돈 상황이 펼쳐지겠지만 여기는 마치 개미들이 줄을 지어 바쁘게 움직이는 것처럼 나름대로 일정한 흐름이 있다. 좁은 길에서 나온 차가 교차로를 향해 조심스럽게 접근하다 틈이 생기면 급히 끼어들었다. 그러다 교차로를 지나 직진하려는 차들이 많아지자 교차로 한복판에 차량 몇 대가 멈춰 섰다. 그렇게 기다리던 차의 운전자들은 끼어들 수 있을 때까지 기다리다 마침내 틈이 생기면 차를 이리저리 움직여 대열에 끼어들었다. 그 모든 과정이 진행되는 동안 경적 소리는 많이 났지만 사고는 일어나지 않았다.

유럽에서 온 내게는 놀라운 현상이었다.

아디스는 계속 성장하고 있는 도시다.

터를 다져 놓은 곳이 여기저기 보이고, 많은 곳에서 건설이 진행 중이었다. 때로는 수년째 공사가 이어지는 곳도 있었다. 다른 나라의 수도처럼 여기도 고층 빌딩이 많았다. 우리는 평범한 여러 주택들을 지나고, 움막 같은 것도 지나고, 뭄바이나 자카르타에서 봤던 수많은 판잣집 옆을 지나갔다. 쓰레기 매립장을 지나자 빈민가가 나왔다.

쓰레기와 온갖 잡동사니 사이로 난 좁은 길이 판자촌으로 이어졌다. 판잣집들은 막대기와 나무판자, 양철, 플라스틱같이 주변에 있는 것들을 모아 대충 못을 박아 엮어 놓았다.

"아디스는 끊임없이 발전하고 있어."

비르깃이 내가 바라보는 쪽을 함께 보며 말했다.

"에티오피아 인구가 계속 증가하는 것도 그 이유가 되지. 2010년에 약 9천만 명이었는데 이제는 1억 명 이상이거든. 물론 시골에서는 출생신고를 하지 않으니 정확한 인구는 아무도 모르지만. 어쨌든 분명한 것은 인구가 는다는 거야. 그래도 생필품의 생산 시설이 함께 성장하고 있지는 않아. 조금만 더 가면 아직은 모든 것이 초록으로 보이는 곳이 나타날 거야. 얼마 전에 우기가 지났거든. 여기는 5년마다 강수량이 부족해 심각한 가뭄이 들어. 가뭄은 시골에 사는 사람들을 기아에 허덕이게 만들지. 그럴 때마다 많은 사람들이 도시로 이주해. 많은 에티오피아인들이 아디스를 찾아오지. 이 도시에 300만~400만 명이 살고 있어. 물론 정확한 숫자는 아무도 몰라. 어쩌면 그 사이 500만 명으로 늘어났을 수도 있고.”

차를 타고 가면서 나는 몇 가지 눈에 띄는 것들을 메모했다. 수도에 사는 시민들이 같은 도시에 살고 있지만 서로 완전히 다른 모습으로 살아가는 게 보였다. 선글라스를 끼고, 스마트폰을 사용하며, 서양식으로 옷을 입고 다니는 사람들은 토요타, 포드, 폭스바겐 같은 고급차를 타고, 고급 카페나 레스토랑에서 사람들을 만났다.

그런 사람들 옆에는 가난한 사람들이 지난 세기 때 유행했을 것 같은 옷을 입고 돌아다녔다. 그들은 몸을 휘감는 전통 의상을 입은 채 염소 떼를 몰며 시내를 가로지르거나, 병들고 깡마른 자식을 품에 안아 한 조각 천으로 자기 몸에 감싼 채 지나갔다.

그런가 하면 행색이 더럽고 다 찢어진 천 조각으로 몸을 감싼 극빈층이 거리를 쏘다니며 구걸했다. 그들은 길에서 백인을 보면 달려와 잡고 늘어지며 자기들의 딱한 사정을 호소했다.

“비르! 비르!(돈 좀 주세요.)”

“머니! 머니!(돈 좀 주세요.)”

나는 처음 그 모습을 봤을 때 몹시 놀라고 마음이 많이 불편했다. 하지만 나중에는 그들이 서양인들에게 어떻게 해서든 한 푼이라도 받으려고 매달린다는 생각이 들었다. 원래 누구나 그렇게 하지 않나? 사람들은 자기에게 주어진 기회를 최대한 이용하려고 한다. 그렇게 해도 된다는 생각이 들면 시도조차 하지 않는 자신에게 화를 내기도 한다.

나는 저녁을 먹기 위해 전통 식당을 찾아가느라 다시 차를 타고 그곳을 떠날 수 있어서 기뻤다.

식당 손님들은 모두 다양한 채소, 고기, 매운맛이 나는 소스 두 종류가 놓여 있는 큰 접시를 받았다. 초록, 노랑, 빨강 디저트도 있었는데 맛있어 보이지는 않았지만 냄새는 좋았다.

먹을 때도 전통 방식에 따라 포크나 나이프를 사용하지 않는 대신 인제라를 먹는다. 인제라는 에티오피아에서 재배되는, 좁쌀

어마어마하게 큰 부자

부자

풍족한 편

겨우 앞가림하는 정도

걸인

가난한 사람

같은 맛이 나는 '테프(Teff)'라는 곡식을 갈아 만든 빵이다. 빵을 손으로 조금 뜯어 고기, 감자, 채소 등을 얹어 쌈을 만들고 소스에 살짝 찍어 먹는다.

디저트가 나올 시간이 되었을 때 나는 비르깃에게 에티오피아에 온 목적에 대해 말했다.

"내가 해결해야 할 일이 두 가지야. 하나는 운동화를 생산한 공장이나 작업장을 찾는 거고, 다른 하나는 이 운동화를 신었던 사람을 찾는 것."

"장담하기는 어렵지만 일이 의외로 쉽게 풀릴 수도 있어. 여기 사람들이 외지인에게 무척 친절하고 잘 도와주거든. 유럽과는 완전히 달라. 하지만 아무리 노력해도 풀리지 않는 일도 있어. 이 나라에는 우리가 이해하기 어려운 금기나 규칙 같은 것이 있거든. 내 생각에는 앞으로 이틀 동안 내가 미리 연락을 취해 놓은 신발 공장을 한두 곳 방문하는 게 좋을 것 같아. 여유 시간이 생기면 시장에 가거나 수공업자들을 찾아가 보고."

"좋은 생각!"

"마라톤 선수도 찾고 있으니까 훈련장도 몇 개 가 보고."

"너무 번거롭게 만드는 것 아닌가?"

"아니, 모두 아디스 근처에 있거든. 물론 다 가 보자는 것은 아니고, 몇 곳만."

기대가 된다. 중국에서보다 일이 훨씬 순조롭게 시작될 것 같다.

🥿 에티오피아인들의 독특한 점

에티오피아는 (이웃 나라들과 높은 산으로 경계를 이루는) 자연적인 국경선을 갖고 있어서 아프리카의 다른 나라들처럼 식민지가 되어 심한 억압을 받은 역사가 없다. 실제로 에티오피아는 아프리카에서 다른 나라에 정복당하지 않은 채 식민지 시대를 이겨낸 유일한 나라다. 1934년 이탈리아가 점령했을 때도 에티오피아 국민들이 맞서 싸웠다.

다른 나라의 식민 지배를 받지 않았다고 해서 이곳 사람들이 자유롭게 살았다는 의미는 아니다. 에티오피아의 옛 명칭이었던 아비시니아 민족은 2천 년이 넘는 기간 동안 왕, 술탄, 황제의 통치를 받으며 살았다. 가장 마지막 권력자는 1930년에 정권을 장악하며 황제에 즉위한 하일레 셀라시에였다.

셀라시에는 이탈리아가 물러간 후 귀국해 아프리카의 상징적인 인물이 되었다. 에티오피아가 독립국가로 남아 있을 수 있어서 셀라시에는 1963년 아디스 아바바에서 결성된 아프리카 통일기구(OAU)의 대표가 되었다.

다른 한편으로 셀라시에는 국민들을 핍박해 에티오피아에서 1974년 민중 봉기가 일어나게 한 장본인이었다. 군인과 경찰도 시위에 참여하자, 황제와 행정부 수반이 폐위하고 직위에서 물러났다. 그 후 봉기를 일으킨 장교들로 구성된 군사정권이 권력을 잡았다. 대외적으로 공산주의를 표방하였으나 실제로는 군사독재였다.

그 정권이 1990년대 초반 일어난 내란으로 무너졌고, 에티오피아 인민혁명민주전선(EPRDF)이 일당 지배 정당이 되었다. 2018년 4월부터 권력의 수반이 된 아비 아흐메드 대통령에게 국민들은 개혁에 대한 많은 기대를 품고 있다.

에티오피아의 인구 총 1억 명(2016년 기준) 가운데 80퍼센트가 낙후된 농촌에서 살고 있다. 기아로 인해 전염병이 돌아 수백만 명이 수입 식품에 의존하게 되는 상황이 반복되고 있다.

에티오피아는 세 개의 문화권으로 나뉜다. 녹색 중심부는 4세기부터 기독교 문화가 발달되었다. 에티오피아는 초기 기독교 문화를 간직한 나라 가운데 하나다. 반면, 북동쪽에는 무슬림이 압도적으로 많이 산다. 남서쪽 오지에는 전통적인 아프리카 문화가 유지되고 있다.

결론적으로 에티오피아는 인류의 과거와 현재가 가까이 붙어 있다. 많은 사람들이 아디스에서 서양의 생활 방식을 따르는 한편, 남쪽에서는 생활비를 벌기 위해 가축들을 데리고 주거지를 옮기는 유목민의 삶을 이어가고 있다.

8월 16일, 아디스 아바바

독일 문화원 사람들이 그 사이 상공회의소를 통해 몇 가지 정보를 알아냈다. 아디스 지역에 신발 제조 회사가 20개가 넘는데 모두 중국인들이 경영하고 있었다. 그중에 한 곳을 오늘 방문하기로 했다.

비르깃과 나는 호텔에서 출발해 시내를 가로지른 후 남동쪽으로 차를 타고 갔다.

시내와 좀 떨어져 있는 외곽에 공장만 있는 대형 산업 단지가 조성되어 있었다. 중국인들이 운영하는 공장은 좀 더 깊숙이 들어가면 한 지역에 모여 있었다. 공장 입구에 원주민들이 서거나, 앉거나, 누운 채 모여 있는 게 보였다.

"저 사람들은 혹시 일자리가 나지 않을까 하고 기약 없이 기다리는 사람들이야."

비르깃이 말했다.

"누가 결근하거나, 몸이 아파 병원에 가거나, 무단으로 가 버리는 경우가 생길 수 있으니까. 그런 일이 종종 일어나거든. 트럭에 물건을 실을 때 잠깐 도와줄 인부가 필요한 경우도 있고."

외관상으로는 중국인들이 경영하는 공장이 본토의 공장들과 달라 보이지 않았다. 건물 벽에 붙어 있는 '후지안 슈 시티 에티오피아'라는 회사 이름만 달랐다.

회사에 들어갔을 때 난 갑자기 온주로 돌아간 것 같은 착각이 들었다. 온주에서 본 신발 공장과 많은 것이 비슷해 보였다. 벽마다 중국어, 영어, 암하라어로 쓴 표어가 붙어 있는 게 달랐다. 우리는 특수 재봉틀이 줄을 맞춰 구비되어 있고, 긴 컨베이어벨트가 있는 큰 작업장을 지나갔다. 공장 안에 중국인 노동자는 보이

지 않고 피부가 검은 에티오피아인들만 있었다. 이리저리 돌아다
니며 작업을 관리·감독하는 약 120명쯤 되는 중간 관리자들만
중국인이었다.

에티오피아인들이 열심히 일을 하기는 했지만 중국 노동자들처
럼 위축된 모습은 보이지 않았다. 그들은 천천히 일했고 여유가 있
어 보였다. 공장 밖에서나 농토에서 일할 때처럼 행동이 느긋했다.

"톨로, 톨로(빨리, 빨리!)"라고 중국인 중간 관리자들이 독촉하
며 돌아다녔다.

중국인들이 암하라어로 할 줄 아는 몇 개 안 되는 단어 가운데
하나가 그 단어였다. 그 말 말고는 손짓 발짓을 하며 의사소통을
한다고 생산부장 주동 마 씨가 우리에게 설명했다.

여기에서도 전체 아침 조회를 하냐고 내가 물었다.

"당연히 하지요. 일찍 오셨으면 보셨을 텐데 오늘은 못 보시겠네요."

생산부장이 말했다.

"오늘은 본토 동구안에 있는 회사와 화상통화를 연결해서 했어요. 우리가 '힘을 다 바쳐 열심히 일하겠습니다!'라고 소리치면 그쪽 근로자들도 '열심히 하겠습니다!'라고 외쳤지요."

근무 의욕을 북돋우기 위해 중국인들은 공장 곳곳에 3개 국어로 된 빨간색 표어를 붙여 놓았다. '일에 집중!' '시간 엄수!'와 같은 표어들이다.

중국인들이 그것만으로는 성에 차지 않았는지 에티오피아인들에게 앞으로 더 나은 삶을 살 수 있게 해 준다며 교육까지 시키고 있었다.

"현지인들에게 위생적으로 건강하게 사는 방법을 우리가 가르쳐 주고 있습니다. 양치질, 손 씻기, 샤워 등. 음식을 하루에 두 번 무상으로 제공하고 음식을 남긴 사람에게는 벌금을 물립니다. 이 나라가 먹을 게 없어서 굶는 사람들이 많은 나라 아닙니까?"

생산부장이 말했다.

그런데 작업장의 안전 대책에 대한 투자는 인색했다. 컨베이어 벨트에서 접착 작업이 이뤄지고 있는데 아무도 마스크를 착용하지 않은 채 일하고 있었다.

여러 층의 밑창을 특수 물질로 붙이기 위해 용해제를 많이 사용하는 작업장의 모습은 어떻지 쉽게 상상이 되었다. 내가 그것에 대해 묻자, 생산부장은 스니커즈처럼 특수 밑창을 붙이는 까다로운 작업은 공정을 분리해 진행하고 있다고 했다. 밑창을 만들 때 고급 기술이 들어가야 하는 작업은 중국 공장에서 이뤄지지만, 최대 70개의 제작 공정을 거치며 밑창을 붙여 줘야 하는 운동화 생산 작업의 대부분은 이곳에서 진행된다고 했다.

"왜 에티오피아에서 하는 건가요?"

내가 물었다.

"에티오피아인들은 손이 빠르고 수작업을 잘하거든요. 그리고 여기에서 하면 필요한 원자재를 바로 구할 수 있어서 편해요. 소와 염소를 기르는 농장이 전국에 많이 있으니까 가죽이 충분하거든요."

우리는 생산부장에게 우리가 주워 온 운동화에 대해 묻고, 사진도 보여 주었다.

"이 신발은 우리가 만든 게 아니네요. 하지만 밑창은 여기에서 나온 것을 쓴 것 같아요. 밑바닥에 작은 홈이 패여 있는 게 눈에 익어요. 어쨌든 이런 신발이라면 우리가 2주 안에 제작해 드릴 수 있습니다. 몇 켤레나 필요하신가요?"

비르깃과 나는 서로를 쳐다보았고, 비르깃이 말했다.

"고맙습니다. 일단 돌아가 상의를 해 보고 다음에 다시 연락 드릴게요."

우리는 그렇게 말한 후 공장을 빠져나왔다.

그리고 곧바로 독일 문화원 사무실로 가서 그 사이 새로운 소식이 있는지 알아봤다. 어제 우리가 갖고 있는 운동화 사진과 운동화에 대해 궁금한 점을 묻는 메일을 몇몇 회사에 보내 두었기 때문이다. 첫 번째 회신은 부정적이었다. 전혀 모르는 모델이지만 이런 신발을 만들어 줄 수 있다는…… 늘 듣던 회신으로 솔직한 반응이었다.

내일부터 우리는 훈련 캠프장을 찾아다니기로 했다. 다행히 거의 모든 캠프장이 아디스에서 차로 갈 만한 거리에 있다. 바로 근처에 있는 캠프장도 있었다. 나머지는 하루 만에 다녀올 수 있는 거리인 200킬로미터 내외에 떨어진 곳에 있다. 일단 우리는 유명한 훈련 캠프장 세 곳을 골랐다. 세 곳 모두 독일 마라톤 연맹과 긴밀히 연락하는 곳이다. 아디스에서 20킬로미터 정도 떨어진 곳에 위치한 술루타 캠프, 아디스에서 200킬로미터 정도 떨어진 곳에 있는 아셀라 캠프와 베코지 캠프였다.

8월 16일, 호텔 바

오늘은 '아디스 뉴스'라는 블로그를 운영하는 하일레와 만나기로 약속된 날이다. 하일레는 독일 문화원을 통해 내 사정과 운동화에 대한 이야기를 듣고 그것에 대해 글을 쓰고 싶다고 했다.

바에서 내가 앉아 있는 자리를 향해 곧바로 걸어오는 하일레를 보고 나는 잠시 할 말을 잃었다. 하일레는 청바지와 '아프리카 퍼스트'라고 쓰여 있는 티셔츠를 입고 있고, 아직 대학교에 다닐 것 같은 앳된 모습의 청년이었다. 저 사람이 나를 도와줄 수 있을까?

우리는 서로 반갑게 인사했고, 하일레가 자기소개를 간단히 했다. 하일레는 아디스의 상류층 집안 출신이었고, 대학을 졸업했으며, 영국에서 1년간 유학도 했다고 했다.

하일레가 우리의 운동화에 대해 많은 질문을 영어로 꼬치꼬치 물었고, 나는 솔직하게 대답했다. 에티오피아에 와서 그간 했던 일들도 하일레에게 말해 주었다.

"신발 수작업은 에티오피아의 오랜 전통이에요."

하일레가 말했다.

"우리나라 사람들은 솜씨가 좋거든요. 원하시면 수작업 하는 곳을 안내해 드릴 수도 있어요. 이 나라의 신발 공장 역사도 꽤 깊어요. 한번 찾아 봤는데 안베사 슈 회사는 1927년에 세워졌더군요."

나는 놀랍다는 표정을 지으며 고개를 끄덕였다.

"중국인들이 그래서 이곳에 신발 공장을 세운 건가요? 에티오피아인들이 부지런하고 솜씨가 좋아서?"

"물론 그것은 중요한 이유 가운데 하나죠. 그러나 더 중요한 이유는 우리나라 임금이 파격적으로 낮기 때문이지요. 에티오피아에서는 섬유 산업이나 신발 산업에 최저임금 제도가 없어요. 방글

라데시도 얼마 전에 그 제도를 도입했지만요."

하일레는 손으로 얼굴을 한 번 쓸어내리고, 술을 한 모금 마셨다.

"다국적 기업에서 일하는 노동자의 임금을 인터넷에서 찾아봤어요. 섬유 회사에서 일하는 근로자가 한 달 버는 돈이 평균 1,000비르, 40유로도 채 안 되는 돈이에요. 야근을 하면 1,200비르나 1,500비르, 즉 50유로나 60유로까지 받아요. 그것은 중국 최저임금의 4분의 1보다도 적은 돈이죠."

"에티오피아의 인건비가 세계 최저 수준이네요."

내가 말했다.

"맞아요. 하지만 그게 전부가 아니에요."

하일레가 손바닥으로 탁자를 내리친 후 말했다.

"우리나라는 아프리카의 여러 국가들 가운데 비교적 정국이 안정되어 있고, 교육을 받은 근로자들도 많거든요."

하일레가 다시 손바닥으로 탁자를 치자, 술잔들이 바르르 떨었다.

"게다가 중국인들은 세금 혜택도 받고 있어요. 그래서 여기로 수입한 기계나 원자재에 대해 세금을 전혀 안 내지요."

하일레는 세 번째로 손바닥을 내리치는 동작은 시늉만 했다.

"더구나 중국인들은 해외로 내보내는 상품에 대해 5~7년간 세금 면제 혜택도 받아요."

"노동자들의 사정은 어떤가요? 월급만 가지고 받아 살아갈 수 있나요?"

내가 물었다.

"흠, 집세와 다른 공과금을 지불하고 나면 대개 하루에 1유로로 살고 있지요. 그 돈으로 어린 자식까지 부양해야 해요."

우리는 맥주를 한 잔씩 더 주문했고, 나는 훈련 캠프장을 찾아가기로 한 계획을 하일레에게 말했다.

"캠프장에 큰 기대를 갖고 가지는 마세요. 여기는 유럽이 아니에요. 그나마 술루타가 괜찮은 편일 거예요. 한 가지 정보를 드릴게요. 이곳에 달리기를 하는 사람들 모임이 있는데 한 단체가 매주 수요일에 만나 영국 대사관 뒤에 있는 엔토토산으로 달리기를 하는데……."

"수요일이면 내일모래네요. 시간은 언제쯤인가요?"

"하루가 시작할 때요."

"그게 언제죠?"

"0시!"

"자정이요?"

"아니요, 아직 에티오피아 시간 모르세요? 에티오피아 시간은 해가 뜰 때부터 시작되는데 서양 시간으로 말하면 5시 반에서 6시까지를 말하는 거예요. 에티오피아인하고 약속할 때는 상대가 에티오피아 시간을 말하는 건지, 아니면 유럽 시간을 말하는 건지 꼭 확인하셔야 해요."

"5시 반이요? 그렇게 일찍? 신문기자들이 대개 늦잠을 잔다는 것 혹시 모르세요? 마감 시간 맞추느라 주로 밤에 일을 하거든요."

"좋아요. 그럼 더 찾아볼게요. 그 단체에 속해 있는 사람을 몇 명 알고 있거든요. 나는 소문이나 이야깃거리를 주워들어 네트워크에 올리는 전문 블로거라서 그 정도의 정보는 갖고 있지요."

내 머릿속에는 블로거가 온갖 정보를 갖고 있는 사람으로 각인되었다.

8월 18일, 아디스 아바바

캠프장에 뭔가 행정 절차상의 문제가 있어서 우리는 첫 번째 캠프장 방문을 내일로 미뤄야만 했다.

그래서 하일레를 오전에 만나 같이 시장에 가 보고, 오후에는 인터넷에서 에티오피아와 마라톤에 대한 정보를 최대한 많이 조사해 보기로 했다.

아디스의 시장은 동아프리카 최대 규모다.

그곳에 가자마자 나는 2000년도에 하노버에서 열려 내가 관련 기사를 보도했던 세계 엑스포의 아프리카 관이 생각났다. 그 전시장은 내가 제일 좋아했던 곳이었는데 이국적인 물건들을 판매해 나도 그때 몇 개 사서 집에 갖다 놓았다. 모든 종류의 악귀와 질병을 물리친다는 탈, 다리가 세 개 달린 얼룩말 의자, 남자가 쪼그리고 앉아 머리 위로 상판을 받쳐 들고 있는 모습을 단단한 나무로 깎아 만든 간이 의자. 아프리카 관에서 많은 사람들이 이야기를 나누고, 음악을 연주하고, 춤을 췄다.

그것은 전시장 행사였을 뿐이고, 현실은 그렇지 않다는 것을 메르카토 시장을 둘러보면서 확인했다. 울긋불긋 화려하지도 않고, 상인들이 팔 물건들, 특히 과일이나 근방에서 재배한 채소와 같은 식료품, 불을 피울 때 쓰는 나무 등을 길바닥에 펼쳐 놓았다. 베를린 크로이츠베르크에 가면 흔히 볼 수 있는 잡동사니들도 많았다. 상자를 뜯어 본 흔적이 있는 물건과 싸구려 상품들이 쓰레기와 함께 질서 없이 아무렇게나 뒤섞여 있었다.

하일레가 그곳 지리를 잘 알고 있어서 우리는 수제화 기술자와 신발을 파는 상인들을 몇 명 만나 볼 수 있었다. 수제화 기술자는 중고 자동차 타이어에서 떼어 낸 것으로 만든 밑창을 덧댄 샌들과 실내화를 만들고 있었다. 상인들은 '메이드 인 차이나'라고 적혀 있는 값싼 신발들도 팔았다.

그곳에서도 우리 운동화에 대한 단서는 전혀 찾을 수 없었다.

시장 사람들이 특별히 친절하지도 않았다. 인상을 잔뜩 찌푸린 채 나를 쳐다보았고, 때로 좌판을 덮으며 사진을 찍으려면 돈을 내라고 말하는 사람도 있었다. 그래서 우리는 간단히 간식만 먹고 이른 오후 시간에 호텔로 다시 돌아왔다.

나는 호텔에서 수첩을 들고 와이파이 존으로 가서 훈련 캠프장에 대해 찾아낸 정보들을 적었다. 그리고 에티오피아에 훌륭한 육상 선수가 많은 이유에 대한 궁금증을 풀어 줄 정보를 찾으며 오후 시간을 보냈다. 계속 찾다 보면 운동화와 관련한 칼럼에 쓸 재료가 나올 것 같았다.

8월 20일 오후, 술루타 훈련 캠프장

제일 먼저 우리가 찾아간 훈련 캠프장은 술루타 훈련 캠프장이었다. 그곳은 아디스에서 20킬로미터 떨어진 곳에 있고, 에티오피아 육상의 여신이라고 불리는 하일레 게브르셀라시에가 세운 곳이다.

우리는 그곳에 도착하기까지 두 시간이나 걸렸다. 아디스를 빠져나가는데 어느 나라의 수도든 출근 시간대면 늘 그런 것처럼 도로가 차들로 꽉 막히고, 경적 소리가 시끄럽게 울어 댔다.

교통 표지판은 아예 보이지도 않았다. 어차피 있어도 아무도 그것을 따르지 않을 것처럼 보였다. 원칙적으로 우측 주행을 해야 하는데 자동차, 오토바이, 자전거가 우리가 탄 차를 마주보며 달려오기도 하고 양쪽에서 추월하기도 했다.

마침내 시내를 벗어나자, 한동안 산길이 이어졌다. 술루타는 해발 1,756미터에 있는 도시로 여러 겹의 산에 에워싸여 있어서 무척 아름다웠다. 물론 끝없는 차량 행렬만 없다면 그랬을 것이다.

그곳에 도착했을 때 난 굉장히 혼란스러웠다. 캠프장의 위치가 아디스에서 북서쪽 바하르 다르까지 이어지는 넓은 도로변에 붙어 있는 양철 지붕을 얹은 많은 집들 사이에 있었다.

캠프장이 실제로는 현대식 호텔 건물이라 숙박하기 편해 보였다. 호텔 매니저 루키는 큰 정원에 별채가 여러 채 있고, 대형 수영장, 사우나까지 구비되어 있다고 호텔을 소개했다. 숙소의 시설은 완벽했고, 텔레비전과 와이파이도 가능했다. 훈련을 위한 최신 장비가 가득한 헬스장도 있고, 호텔 건너 도로변에 400미터의 트랙도 구비되어 있었다.

과연 실제로도 최고의 캠프장일까?

독일의 어느 유명한 마라톤 선수가 2년 전에 고지 훈련을 위해 이곳을 찾았다가 훈련에 몇 차례 참여한 후 짐을 싸서 돌아갔다는 기사를 어제 인터넷에서 읽었다. 그 선수는 훈련 캠프장이 시골에 있을 거라고 예상했었다. 홈페이지에도 그렇게 보였지만 실제로는 교통량이 엄청난 3번 국도 바로 옆에 숙소가 있어서 많은 행인, 자전거를 타고 가는 사람, 이동하는 가축들과 뒤섞여 도로변에서 달리기 훈련을 해야만 했다. 아프리카에는 보행자를 위한 인도가 없다. 아디스처럼 넓은 도로가 나 있는 곳에만 예외적으로 설치되어 있을 뿐이다.

나는 루키에게 운동화 사진을 보여 주며 궁금한 것을 물었다. 루키는 눈을 반쯤 감고 잠시 생각에 잠기더니 머리를 가로저었다.

"이런 운동화는 본 적이 없어요. 에티오피아의 많은 선수들은 다 닳아빠진 헌 운동화를 신고 뛰어요. 맨발로 뛰는 사람도 많고. 이런 운동화라면 내 눈에 분명히 띄었을 거예요."

우리는 오후에 아디스로 돌아갔고, 퇴근 시간의 차량 행렬 탓에 몇 시간이나 길에서 시간을 허비했다.

저녁 때 나는 운동화에 관한 칼럼에 실을 새로운 기사를 썼다.

달리기와 운동화의 신화 3

왜 에티오피아나 케냐 사람들은 잘 달릴까?

그 질문에 대한 대답은 많다. 그 중 몇 가지를 예로 들어 본다.

1. 우유 때문이에요_ 질문을 받았던 많은 선수들의 어머니가 그렇게 대답했다. 어머니들은 아이들이 클 때 챙겨 준 우유 때문이라고 했다. 에티오피아의 소들은 풀밭에 방목되고, 풀과 잡초만 뜯어 먹으며 살기 때문에 우유를 많이 만든다. 에티오피아인들에게 소는 집안의 자랑 거리다. 지난 수백 년 간 한 집안의 경제력은 소를 몇 마리 갖고 있느냐에 따라 평가되었다.

2. 백인보다 우리가 더 날씬하기 때문이에요_ 800미터 경기에서 두 번 세계 챔피언이 된 빌리 콘첼라가 말했다. 빌리는 케냐의 초원에 사는 마사이족 출신이다. 마사이족은 키가 크고 몸이 날씬하다. 몸의 비율로 보면 그들의 팔과 다리가 전형적인 유럽인들에 비해 훨씬 길다. 그들은 수백 년 전부터 가축들을 데리고 초원을

이동하며 유목민 생활을 한다. 그래서 아이들도 뚱뚱하지 않다.

3. 동아프리카의 아이들은 늘 맨발로 지내기 때문이에요_ 그 결과 발이 매우 튼튼해져 뛸 때 스프링 같은 효과를 자연스럽게 낸다고 한다.

4. 고도 때문이에요_ 에티오피아와 케냐가 해발 2,000미터의 고지에 있기 때문에 선수들이 공기가 희박해도 폐활량이 좋아 보통의 고도에서 실시되는 마라톤 경기에서 산소 공급이 훨씬 원활하다. 그래서 선수들이 더 좋은 경기력을 발휘한다고 한다.

5. 좋은 공기 때문이죠_ 드넓은 초원은 환경오염도 없고 꽃가루도 없다. 숲에서 사는 사람들은 알레르기로 시달리는 경우가 거의 없고, 폐가 튼튼하고, 건강하다.

6. 우유 때문도 아니고, 공기 때문도 아니에요_ 1968년과 1972년 올림픽대회에서 금메달을 따 전설적인 올림픽 우승자가 된 키프초게 케이노가 말했다. "무슨 비밀 같은 것이 있어서 그런 게 아니라 우리가 열심히 준비한 덕분이에요."

결론_ 과학이 고도로 발달한 현대에도 그 수수께끼는 풀리지 않았다. 어쩌면 그게 더 잘된 일인지도 모른다. 만약 확실한 이유가 밝혀졌다면 다른 나라들도 선수들을 그 기준으로 훈련시키려고 했을 것이기 때문이다. 하지만 아직까지는 세계 최고의 선수들이 저개발 국가 출신이고, 인류의 요람인 동아프리카에서 계속 배출되고 있다.

8월 22일, 아디스 아바바 남동쪽 디다 고지

오늘은 비르깃 블룸탈러와 함께 기사가 운전해 주는 차를 타고 유명한 훈련 캠프가 있는 아셀라와 베코지를 찾아갔다. 그곳은 아디스 남동쪽으로 200킬로미터 정도 떨어진 곳에 있는 디다 고원지대에 있다.

우리는 일단 시내를 벗어나 넓은 도로를 따라 데브레 제이트 방향으로 향했다. 차를 타고 가면서 아프리카 도로 위에서의 서열을 확인할 수 있었다. 제일 힘이 좋은 것이 가장 앞에 간다. 화물차와 버스가 다른 차들을 모두 옆으로 밀어낸다. 자전거, 노새가 끄는 수레, 말이 끄는 마차와 같이 모터와 경적이 없는 탈 것들은 힘이 약하다. 다만, 북부 에티오피아나 서부 에티오피아에서는 볼수 없는 낙타 행렬이 나타나면 모두 길을 피해 준다. 그러나 보행자나 달리는 사람에 대해서는 어느 누구도 보호하지 않기 때문에 그들은 도로변을 뛰거나 걷다가 길옆으로 계속 피해 주어야 한다.

데브레 제이트를 지나자 고원지대로 이어지는 좁은 시골길이 이어지더니 주변 환경이 갑자기 바뀌었다. 사방에 아름다운 산골 풍경이 나타났다. 끝없는 초원이 부드러운 언덕을 만들며 오르락내리락 펼쳐졌다. 하늘은 손을 뻗으면 금방이라도 닿을 것처럼 낮았다. 그곳에서는 모든 것이 여유로워 보였다. 우리를 태우고 가는 차의 운전사도 속도를 줄였다.

우리는 털털거리는 차를 타고 여러 마을을 지나갔다. 아셀라 캠프장은 돌아갈 때 들르기로 해서 일단 지나갔다. 마침내 어느 도시의 외곽에 울긋불긋한 천막이 쳐 있고, 많은 사람들이 분주히 움직이는 게 보였다.

해발 2,810미터에 있는 베코지였는데 마침 장날이었다. 아디스의 메르카토 시장은 좀 실망스러웠지만 이곳은 내가 생각해 왔던 시장의 모습 그대로였다. 여인들이 예쁜 옷을 입고 집에서 가져온 물건들을 판매대에 진열해 놓았다. 여인들은 시장에서 종일 시간을 보내며 옆 사람과 반갑게 이야기를 나누고, 상인들은 지나가는 사람들을 미소 띤 얼굴로 바라보고, 물건이 잘 보일 수 있게 들어 보이거나 사진을 찍을 수 있게 해 주었다. 시장에 나와 있는 물건은 주로 직접 밭에서 심고, 거두고, 잘 씻고, 잘게 썰어 수북이 쌓아 놓은 당근, 양배추와 찐 감자 같은 농산물이 주를 이뤘다. 땔감도 있고, 맥주나 집에서 만든 술을 빈병에 담아 팔았다. 그런 흥미로운 현장을 벗어나기가 안타까울 정도였다.

그러나 우리에게는 해야 할 일이 있었다. 베코지는 육상 선수들의 도시다. 세계 대회와 올림픽대회 우승자 중에 여기에서 태어났거나, 잠시 훈련이라도 받고 간 선수들이 많다. 우리는 하마터면 캠프장을 지나칠 뻔했는데 다행히 기사가 사람들에게 물어봐 함석지붕이 덮여 있는 큰 공회당 같은 곳을 찾아갔다.

그곳에서 우리는 이곳 사람들이 모두 '코치'라고 부르는 한 남자를 만났다. 센타예후 에세투 코치는 키가 별로 크지 않고, 노란

야구 모자를 쓰고 있어서 겉모습만 보면 세계적인 코치처럼 보이지 않았다. 그러나 그가 바로 세계 최고의 선수들을 계속 발굴하고 훈련시킨 사람이다.

코치는 우리에게 아침 일곱 시에 한번 와 보라고 했다. 날마다 그 시각에 마을 위쪽 초원에서 하루 중 가장 중요한 훈련 과정을 하는 150명에서 200명에 이르는 육상 선수들을 볼 수 있기 때문이었다.

대다수가 아직은 무명 선수들이었다. 그러나 코치는 선수의 발과 몸만 보지 않고 훌륭한 선수가 될 사람을 알아내는 방법을 배웠다고 했다. 코치는 특히 마음가짐을 중요하게 보았다. 좋은 육상 선수라면 마음속의 갈등을 이겨내야 되기 때문이다. 기분에 상관없이 날마다 훈련에 참가해야 하고, 실패도 경험하면서 패배해도 다시 일어설 수 있어야 한다고 그는 강조했다.

"자신의 인생에서 달리기를 최우선으로 생각하는 사람만 성공을 거둘 수 있어요. 그래서 다리, 마음, 머리가 다 함께 움직여야

합니다."

코치는 선수들이 그렇게 할 수 있도록 훈련시킨다고 했다.

그 사이 우리는 캠프장이라고 부르기도 민망한 곳에 도착했다. 타원형의 풀밭에 사람들이 발로 밟아 생긴 400미터 트랙이 있고, 작은 숙소가 있었다. 그것을 보고 나는 유명한 육상 선수들이 훈련을 받는 곳이 번듯한 캠프장이 아니라는 것을 알 수 있었다. 작은 공터, 코치와 임시 운동장이 캠프장의 시설 전부였다. 경기에 나가기 위해 이곳을 찾는 새로운 선수가 오면 훈련을 받기 전에 먼저 풀부터 뿌리째 뽑아 버린 다음 트랙을 돌아야 할 것 같았다.

이런 열악한 환경에도 불구하고 런던, 베를린, 시드니, 뉴욕의 유명한 마라톤 코치들이 이곳을 꾸준히 찾아오고 있었다. 재능을 가진 새로운 선수를 찾으러 오는 것이다. 코치들이 오면 어린 선수들은 있는 힘을 다해 훈련에 임한다. 코치들이 '천국으로 가는 열쇠'를 쥐고 있는 사람들이기 때문이다. 선수들이 그토록 원하는 유럽, 미국 혹은 호주에 갈 수 있는 비자를 받을 수 있게 해 주는

사람들이 바로 그 코치들이다.

우리는 우리가 주워 온 운동화의 사진을 코치에게 보여 주었다.

"이런 운동화는 본 적이 없는 것 같은데 확실히 그렇다고 장담하지는 못하겠네요. 내가 원래 운동화에 별로 신경을 쓰지 않거든요. 나는 선수들에게 가능한 맨발로 뛰라고 말하고 있어요. 그렇게 해야 발이 튼튼해지니까요."

코치가 매월 받는 월급은 2,200비르, 약 80유로에 불과했다. 그 돈으로는 훈련생들이 장거리를 달릴 때 선수를 보호하기 위해 따라가는 작은 오토바이조차 살 수 없다.

이른 오후 시간 우리는 베코지와 선수들, 시장을 뒤로 하고 약 20킬로미터 정도 더 달려 아셀라 캠프장으로 갔다. 그곳도 하일레 게브르셀라시에를 비롯한 유명한 선수들이 자주 찾는 곳이다. 그곳에도 술루타처럼 시설이 잘 갖춰진 호텔이 있었다. 데라르투 호텔이라는 곳인데, 이름에서 유추할 수 있듯이 베코지에서 출생한 장거리 육상 선수 데라르투 툴루 게메추의 이름에서 따온 것이다. 그녀는 올림픽대회에서 두 번 우승했고, 1만 미터 장거리 세계 육상 대회 우승, 크로스컨트리 달리기 세계 대회 여섯 번 우승으로 에티오피아 운동선수들의 우상이다. 그녀가 캠프장에 없어서 우리는 연락처와 운동화 사진만 남겨 둔 채 그곳을 떠났다.

호텔로 돌아오는 길에 나는 비르깃과 함께 이제까지 본 것들을 정리했다.

"술루타와 아셀라에는 개인 훈련장이 있고, 베코지에는 잔디밭 트랙밖에 없었어. 내가 인터넷에서 찾아본 바로는 이미 몇 년 전에 경기장과 운영 본부가 있는 대형 국제 훈련 캠프 시설이 술루타 근교에 건축 예정이라고 하던데."

"맞아."

비르깃이 말했다.

"벌써 완공되어 있어야 되지. 에티오피아가 원래 그래. 계획을 세우기만 하고 실행은 못해. 부패한 공무원과 정치인들의 주머니에 돈이 직·간접적으로 흘러 들어가거나 그들의 친척들 호주머니로 들어가 버리기 때문이야. 시간이 지나면 외국에서 온 단체나 투자자들이 인내심을 잃고 다시 돌아가 버려. 내가 뭘 좀 보여 줄게."

그렇게 해서 우리는 아디스 외곽 식료품 가게 앞으로 가서 차를 세웠다.

"독일 문화원 동료가 그러는데 여기에서 유엔이 갖고 온 쌀과 곡식들을 팔고 있대."

유엔의 구호단체가 무상으로 제공하는 식료품으로, 자루에 '판매용 아님'이라고 도장이 찍혀 있는 식품들을 말하는 것이다.

"원래 돈을 받고 팔면 안 되는 물건들이야."

비르깃이 말했다.

"제지할 방법이 없나?"

"그것을 부당하다고 생각하는 사람이 아무도 없거든. 지금 당장 당국에 신고를 해도 아무 일도 일어나지 않을 거야."

내가 카메라로 자루를 찍으려고 하자 가게 주인이 벌컥 화를 내며 달려와 내 카메라를 밀쳤다. 그것을 보자 나는 에티오피아가 경제적인 지원을 많이 받으면서도 왜 아직도 발전을 못 하고 있는지 그 이유를 알 것 같았다.

나중에 호텔로 돌아가 하일레에게 전화를 걸어 같이 저녁을 먹자고 하면서 가게에서 있었던 일을 말해 주자, 하일레가 전화기에 대고 말했다.

"당연히 이곳도 다른 아프리카 국가들과 마찬가지로 부정부패와 기아 문제가 있어요. 그러나 그렇게 부정적인 시각으로만 보면 에티오피아에 대해 그릇된 인상을 받게 될 거예요."

"긍정적인 면에는 뭐가 있을까요?"

"몇 가지 있죠. 가장 중요한 것은 우리나라의 인구가 계속 늘어나고 있다는 거예요. 물론 아주 천천히 진행되고 있지만요. 지난 20년 동안 우리나라 여자들이 평균적으로 낳은 아이는 7.1명에서 4.8명으로 줄어들었거든요."

"그 이유는 뭘까요?"

"몇 가지 이유 가운데 하나는 교육 때문이지요. 우리나라에 20년 전보다 일반 학교나 대학교가 20배 가량 늘어났어요. 복지가 좋아진 것도 또 다른 이유지요. 에티오피아가 20년 전부터 계속 경제 성장을 하고 있거든요."

"교육과 복지가 왜 출산율을 떨어뜨릴까요?"

"여자들이 학교에 다니면서부터 가족 계획을 시작했거든요. 이제는 여자들이 예전처럼 자식을 많이 낳아 기르려고 하지 않아요. 과거보다 수입이 늘고, 더 나은 건강관리를 받으니 아동 치사율이 낮아져서 과거처럼 사회적 안정망을 만들 생각에 많은 아이를 낳을 필요가 없어진 거죠. 이제 그만 끊어야겠어요. 다음에 봐요."

제8장

8월 22일 저녁, 아디스 아바바

에티오피아와 에티오피아의 국민들과 육상 선수들에 대해 많은 것을 알게 되었지만 우리가 주워 온 운동화의 출처는 여전히 오리무중이다. 독일 문화원 직원들이 그 사이 다른 훈련 캠프장과 몇몇 구두 회사들을 찾아내 전화나 메일로 연락해 우리 운동화와 그것을 신고 뛴 선수에 대해 물었다. 대답이 모두 부정적이었다. 그런 운동화를 직접 본 적은 없지만 며칠 안에 만들어 줄 수 있다는 말만 많았다.

아무도 도움이 되는 정보를 갖고 있지 않았다.

저녁에 하일레와 다시 만나 전통 에티오피아 맥주를 마시러 갔다. 탈라(Talla)는 에티오피아에서 발아한 곡식으로 빚은 갈색 술이다. 독일 맥주보다 색이 진하고, 맛이 강하고, 질병을 일으킬 수 있는 병균이 다 걸러지지 않은, 덜 위생적인 술이지만 내게 무슨 일이 일어난다면 그것도 재미있는 이야기를 쓸 수 있는 소재가 될 거라는 생각에 나는 개의치 않았다.

하일레는 그간 내가 한 일들에 대해 물었다. 나는 말을 하면서 두 문장 끝낼 때마다 탈라를 조금씩 마셨다. 취기가 서서히 들었다.

"이제 어떻게 하면 좋을까요?"

우리는 지금 상황에서 할 수 있는 일들을 나열해 보았다. 관청에 문의하기, 정보원을 시켜 수소문하기, 현상금 걸기. 대부분의 제안들은 적잖이 많은 돈을 들여야 시도해 볼 수 있는 일이었다.

한참 후 하일레가 색다른 아이디어를 냈다.

"현수막, 아니 전단지를 만드는 게 어떨까요? 전단지를 시내 곳곳에 붙이고 사람들에게 나눠 주는 거예요."

"하지만 전단지에 뭐라고 쓰죠? 이런 운동화를 찾고 있다고? 신발 주인을 찾는다고?"

"아니요, 여기서는 그런 식으로 하면 안 돼요. 우리가 꼭 찾고 싶어 한다는 말만 써 놓으면 어느 누구의 관심도 받지 못해요. 우리 에티오피아인들은 다른 사람들의 전후 사정 이야기를 듣는 걸 좋아하고, 자기도 그 이야기의 전개에 한몫 하려고 하는 경향이 있어요."

나는 맥주를 두 잔 더 주문했고, 우리는 잠시 생각에 잠겼다.

하일레가 다시 입을 열었다.

"운동화 수선 명인을 찾는다는 짤막한 글과 함께 운동화 사진을 올려 놓은 전단지를 만들어 사람들에게 나눠 주고, SNS를 통해 널리 홍보하는 거예요."

"운동화 수선 명인?"

"예, 한번 믿어 보세요. 특별하지만 망가진 운동화를 독일에서 우연히 발견했는데 그것을 잘 수선해 줄 명인을 찾고 있다고 하는 거예요. 앞으로 일주일 후에 말끔하게 수선된 운동화를 갖고 독일로 돌아가야 되기 때문에 시간이 없다고 하고요. 그 전단지를 메르카토 시장과 신발 공장 주변에 뿌리자고요. 어때요?"

"좀 엉뚱하지만…… 좋은 아이디어네요. 뭔가 스토리가 되는 것 같아요!"

나는 잔을 들어 하일레와 건배했다.

8월 23일, 아디스 아바바

아직까지는 전단지에 대한 반응이 나타나지 않고 있다.

그냥 기다릴 수밖에 없었다. 나는 지난 며칠 동안 시간이 없어 미처 읽지 못한 메일들을 차례로 읽기 시작했다.

안카트린이 보내온 메일이 있었다.

베르너 기자님,

건강하게 잘 지내고 계시죠? 새로 알아낸 정보가 있나요?

저는 요즘 혼자 훈련을 계속하고 있어요.

다른 사람들과 재미있는 이야기를 나누며 할 때보다 재미없어요.

특히 기자님처럼 훈련이 전혀 안 된 사람하고 함께하는 것보다요.

하지만 베를린 마라톤에는 꼭 참가할 거예요.

아참, 전에 깜빡 잊고 말을 못 했는데 어떤 사람은 달리기로 인내심을 기르고, 어떤 사람은 조사를 하면서 인내심을 기르는 것 같아요.

기자님이 끝까지 포기하지 않고 그렇게 계속 열심히 단서를 찾는 게 정말 대단해 보여요.

베를린 마라톤에 참가하는 것 말고, 뭐 도와드릴 게 없을까요?

- 안카트린

나는 답장을 적었다.

안카트린!

이렇게 뒤늦게 연락을 해서 미안해.

하지만 날마다 이리저리 돌아다니느라 아주 바빠.

신발 공장, 시장, 훈련 캠프장 등을 찾아갔었지.

안카트린이 캠프장을 직접 봤다면 아마 실망했을 거야. 자세한 이야기는 돌아가서 하지.

이제까지 온갖 시도를 해 보았지만 아직까지는 아무 성과가 없어.

그래서 이제는 미끼를 던져 보기로 했지. 에티오피아의 블로거인 하일러와 함께. 한번 해 보는 거야.

그리고 좀 묘한 말이겠지만, 내 눈에는 세상에서 가장 가난한 나라인 에티오피아에 사는 사람들이 뭔가 기품이 있어 보여. 에티오피아인들은 외지인들에게 아주 친절해. 외국인들이 와서 자기들에게 남아 있는 얼마 안 되는 것을 빼앗아가는 것에 대해 두려움이 없어 보여. 오히려 뭐든지 나눠 주려고 하지. 내가 보기에는 에티오피아인들이 마라톤에서 세계 최고일 뿐만 아니라, 나눠 주는 것도 세계 최고인 것 같아.

혼자라도 훈련을 계속하고, 마라톤 대회에 참가한다니 다행이군.

도와줄 게 없냐고? 내가 쓰던 칼럼을 대신 써 줘. 신문 지면과 온라인 판에. 거기에 베를린 마라톤 대회에 참가하기 위해 준비하는 과정을 자세하게 써 주면 독자들이 이야기의 끈을 놓치지 않을 것 같아.

여기 일이 어떻게 되는지 나는 그 주제에 계속 머무를 거야. 여기에 올 수 있어서 다행이라는 생각을 자주 하고 있어. 아프리카에 대한 두려움도 있었고, 아직까지 아무 성과도 거두지 못했지만. 고마워.

- 베르너

다른 메일은 회사의 중국 통신원이 보낸 것이었다.

베르너 기자님,

이번에도 좋은 호텔 바에서 뭔가 정보를 캐내셨기를 바랍니다.

그래서 그곳에서 마침내 운동화의 단서

찾기에 성공하시길 빕니다.

추후 조사한 것에 대한 보고입니다.

엄청나게 많은 사람들이 이민을 갔다는 것을 그간 파악하지 못했습니다. 서양 언론에 공개되지 않은 채 많은 중국인들이 아프리카로 건너갔습니다. 지난 20년간 400만 명 이상의 중국인들이 아프리카로 이민을 갔습니다. 우리 유럽인들로서는 상상도 할 수 없는 숫자지요?

중국인들은 공산당 정권이 지시를 내리면 말없이 아프리카로 갑니다. 중국은 많은 돈과 기술을 아프리카에 투자하고 있지요. 중국인들은 도로, 철도, 항구, 공항과 같은 기간 시설을 건설하고, 중국 사업가들이 가서 공장을 짓고, 농민공을 지원받고, 지하자원 채굴권을 확보하고 있지요.

중국인들이 새로운 식민지 시대를 준비하고 있는 게 아니냐고 질문할지도 모릅니다.

1억 4천 명이 사는 아프리카에 400만 명이 유입되었다고 침략이라고 볼 수는 없지요. 그렇게 보기에는 숫자가 너무 적고, 거대한 대륙에 여기저기 흩어져 사니까요. 그러나 지난 세기 유럽인들이 했던 것과 비슷한 식민제국주의 전략이 아니냐고요? 그건 그렇다고 볼 수 있습니다. 중국이 장기적인 계획으로 원자재, 식료품, 판매 시장에 대한 점유율을 높일 테니까요.

- 상해에서, 요아킴

8월 25일, 아디스 아바바

놀라운 일이 벌어졌다.

다양한 종류의 사기꾼들이 우리의 전단지에 반응해 왔다. 그러나 사기꾼들은 하일레가 파 놓은 함정은 넘지 못했다. 운동화의 세부 설명에 잘못된 정보를 적어 둔 것이다. 그것을 정확히 알고 지적하는 사람만이 우리가 찾는 사람이다.

바로 그런 사람이 사흘째 되는 날 연락해 왔다. 하일레와 내가 같이 나가 그 남자를 메르카토 주변의 카페에서 만났다.

키가 작고 말랐지만 강단이 있어 보이는 그 사람의 나이를 가늠하기는 어려웠다. 어떻게 보면 40대 중반 같고, 어떻게 보면 60대 중반 같았다. 성격이 소심해 보이는 그는 우리에게 자기 이름도 밝히지 않았고, 원래 우리를 만날 생각이 없었다고 했다. 번거로워지는 것이 싫어서 만나지 않으려고 했는데 그의 사정을 잘 아는 지인이 혹시 이게 그의 운명이거나 사명일지도 모른다며 부추겨서 마지못해 전화를 했다고 한다.

하일레가 한참 동안 그를 설득했다. 나중에 그는 내가 운동화의 주인을 찾아 독일에서 많은 돈을 쓰며 일부러 먼 길을 찾아왔고, 운동화 관련 이야기를 신문에 써서 많은 사람들이 운동화 주인이 잘 지내고 있는지 궁금해 하고 있다는 이야기를 하일레에게 전해 들었다고 했다. 하일레는 그에게 나를 도와주면 내가 반드시 보답을 할 거라는 말까지 한 모양이었다.

나는 그 말을 듣고 내 주머니 사정이 그리 좋지는 않다고 속으로 생각했지만 아무 말도 하지 않고 가만히 있었다.

하일레의 설득에 그가 조금씩 긴장을 풀었고, 에티오피아 커피 두 잔이 그의 마음을 녹여 주었다. 그의 이름은 '이스마엘'이라고 했다.

"우리 아버지가 지어 주신 이름이에요. 우리는 수천 년 전부터 오모 협곡에서 살아온 부족 출신이에요."

이스마엘의 가족은 그곳에서 가축을 기르며 강이 가까운 곳에서 살았고, 자식은 딸이 넷이고, '아베베'와 '맘모'라고 하는 아들이 둘 있었다.

"우리 가족은 모두 행복하게 잘 살았는데 딱 한 가지, 자식들을 학교에 보내지 못한 게 걱정 거리였어요. 그런데 약 10년 전부터 모든 것이 바뀌었어요. 우리가 살던 마을에 대규모 농장이 들어서게 되어 강제 이주를 해야만 했지요. 그들은 전기를 이용해 대규모로 조성한 농장에 물을 공급하기 위해 큰 댐을 만들어 오모의 물길을 막아 버렸어요. 우리가 이사 가야 할 마을은 거기보다 훨씬 더 오지라 강에서 많이 떨어진 곳이었어요. 그런 곳에 좋은 초원이 있을 리 만무한데도 그들은 무작정 괜찮다고만 했어요. 언제가 될지 모르지만 앞으로는 우리가 대규모 농장에서 일하게 될 거라고 했지요. 그래서 내가 구호단체와 교회의 몇몇 사람들을 만나 상의를 해 봤더니 모두들 아디스에 가면 좋은 일자리가 있을 거라고 하더군요. 그래서 우리는 새로운 마을로 이사 가지 않고 대신 이곳으로 왔어요. 처음에는 힘든 일이 아주 많았지만 그래도 애들을 학교에 보낼 수 있어서 좋았어요. 하지만 난 제대로 된 일자리를 찾지 못하고 시원찮은 임시직으로만 일했죠. 집에 돈이 거의 없어서 정규직으로 취직하기 전까지는 빈민가에서 살았어요. 그렇게 살다 보니 아내가 중병에 걸리고 말았어요. 빈민가에 살 때 안 좋은 물을 마셨기 때문인 것 같아요."

이스마엘은 잠시 말을 끊고 숨을 길게 들이마셨다.

"우리는 아무것도 몰랐어요. 전에 살던 집에서는 물을 그냥 마셔도 괜찮았거든요."

말을 하던 그의 눈빛이 흔들렸다.

잠시 후 내가 그에게 물었다.

"아들들은 지금 뭐 하나요? 어디에 살고 있죠?"

이스마엘이 내 질문에 대한 대답을 선뜻 하지 않았다. 이스마엘은 하일레에게 뭔가 말했고, 하일레가 그 말을 내게 통역해 주었다.

"여기까지는 아무 대가 없이 우리에게 말해 주었지만 더 듣고 싶으면 대가를 지불해야 한대요. 두 아들들이 뭔가 원하는 게 있는 것 같아요. 그리고 당신이 부자 나라인 독일의 큰 신문사에서 일하는 기자 아니냐고 물었어요."

우리는 이틀 후 카페에서 다시 만나기로 했다.

이제 나는 내 이야기의 가장 중요한 단서를 잡은 셈이다. 누가 그 운동화를 만들었는지 알게 되었다.

그러나 그 모든 사실을 글로 적어 독일로 보내기 전에 몇 가지 확인 과정을 거쳐야 한다. 외국의 어느 대기업이 대규모 농장을 짓는다고 해서 그때까지 아무 문제 없이 살고 있던 내국인을 강제 이주시킬 수 있는 걸까? 아직도 기아 문제에 허덕이는 나라에서?

나는 당장 저녁부터 그에 관한 조사를 시작했다. 몇 시간 후에 정리한 것들을 읽어 보니 마치 형사 추리소설 같았다.

아시아와 아프리카에서의 땅 차지하기

'그래빙(Grabbing)'이라는 단어는 '잡다', '붙잡다'라는 뜻이지만 때로는 '빼앗다' 혹은 '약탈하다'라는 의미로도 쓰인다. 그래서 '땅 그래빙'은 불법, 혹은 아주 교묘하게 경작지를 빼앗는 것을 말한다.

이미 오래전부터 식품 관련 대기업들이 커피, 코코아, 바나나 등 산업국가에 수출하기 위한 상품을 생산하기 위해 비옥한 열대 경작지를 원주민들로부터 약탈해 왔다. 21세기 초부터 대기업들이 이국적인 농산물을 심는 게 아니라 밀, 쌀, 옥수수와 같은 기초 식량이나 종려나무 기름과 같은 에너지원을 채취하기 위한 식물을 심기 위해 거대한 경작지에 농사를 지을 권리를 취득하고 있다. 그렇게 할 수 있게 된 이유는 사우디아라비아의 경우처럼 자국민의 식량을 안전하게 조달하기 위한 목적이나 최대한의 이윤을 창출하기 위해서다. 기초 식량도 국제 무역시장에서 투기 상품이 되는 경우가 많기 때문이다. 세상에서 가장 뛰어나고 돈이 많은 투자자 가운데 한 사람인 조지 소로스는 이렇게 말했다.

"이제 땅이 최고의 투자 상품이 되었다."

소로스는 엄청난 규모의 경작지를 사들였고, 다른 부자들이나 나라들도 그를 따라 하고 있다.

세계 인구가 증가하고, 기후 변화로 인해 경작지가 줄어들면서 식료품의 가격이 상승하고 있다. 그리고 중국과 같이 고도성장한 나라에서 사람들이 육류 소비를 더 많이 하고, 풍족한 삶을 살게 되면서 더 많은 에너지를 사용하게 되었다. 세계 은행은 경작 가능한 지구의 전체 땅 가운데 10~30퍼센트가 그런 대기업의 소유가 될 거라고 예상했다.

특히 아프리카 국가에서 그 현상이 두드러지게 나타나고 있다. 아프리카에서 땅은 공식적으로 그곳에 농사를 짓는 농민의 소유가 아니다. 땅은 공용이라는 인식이 있기 때문에 정부는 그것의 소유권이 국가에 있다고 본다. 에티오피아에서 그런 현상이 일어나고 있다. 에티오피아 정부는 외국 투자자들에게 거대한 땅을 임대함으로써 하루빨리 이뤄져야 하는 농업의 현대화가 가능할 것으로 보고 있다.

정보들을 모으다가 하일레에게 메일을 보내 호텔 바에서 만날 약속을 잡았다.

두 시간 후 약속 자리에서 나는 하일레에게 내가 조사한 것들을 말해 주었고, 하일레가 거기에 덧붙여 말했다.

"전에 나도 그것을 조사해 봤는데 에티오피아의 국토가 전체 1억 1,043만 헥타르인데 정부의 발표에 따르면 4분의 3 즉, 8천만 헥타르가 농경지로 사용 가능하다고 해요. 내가 보기에 그 숫자는 너무 많이 잡은 거예요. 실제로는 그 가운데 겨우 1,500만 헥타르 정도는 에티오피아 농부들이 농사를 짓고 있고, 3,600만 헥타르는 정부가 외국 투자자들을 위해 사용을 유보하고 있지요. 정부는 국유지를 임대하는 일을 맡아서 할 국립 토지 거래 중개소도 만들었어요. 그곳을 통하면 뭐든지 가능하지요. 정부는 토지 임대로 국익을 창출한다고 말해요. 외국인에게 임대해 주는 땅에 거주하는 사람들이 극히 적고, 발달하지 않은 서쪽에 그런 땅이 주로 있기 때문에 살던 곳에서 쫓겨나는 사람은 거의 없을 거라고 말합니다. 그리고 그렇게 국유지를 임대함으로써 나라에 필요한 외국 자본이 국내에 유입된다고 주장하지요."

"말은 그럴 듯하네요."

내가 말했다.

"농장이 들어서면 일자리가 생기고, 새로운 농사 기술과 필요한 노하우를 익힐 수 있고, 현대식 기간 시설이 구축될 테니까 전기, 물, 도로, 병원 등이 생긴다고 하겠군요."

"그런데 그게 다 헛소리예요."

하일레가 불만스럽게 말했다.

"그런 모든 긍정적인 전망이 전혀 맞지 않았어요. 실제로는 점점 더 많은 농민들이 대대로 살아온 땅에서 추방되어 강제 이주하고, 외국의 대기업은 농토를 넓혀가고 있죠. 그리고 여기에서 생산되는 농산물들은 각 기업의 고국으로 수출되어 정작 우리나라에는 외국 자본이 별로 남아 있지 않아요. 에티오피아인들은 여전히 식료품 수입에 의존하고 있고, 나라는 많은 돈을 들여 그것들을 다시 사 와야만 해요. 모든 약속과 달리 대규모 농장의 주변에 있는 동네는 전기, 물, 새로운 도로, 학교, 병원 등의 시설이 구축되지 않았어요. 어른들을 위한 일자리는 몇 개 안 생겼고, 대개는 아이들이 적은 돈을 받고 농장에서 일할 뿐이죠. 그렇다 보니 아이들은 학교에도 다니지 못하고요."

나는 대규모 농장의 실태를 알아보기 위해 이스마엘과 함께 그의 가족이 살았던 오모 협곡이나 다른 지역으로 직접 가서 강제 이주에 대한 이야기를 듣고 싶었다.

"가능한지 한번 알아볼게요."

하일레가 헤어지면서 내게 말했다.

8월 27일, 아디스 아바바

하일레가 저녁 때 연락해 주기로 했기 때문에 나는 비르깃과 함께 아디스 근교를 구경하러 갔다.

호텔로 돌아오면서 나는 특이한 점을 세 가지 보았다. 도시에 가까이 다가올수록 미세먼지로 뒤덮여 있는 것이 첫 번째 특이한 점이었다.

"자동차 매연인가?"

내가 비르깃에게 물었다.

"아니, 불을 피우기 때문이야. 에티오피아는 전통적으로 밖에 솥을 걸어 놓고 음식을 만들거든. 커피콩도 밖에서 볶아."

비르깃이 말했다.

"이 나라에 땔감이 그렇게 많은가?"

"아니, 주변 야산에서 모아 온 것들이야. 땔감을 파는 아주머니들이 그걸 시내로 갖고 와 팔지."

그 말을 듣고 차창 밖을 보니 두 번째 특이한 점이 보였다. 도로변을 따라 걷거나 때로 무거운 짐을 끌고 가는 사람들이 주로 여자였다. 많은 여자들이 커다란 땔감을 등에 지고 힘겹게 걸어갔다.

"여자들이 하루에 10킬로미터 정도 걸어."

비르깃이 말했다.

"우리 돈으로 하면 약 20센트 정도 되는 버스비를 아끼기 위해서 걷는 거야. 한 푼이라도 아껴야 가족을 위해 먹을 것을 살 수 있거든."

"무거운 짐을 끌고 가는 사람들이 다 여자야."

"그게…… 여자들이 할 일이라고 생각하니까. 남자들은 저런 일을 하면 체면이 깎인다고 생각하지. 그리고 자식을 돌보는 일도 여자들이 남자의 도움 없이 해. 아직 많은 나라에서 그렇잖아."

나는 같은 남자로서 남자의 체면을 세워 줄 만한 일을 말해 주고 싶었지만 생각나지 않아 아무 말도 하지 못했다.

나중에 호텔에 돌아와서 그날 있었던 일들을 회상하는데 세 번째 특이한 점이 생각났다. 그것으로 에티오피아 남자들의 일상을 좀 더 구체적으로 그려낼 수 있었다. 아디스의 도로를 지나가다 보면 많은 작업장이 눈에 띈다. 우리나라에서는 대부분의 물건들이 고장 나거나 더 이상 필요하지 않게 되면 버린다. 그래서 종류별로 버리는 분리수거함이 여섯 개까지 준비되어 있다. 일반 쓰레기, 플라스틱, 종이, 유리, 전자제품, 헌 옷 등. 그런데 에티오피아는 완전히 다르다. 여기에서는 버리는 쓰레기가 거의 없다. 그리고 적은 쓰레기들은 더 가난한 사람들의 손을 거치며 아직 먹을 수 있는 것, 동물에게 줄 수 있는 것, 재활용할 수 있는 것으로 다시 철저하게 분류된다. 대부분의 물건들을 쓰레기로 버리기 전에 고쳐서 사용한다. 이곳 사람들은 모든 것을 제법 잘 고친다. 또 부품들을 모아 새로운 물건을 만들기도 한다.

내 눈에는 에티오피아 남자들이 세계 최고의 기술자들처럼 보였다. 에티오피아인, 어쩌면 모든 아프리카인들은 불완전한 세상을 잘 헤쳐 나갈 수 있는 능력자들이다.

아프리카 2탄 : 풍부하면서도 가난한 대륙

풍부한 지하자원에도 불구하고 아프리카는 가난한 대륙이다. 왜 그럴까? 그렇게 된 여러 이유들 가운데 중요한 이유는 아프리카가 수백 년 간 약탈당했기 때문이다. 16세기 초에 남미나 카리브 해 연안의 섬으로 이주한 유럽인들이 뜨거운 열기에도 불구하고 사탕수수나 담배 농사를 짓는 대규모 농장에서 일할 노동자들을 필요로 했다. 원주민 인디언들이 그런 일을 해내지 못하자 아프리카인들을 노예로 삼기 위해 끔찍한 방법으로 배에 실어 대서양을 건너 데리고 왔다. 그런 방법으로 19세기까지 약 1천만~5천만 명의 아프리카인들이 끌려갔고, 그것은 새 시대를 여는 최초의 잔혹한 세계화였다.

19세기가 되면서 산업국가들이 그들의 전략을 바꿨다. 아프리카에서 직접 약탈하기 시작했고, 아프리카 대륙을 점점 식민지로 만들어 버렸다. 19세기와 20세기 초, 아프리카는 원자재, 양념, 이국적인 제품들의 최대 공급처가 되었다. 20세기가 되면서 점점 더 많은 아프리카 국가들이 독립하자, 국제무역은 주로 유럽, 북미와 아시아 지역으로 무대를 옮겨 갔다. 그 결과 아프리카는 버려진 대륙이 되었다. 아프리카의 나라들은 혼돈에 빠져들었고, 열악한 기간 시설 탓에 전 세계에 퍼져 나간 인터넷도 아프리카를 지나쳐 버렸다. 지하자원이 풍부한 아프리카 대륙이 이제는 원자재 창고와 부자 나라의 쓰레기 매립지로서의 역할만 수행하게 되었다.

8월 29일, 아디스 아바바에서 이스마엘과의 두 번째 만남

인사를 나눈 후 커피를 주문하자, 이스마엘이 지난번에 했던 이야기를 계속했다.

이스마엘은 아디스에 도착해서 초반에 낡은 자동차 타이어와 가죽 끈으로 샌들을 만들어 시장에서 싼값에 팔았다. 이스마엘은 구두쟁이로 돈을 조금 벌었다. 그러다가 고향에서 알고 지내던 사람을 통해 새로운 신발 공장에서 솜씨 좋은 사람을 찾고 있다는 소식을 들었다. 이스마엘은 그 공장에 취직해 일할 수 있게 되어 한동안 행복했고, 집도 아디스 중심부 외곽에 있는 이주민 정착촌으로 옮길 수 있었다.

나는 차를 타고 가면서 그런 정착촌을 몇 곳 보았다. 그곳은 유럽에 있는 것과 별로 다르지 않았다. 저층 아파트들이 죽 이어진 가운데 한 건물에 10~20세대가 살고 있었다. 집들이 서로 구분하기 어려울 정도로 똑같이 생겼다. 물과 전기가 공급되지 않는 게 유럽과 다른 점이었다.

이스마엘의 가족은 방 두 개에 부엌, 작은 욕실이 있는 집에서 일곱 명이 함께 살았다. 가족들은 먹을 게 충분했고, 아이들은 학교에 다니고, 오후에는 공원에서 놀았다. 아이들이 또래 중에 달리기를 제일 잘했다. 그래서 나중에 커서 마라톤 선수가 되어 외국에 나가 돈을 많이 벌고 싶다고 했다. 그러나 이스마엘이 신발 공장에서 일해 버는 돈으로는 두 아들에게 좋은 운동화 한 켤레

조차 사 줄 수 없었다.

이스마엘이 말을 하다가 중단하고, 커피로 목을 잠시 축인 다음 뭔가 기다리는 표정으로 하일레를 보더니 이어서 나를 바라보았다.

"내 생각에는 이스마엘이 이제 계산할 시간이 되었다고 보는 것 같아요. 자기 아들을 만나거나 나머지 한 켤레의 운동화도 갖고 싶다면 그 대가를 지불해야 한다는 거죠."

하일레가 말했다.

나는 충분히 이해할 수 있었다. 이스마엘은 자기 자신을 위해 뭘 원하는 사람이 아니었다. 단지 다른 사람들, 특히 자기 아들들이 원하는 것을 해 주려고 하는 사람이었다. 그래서 나는 이스마엘이 내세운 조건을 수락하는 것으로 우리의 거래를 성사시켰다. 물론 편집장이 내게 그런 전권을 준 것처럼 굴지는 않았다. 편집장이 이 사실을 알면 나를 가만 두지 않을 테니까.

이스마엘이 거래 조건을 수락한다는 약속을 전통적인 방법으로 확인하려고 해서 우리는 팔을 뻗어 서로의 손을 잡으며 악수했다. 이스마엘은 양손에 힘을 주어 내 손을 꼭 잡고 고개를 힘차게 흔들며 내 눈을 똑바로 쳐다보았다. 하일레가 우리의 두 손을 감싸 쥐었다. 그것으로 하일레가 우리가 한 약속의 보증인 역할을 하는 것이다. 이스마엘은 약속의 증표로 염소를 한 마리 도축하겠다고 했지만 하일레의 만류로 포기했다.

하일레가 이스마일에게 이야기를 계속해 달라고 부탁했다.

"운동화를 사 줄 돈이 없어서 내가 대신 집에서 운동화를 만들어 줄 생각을 했어요. 처음에는 밑창을 가죽으로 할 생각이었지만 너무 얇아서 자동차 타이어로 밑창을 만들었죠. 그런데 만들어 놓고 보니 아프리카에서 흔히 있는 일이지만 선수들이 신는 제대로 된 운동화처럼 보이지 않았어요. 그래서 중국인이 경영하는 회사에서 만드는 밑창을 꼭 구해 오고 싶었어요."

"그래서 직접 찾아갔나요?"

"아니요, 하지만 메르카토에서 그런 일을 하는 사람을 수소문해서……."

이스마엘이 손을 나선형으로 빙빙 돌리는 것으로 말을 대신했다.

하일레가 대신 말했다.

"시장에 가면 암시장이 있는데 거기에서 온갖 종류의 장물이 거래돼요."

"결국 운동화를 완성할 수 있었나요? 중국인 신발 공장에서 훔쳐 온 밑창을 암시장에서 구입했다는 거죠?"

"예."

이스마엘이 말했다.

"아이들이 잠들면 우리 집 부엌에서 두 켤레의 운동화를 만드는 일을 했어요. 갑피에는 우리나라 국기에 들어간 색을 썼지요. 그리고 예수님이 태어난 성탄절에 두 아들에게 운동화를 선물하면서 내가 말했어요. 너희가 가는 길이 아무리 험하고 멀더라도 이 신발이 너희를 목표까지 데려다 줄 거라고요."

"그래서 원하시는 대로 되었나요?"

"큰 아들 아베베는 실제로 마라톤 선수가 되어 유럽의 큰 도시에서 열리는 대회에 계속 참가하고 있어요. 그럴 때마다 내가 만들어 준 운동화를 부적처럼 갖고 다니죠. 동생 맘모는 운동선수가 아니라 교사가 되었어요. 하지만 안타깝게도 해고되어 경찰의 수배까지 받았지요."

"좋아요, 나도 그 운동화를 봤어요. 우리 신문사 편집장이 그것을 주워 왔으니까요. 그럼 다른 운동화는 지금 어디에 있나요? 여

기 에티오피아에 있나요? 아니면 독일에?"

이제는 목표에 거의 다다랐다.

내 질문에 이스마엘은 아무 말도 하지 않았다.

"그 이후의 이야기는 우리 아들 아베베가 해 줄 겁니다."

이스마엘이 말했다.

"기자님의 전화번호와 이메일 주소를 받아 오라고 아들이 나에게 부탁했어요. 본인이 직접 연락 드린다고 합니다. 내가 해 드릴 수 있는 이야기는 여기까지입니다."

8월 30일, 아디스 아바바

하일레가 아침에 내게 전화를 했다.

남부 지방 오모 협곡에 가려던 계획이 무산됐다. 최근 자주 일어나는 소요 사태가 그곳에서도 일어났기 때문이다. 사망자와 부상자까지 속출했다. 그 소식을 전한 독립 언론에 따르면 그곳 주민들이 땅을 빼앗기자 격렬히 항의했다고 한다. 그러나 정부는 나라를 전복시키려는 폭동이 일어났다고 발표했다. 경찰은 원칙에 따라 합법적으로 엄중하게 대처하겠다고 했다.

내가 만약 서양 언론인으로 그 현장에 나타나면 체포 혹은 더 심한 일을 당할 수 있다고 하일레가 경고했다.

"어차피 간다고 해도 아무것도 못 봐요."

하일레가 말했다.

"경찰과 군대가 도로와 광장을 에워싸고 있다가 시위하는 사람들을 해산시키고 있어요. 그러니 너무 위험해요. 여기는 유럽에서처럼 언론의 자유가 없어요. 내 친구도 취재만 했는데도 3년형을 선고 받았어요. 나도 알아보는 사람들이 있을 거예요."

잠시 말을 멈춘 다음 하일레가 다시 말했다.

"BBC처럼 유명한 언론사의 리포터도 얼마 전에 체포되었어요. 그 현장에 불과 반나절도 안 있었는데요. 정부가 무척 예민하게 반응하면서 일체의 보도를 막고 있어요. 그쪽 상황이 얼마나 심각한지 어느 누구에게도 알리지 않으려고 해요. 불도저를 동원해 부족들을 계속 밖으로 밀어내고 있어요. 원주민들은 삽과 망치를 들고 맞서고 있지요. 사실 그들도 칼리시니코프를 한 자루씩 다 갖고 있어요."

"기관총을요? 그건 왜죠?"

"다른 부족이 소를 훔쳐 가는 것을 막기 위해 예전부터 갖고 있던 거예요. 그런 농민들이 이제는 서로 단합하고 있지요. 대규모 농장이라는 공통된 적이 나타났기 때문이에요. 전에 여행 가이드처럼 하고 가서 그곳에 사는 부족을 만난 적이 있어요. 해가 여섯 시에 져서 긴 저녁 시간 동안 남자들이 한자리에 모여 술을 마시고, 이런저런 말을 하다가 술에 취하면 분노를 폭발했어요. 어떤 사람들은 이주민 정착촌으로 달려가 거기에 사는 사람이나 경비에게 한바탕 화풀이를 하곤 했죠."

그런 이야기를 듣자 거기에 가 볼 수 없다는 것이 적잖이 안타까웠다. 이제는 목표에 거의 가깝게 다가갔지만 아직 갈 길이 많이 남아 있었다. 내가 여기에서 할 수 있는 일이 더 이상 없는 것 같았다.

　저녁에 여행사에 연락해 보니 독일로 돌아갈 수 있는 제일 빠른 비행기가 모레나 되어야 가능하다고 했다.
　그래서 나는 이곳에 머물 시간이 좀 더 있었다.
　출국하기 전에 국립박물관은 꼭 가 보고 싶었다. 화석인류가 몇 개뿐이지만 그것에서 인류사가 시작되었으니까.

8월 31일 오전, 아디스 아바바에 있는 에티오피아 국립박물관
　루시가 인류의 어머니일까? 하일레, 비르깃과 함께 국립박물관에 들어가면서 나는 그 질문을 나 자신에게 던졌다. 이곳에 유서 깊은 에티오피아 문화의 증인이 전시되어 있다. 우리가 처음 들어간 1층은 동아프리카의 초기 역사를 보여 주었다. 공룡처럼 멸종된 동물의 뼈 옆에 현생 인류의 가장 오래된 화석이 이 세상 그 어느 곳보다 많이 전시되어 있다.
　나는 가장 오래된 직립보행 인간의 화석인류가 들어 있는 진열장 앞에 섰다. 약 320만 년 전에 존재했던 것으로 추정된 화석인류가 북동 에티오피아에서 발견된 '루시'다. 유리 상자에 그렇게 설명된 안내판이 붙어 있었다. 추정으로는 젊은 소녀의 화석으로 보이지만 확실하지 않다. '루시'는 전체 골격의 20퍼센트 정도 되는 47개의 뼈만 남아 있다.

"이것은 인위적으로 완성한 복제품이야."

비르깃이 말했다.

"그렇지만 오랫동안 미국에 있었던 진짜 화석인류는 몇 번의 위험한 운송 과정을 잘 견뎌내고 2013년부터 여기 국립박물관의 수장고에 보관되어 있지."

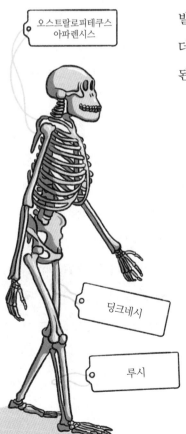

오스트랄로피테쿠스
아파렌시스

딩크네시

루시

"그 사이 또 다른 화석인류 무덤이 발견되었는데 루시보다 200만 년이나 더 오래된 540만년 전의 것으로 추정된다는 기사를 어젯밤에 읽었어."

내가 말했다.

"하지만 루시가 더 유명해요."

하일레가 말했다.

"'루시'는 에티오피아가 아니라 영국의 탐험가가 지어 준 이름이에요. 1974년 그것이 발견된 저녁, 탐험가들이 때마침 비틀즈가 부른 '루시, 다이아몬드와 함께 저 하늘

위에'라는 노래를 듣고 있었기 때문이죠. 에티오피아 사람들은 '아름다워!'라는 의미로 '딩크네시'라고 불러요. 최초의 화석인류인 '소녀'에게 잘 맞는 이름이죠."

'딩크네시'에 대한 이야기를 하다가 우리는 박물관 카페에서 잠시 쉬며 인류사의 초창기에 대한 이야기를 나누었다.

"참 흥미롭지 않아? 우리의 조상들이 진화를 거듭하더니 숲을 벗어나 풀밭으로 나와서 놀라운 일을 두 가지 해냈어. 한 가지는 돌로 도구를 만든 것이고, 다른 하나는 세상을 향해 먼 길을 떠났다는 거야. 그 채워지지 않는 호기심이(크고 작은 정체기가 있기는 했지만) 우리 인간을 아직도 여전히 떠돌아다니게 해 주는 거야. 그 결과 인간들은 지구를 몇 번이나 거듭해 정복할 수 있게 되었지."

내가 말했다.

비르깃이 내 말을 이어받았다.

"약 160만 년 전에 루시의 후손, 라틴어로 '직립 보행자'라는 의미의 호모에렉투스가 나타났어. 특별히 잘 보존된 화석이 북부 케냐에서 발견되었어. '투르카나 호수의 소년'이라고 불리는 그 화석은 완전히 성인으로 자라지 않은 것처럼 보이는 남자의 모습이었어. 키가 160센티미터로 추정되는데, 성인이 된다면 180센티미터 정도가 되어 루시의 혈족보다 50센티미터 가량 더 컸을 거라고 예상되지. 그것은 150만 년 전에 팔레스티나와 남코카서스에서도 발견되었어. 약 60만 년 전에 호모에렉투스가 중부 유럽으로 왔을 거라고 보고 있지. 화석인류가 마지막으로 약 20만 년 전에 현재의 우리와 같은 모습으로 진화했고, '슬기로운 사람'이라는 의미의 '호모사피엔스'가 되었지. 그것의 가장 오래된 화석이 오모 협곡에서 다시 발견된 거야."

하일레가 이어서 말했다.

"최초의 인류는 튼튼한 근육질의 사냥꾼으로 짙은 갈색 피부가 햇빛으로부터 몸을 보호해 주었어요. 그들은 소그룹을 만들어 함께 살면서 창, 화살 같은 것을 이용해 사냥을 했어요. 그들은 사냥할 때 동물들이 죽을 때까지 몰았어요. 예를 들어 영양 같은 동물은 잘 달릴 수는 있지만 체온을 계속 식혀 줘야 해서 자꾸 걸음을 멈춰 쉬어야만 했지요. 하지만 인간은 그들과 달리 빠르게 진화해서 진정한 마라톤 선수가 되었어요. 인간은 땀을 흘려 몸에 불필요한 열기를 밖으로 내보내기 때문에 몇 시간 동안 빠른 속도를 유지하며 동물을 뒤쫓아 갈 수 있지요. 칼라하리사막에서는 사람들이 아직도 그런 방법으로 사냥을 해요."

"맞아요. 호모사피엔스가 아프리카 대륙 전역으로 퍼져 나갔어요."

비르깃이 말했다.

"약 6만 년 전부터 인간은 지구를 정복하려고 끊임없이 시도하고 있지요. 그러나 아시아, 유럽, 미국에 살던 사람들이 비옥한 땅에서 농사를 짓고 정착하는 동안 중앙아프리카나 동아프리카에 살던 사람들은 유목민이 되었어요."

비르깃이 말했다.

"유럽, 아시아에 살던 사람들은 걸어 다니다가 제자리에 눌러 앉게 되었는데 동아프리카에서 살던 사람들은 달린 거군."

내가 요약해서 말했다.

"그들 가운데 뛰어난 사람들은 전 세계를 돌아다니며 메달을 사냥하고 있고. 어쩌면 달리기와 유목민의 역사를 함께 이해하는 게 고급 문화를 바라보는 것보다 이해하기가 쉬울 것 같네. 말하자면, 유목민은 진화가 덜 된 사람들로 볼 수 있는 거지."

8월 31일 귀국, 아디스 아바바 - 프랑크푸르트

드림 라인 비행기의 넓은 창문이 파노라마 관광 열차를 탄 것 같은 기분이 들게 하는 것은 같았지만 이번에는 느낌이 전혀 달랐다.

나는 현대 기술이 집약된 비행기에 앉아 있었고, 발밑에 보이는 사하라는 관광객을 위해 만들어 놓은 아주 멋진 그림처럼 보였다. 그러나 그 밑에 몇몇 사람들이 아니라 수천 명의 사람들이 열악한 조건에도 불구하고 사막을 가로지르고 있다는 것을 나는 이제 알고 있다. 유럽에 들어가려고 시도하지만 많은 사람들이 실패한다. 나는 그런 사실을 지금까지는 언론 기사를 통해서만 접해 왔다.

제9장

아베베와 맘모의 이야기_ 양치기 소년에서 10년 만에
약간의 결함이 있는 세계 시민이 되기

8월 31일 늦은 오후, 지중해 위에서

드림 라인 비행기에서 인터넷 접속도 가능했다. 지중해와 이태
리 상공을 날아가는 동안 아베베가 내 삶 속에 이메일로 등장했
다. 서툰 영어로 썼는데 내가 문장을 약간 다듬어 번역해 놓았다.

아베베의 첫 번째 메일

발신 : 아베베

제목 : 안녕하세요?

기자님이 '운동화 수선 명인'이라는 별명을 지어 준 이스마엘의 아들 아베베
입니다. 아버지가 그 별명을 무척 좋아하셨습니다. 아버지를 통해 운동화의
주인을 찾기 위해 그간 많은 수고를 했다는 소식을 전해 들었어요. 사실 저
는 기자님 근처에 살고 있어요. 지금 독일에 살고 있지만 숙소에는 고향 신
문이 전혀 없어요. 우리는 독일 신문도 읽지 않지요. 독일어가 유창한 사람

이 아무도 없으니까요. 그리고 우리가 지내고 있는 훈련 캠프에 있는 사람들도 우리가 신문, 라디오, 인터넷을 통해 너무 많은 정보를 접하는 것을 제지해요. 달리기 연습이랑 그 밖에 시키는 다른 일만 하기를 원해요. 우리 모두한 가족이라는 말을 자주 하는데 제가 보기에는 아닌 것 같아요.

우리의 이야기를 기자님께 해 드릴게요. 지금 당장 내가 꼭 해야 할 급한일이 없거든요. 우리는 하루에 한두 번 뛰는 훈련을 하고 체조를 조금 할뿐, 그 밖에는 아무것도 안 해요. 가끔 대장님이 '가족의 날' 행사를 하는것만 빼면 그렇죠.

우리는 보통 여기서 저녁을 직접 만들어 먹어요. '인제라'는 테프(Teff)가 없어서 못 만들고, 대신 통밀과 기장으로 만든 큰 빵을 먹어요.

그걸 먹으면 고향의 맛이 약간 나거든요. 처음에는 우리끼리 할 이야기가 무척 많았어요. 그런데 이제는 할 이야기를 다 해 버린 것 같아요. 자기가 살아온 이야기를 각자 다 했는데 알고 보니 모두 비슷한 처지에서 자랐다는것을 알게 되었어요. 그래서 더 이상 해 줄 말이 없었어요. 아버지가 두 분이거래를 약속했다는 이야기를 했어요. 기자님이 운동화와 운동화 주인의 이야기를 전부 알려고 한다고요. 모든 것을 다 말하려면 시간이 너무 짧아요. 그렇지만 뭐든지 물어보세요. 그럼 솔직하게 대답해 드릴게요.

- 전에는 별명이 '사자'였던 아베베

나는 메일을 열 번 이상 읽고 잠시 생각한 다음 답장을 썼다.

안녕, 아베베

이렇게 소식을 전해 주니 정말 기뻐요.

내가 그간 운동화 주인이 어떤 사람인지, 운동화로 무엇을 했는지에 관해 얼마나 많은 상상을 했는지 모를 거예요. 묻고 싶은 게 스무 개쯤 되네요. 그것을 한꺼번에 다 물어볼 수는 없고, 하나씩 차례로 물어볼게요. 이스마엘이 그러던데 가족이 10년 전에 아디스로 이사를 왔다고요. 아버지가 전에 고향에서 어떻게 살았는지에 대한 이야기를 조금 해 줘서 들었어요. 하지만 어렸을 때의 이야기를 좀 더 해 줄 수 있을까요?

- 인사를 전하며, 베르너

그렇게 쓴 다음 나는 편집장에게도 메일을 보내 내일 오후 신문사로 가거나 집에서 곧바로 글을 쓰겠다고 했다.

한참 후에 편집장이 답장을 보내와 집에서 글을 쓰는 게 시간이 덜 걸릴 것 같으면 그렇게 하라고 했다.

8월 31일 저녁, 다시 내 방에서

프랑크푸르트에 도착한 후 나는 내가 사는 도시까지 타고 갈 기차를 기다려야만 했다. 기다리는 동안 계속 스마트폰을 바라봤지만 아베베의 답장은 오지 않았다.

기차에서도 조급하게 기다렸는데 케셀을 지나기 직전에 신호음이 울렸다. 아베베가 보낸 새로운 메일이 와 있었다. 아주 긴 메일이라서 나는 애써 마음을 가라앉히고 집에 가서 읽기로 했다.

그렇게 집에 도착해서는 가방을 내팽개치고, 신발과 외투도 벗지 않은 채 물만 조금 마시고 거실에 앉았다. 메일을 읽는 동안 어느 새 에티오피아에 가 있는 듯한 착각이 들었다.

아베베의 두 번째 메일

발신 : 아베베

제목 : 회신

베르너 기자님, 안녕하세요?

동생 맘모와 나는 오모 협곡에 사는 작은 부족의 후손으로 태어났어요. 우리 부족은 전통적인 방식으로 살아가는 부족이었어요.

오모 협곡은 정말 아름다워요. 나무와 숲 사이로 끝없이 초원이 펼쳐져요. 그곳은 소와 염소를 기르는 사람들을 위해 만들어 놓은 땅 같았어요.

나중에 커서 오모 협곡의 아랫마을은 리프트 협곡에 속한다는 말을 들었어요. 인류가 처음 탄생한 계곡이지요. 그곳에서 최초의 화석인류가 발견되었고, 수천 년 전부터 우리 조상들이 살아왔던 거예요.

거기에는 오모 강이 평화롭게 흐르다가 점점 가늘어지고, 나중에는 물이 없게 돼요. 그러다가 우기가 시작되면 강물이 다시 둑을 넘쳐 흐르고, 초원과 들판에 홍수가 나지요.

우리 가족은 일 년 내내 양치기를 하면서 강가의 작은 움막에서 살며 기장과 다른 채소들을 기르며 살았어요. 우리는 소와 염소들을 오모 강둑에서부터 산까지 펼쳐진 풀밭에 풀어놓아 방목하며 길렀어요.

그렇게 자연과 함께 살았지요. 할머니와 할아버지도 그렇게 살았고, 그분들의 아버지와 그 아버지의 아버지도 그렇게 살다가 영혼이 되면 초원, 강, 나무, 동굴을 돌봐 주었어요.

우리는 아침에 해가 뜨고, 희뿌연 안개 너머로 세상이 서서히 모습을 드러낼 때 하루 일과를 시작했어요. 제일 먼저 어머니와 아이들이 일어났죠. 집집마다 어머니들이 바깥 아궁이에 불을 피우고, 옥수수 죽을 만드는 동안 우리 아이들은 동물의 젖을 짰어요. 아버지들은 일어나면 아침으로 옥수수 죽을 먹었어요. 그 사이 어머니와 아이들은 재와 소똥을 섞은 것으로 소를 문질러 주었어요. 그렇게 하면 진드기가 떨어져 나가고, 동물들이 모기에 덜 물리거든요.

나중에 우리 아이들은 동물을 끌고 풀밭으로 나가 돌봐 줬지요. 우리는 대개 천 조각 하나로 몸을 감싸고 다녀 아주 편리했어요. 천이 더러워지면 강물에서 빨고 한 시간 정도 맨몸으로 돌아다니다가 몸에 다시 걸쳤어요.

어쩌다 자유 시간이 생기면 나무 막대나 항아리를 갖고 놀았어요. 그것만 있으면 뭐든지 다 만들 수 있었지요. 자동차, 비행기, 휴대폰, 무기 같은 거요. 아이들은 아무도 학교에 다니지 않았어요. 동물들에게 물을 먹이려고 강가에 데리고 갈 때만 성인 남자들이 와서 우리와 함께 가 주었지요. 오모가 겉으로 보기에는 잔잔해 보이지만 심한 소용돌이가 있거든요. 모래가 많은 강둑에는 악어가 누운 채 입을 쩍 벌리고 있어요. 그런데 악어보다 더 위험한 것은 낮에 강물 속에 숨어 있는 하마예요. 흙탕물이 흐를 때면 하마가 강물 안에 있는 게 보이지 않았어요.

하마는 대개 눈이나 코만 밖에 내놓고 있어. 관광객들은 하마가 덩치가 크고 거의 움직이지 않으니까 순하다고 착각해요. 그러나 하마는 공격을 아주 잘하는 동물이에요. 사실 우리는 아주 어렸을 때부터 그렇다는 걸 배워서 알고 있었지요. 그런데도 가끔 어떤 사람이 하마가 얼마나 위험한지 모른 채 덥다며 잠시 몸을 식히려고 물에 들어가는 일이 종종 있었어요. 이 세상에 하마만큼 사람을 많이 죽인 동물도 없을 거예요. 악어와 하마 이외에 재칼과 늑대도 있고, 치타나 사자도 종종 나타났지요.

하지만 우리 조상들이 후손들을 잘 보살펴 주었어요.

이 모든 것이 이제는 다 흘러간 옛이야기예요. 그 사이 우리는 천국 같은 곳에서 추방당했고, 우리 조상의 영혼들은 속수무책으로 그 모습을 지켜보기만 했죠.

일단 오늘은 여기까지 쓸게요.

훈련하러 가야 해요.

안녕히 계세요.

― 아베베

8월 31일과 9월 1일 사이, 우리 집 사무실에서

여행 때문에 시차가 바뀌어 나는 잠이 오지 않았다. 그래서 한

밤중에 일어나 오모 협곡에 대한 조사를 더 했다. 그곳에서 아직도 자연과 친숙하게 살고 있는 사람들은 에티오피아인이 아니라 각 부족에 속한 사람들로 보인다. 이 세상 어디에도 그렇게 많은 부족들이 다양한 문화를 간직한 채 좁은 지역에 가까이 붙어 지내지 않는다. 전체 16개 인종의 22만 명이 살고 있다. 부족들은 사냥하고, 식물을 채집하고, 반은 유목민으로, 반은 농부로 정착해 살고 있다. 대부분의 사람들이 천 년 전과 비슷한 모습으로 살아가고 있다. 어떤 사학자는 그곳을 '부족의 박물관'이라고 했다. 유네스코는 그 지역을 1980년에 세계문화유산으로 지정했다.

머릿속이 복잡해진 채 나는 답장을 썼다.

안녕, 아베베
유년기와 부족의 모습을 그렇게 생생하게 소개해 준 메일 정말 고마워요. 메일을 읽으면서 실제로 거기에 가 있는 듯한 느낌이었어요. 그런데 아베베는 어떤 계기로 그렇게 잘 달리는 선수가 되었나요? 오모 협곡에서 살았을 때 어느 유명한 마라톤 선수 이야기를 들었나요? 훈련은 언제부터 받게 되었나요? 아베베는 선수가 되었는데 동생 맘모는 왜 되지 못했을까요?
- 잘 지내길 바라며, 베르너

아베베의 세 번째 메일

발신 : 아베베

제목 : 안녕하세요?

내가 왜 선수가 되었느냐고요? 나도 종종 그 질문을 나 자신에게 하는데 대개 이렇게 대답하지요. 전에 오모에서 살 때 야생동물들을 피해 도망쳐야 할 때가 많았기 때문이라고요.

동생 맘모를 아는 사람들에게는 이렇게 설명해요. 동생은 우리 둘 중 더 똑똑하고 용감했기 때문에 운동선수가 되지 않았다고요. 동생은 무조건 달리기보다 걸음을 멈추고 서서 왜 도망가야 하는지에 대해 머리로 생각했어요. 어차피 도망쳐 봤자 사자와 재칼한테 질 거라고 생각했죠. 더구나 그렇게 도망치면 자기가 먹잇감이라는 것을 보여 주는 셈이라고 생각했기 때문에 맘모는 나중에 아주 좋은 선생님이 되었어요. 나는 마라톤 선수가 되었고요. 그리고 우리가 어떤 계기로 잘 달리는 선수가 되었느냐고 물었지요? 한 가지 이유는 유럽에서는 이미 수백 년 전에 사라졌지만 우리는 그곳에서 거친 야외 생활을 해 왔기 때문이에요. 그리고 다른 이유는 우리가 두려움을 모르기 때문이에요. 우리는 성인식을 통해 무서움을 없애요. 12살~14살 사이에 아프리카에 살고 있는 소년을 한번 상상해 보세요. 그 소년에게는 이런 일이 벌어져요. 마을의 남자 어른들이 소년과 소년의 동년배 아이들을 데려가 어딘가에 가둬요. 소년은 그 안에 갇혀 뜬눈으로 밤을 새지만 밖에서는 마을 사람들이 노래를 부르고 춤을 춰요. 다음 날 새벽에 한 번 보기만 해도 무서운 가면을 쓴 사람이 나타나 소년을 혼자 어디로 데려가요. 그렇게 끌려

간 소년은 몸에 난 털을 말끔히 삭발하고, 옷을 다 벗은 다음 몸에 문신을 새겨요. 그런 다음 남근에 끔찍한 포경수술을 하지요.

다음 날 밤 소년은 다시 산속 어딘가로 가서 홀로 밤을 꼬박 새워야 해요. 그 다음 날이 되면 동네 남자 어른들이 앞으로 소년이 한 달 간 지내게 될 움막을 지어 주지요.

나이가 많은 노인들만 움막에 정기적으로 찾아와 소년의 몸에 난 상처를 살펴보고, 남자로서 알아야 할 것들을 가르쳐 주지요. 부족의 역사, 부족의 전통문화, 비밀 상징 같은 거요. 소년은 자기가 쓸 가면을 준비하고, 노인들은 아무 이유도 없이 지팡이를 들어 소년의 등짝을 때리고 인생은 이런 거라고 말해 주죠.

어떤 부족들은 나이가 더 많은 남자에 맞서 싸우고 사자를 죽여야 돼요. 다행히 우리 부족은 소를 몇 마리 붙여 놓고 그 위를 펄쩍 뛰어넘는 것을 시켜요.

그런 과정을 다 거친 다음 마을로 내려가면 소년을 위한 축제가 벌어져요. 그때 새로운 이름을 갖게 되고, 모든 것을 알고 있는 진정한 남자가 되는 거예요.

기자님도 그 과정을 성공적으로 마치면 마라톤 경기에 나가 완주할 수 있어요. 그건 내가 장담할 수 있어요.

오늘은 여기까지

- 아베베

9월 1일, 우리 집 사무실

나는 신문에 실을 에티오피아 관련 마지막 기사를 작성하면서 원주민들의 통과의례에 대해 조사를 했다. 얼마나 많은 용기가 있는지를 증명해 보이는 시험은 성인식의 일부분일 뿐이다. 예를 들어, 나미비아에서는 소년에게 노인의 소변을 쏟아 붓기까지 한다. 일종의 윤활유를 발라 주는 것 같은 행위다. 어떤 부족들은 정액을 그런 용도로 사용하기도 한다. 성인식의 의미는 남성적인 인내심과 힘을 노인이 젊은이에게 전달해 주는 것이다. 그래서 성인식에 종교적인 의식이 포함되어 있다. 그걸 하면서 젊은이에게 힘을 불어 넣어 달라고 조상들에게 빈다.

나이가 든 사람은 자라나는 후손에게 일종의 코치가 되어 사춘기를 지나 성인의 삶으로 들어가게 안내해 준다. 과거에 소규모의 그룹에서 중요하게 인식되었던 그 의식이 오늘날도 중요하고, 의미 있는 일로 받아 들여지기도 한다. 하지만 교회에서 차분하게 진행되는 성년식을 제외하면 요즘은 젊은이들이 그런 일을 직접 한다. 술과 담배를 접하면서 스스로 성년식을 치르는 것이다.

9월 2일, 미탁스큐리어 편집부

당연히 편집장은 나와 이야기를 하려고 했다. 하지만 전체 내막을 다 알기도 전에 편집장에게 말을 해야 할까? 나는 편집장을 최대한 피하면서 이스마엘과 약속한 거래에 대해 말하기 좋은 시간을 포착해야 했다.

아베베의 네 번째 메일

발신 : 아베베
제목 : 아디스로 이사

안녕하세요?

우리가 작은 천국 같은 마을에서 살면서 세상과는 담을 쌓고 살았을 거라는 착각은 하지 마세요. 그렇지는 않았으니까요.

처음에는 카메라를 메고 작은 선물을 들고 우리 앞에 나타나는 탐험가나 기자가 불과 몇 명뿐이었어요. 아버지의 말을 들어 보면 그랬대요.

그러나 내 기억으로는 매년 더 많은 관광객들이 찾아왔어요.

특히 성인식을 치를 때 찾아오는 사람들이 많았어요. 관광객들은 우리 아이들에게 바깥세상 사람들이 어떻게 생겼는지 보여 주었죠.

관광객들은 우리에게 신기한 물건들을 보여 주었어요. 처음에는 카메라와 휴대폰, 그 다음에는 운동화와 뭐든지 할 수 있는 스마트폰을 보여 줬지요. 우리는 그런 물건들에 열광했고, 그런 것들을 갖고 싶어 안달했어요. 그러다가 세상이 우리 안으로 들이닥쳤을 때 더 이상 그런 것들을 갖고 싶은 생각이 나지 않았어요.

무슨 일이 일어났던 거냐고요? 공무원과 군인들이 와서 우리에게 말했죠. 댐을 만들면 집집마다 전기가 들어오게 될 거라고요. 그리고 외국인들이 대규모 농장을 짓고, 거기에 일자리가 많이 생길 거라는 말도 했지요. 하지만 그 모든 것이 거짓 약속이었어요. 전기도 안 들어왔고, 일자리도 없었어요. 그래서 우리는 모두 아디스로 이사를 가야만 했어요.

아디스에서 우리 어린이들의 일상은 완전히 변했어요. 처음 얼마간은 빈민가에 살았지만 그래도 마침내 학교에 다닐 수 있게 되었어요. 동생 맘모와 나는 몇 달이 지나자 도시 아이들처럼 변했어요. 그러나 단 한 가지만은 잃지 않았지요. 그것은 달리기였어요. 우리는 기회만 있으면 달렸어요. 다만 풀밭이 아니라 도로나 공원을 따라 달렸지요. 매번 새로운 모험을 찾아 돌아다녔어요. 나중에 우리는 어떤 술집이나 회의실에 있는 텔레비전을 통해 중요한 대회의 육상 경기를 볼 수 있었어요. 예를 들면 세계 육상 대회나 올림픽대회 같은 거요.

2007년 하일레 게브르셀라시에가 베를린 마라톤 대회에서 세계 신기록을 세우는 것을 봤어요. 그것을 보고 우리는 운동선수가 되기로 결심했지요. 그렇게 해서 유럽에서 열리는 마라톤 대회에 함께 참가했어요. 정확히 10년이 지난 후 우리는 좋은 성적을 내기 시작했지요. 아직도 우리는 경기에 나가면 맨발로 달리고 있어요.

또래들 중 가장 좋은 성적을 내자, 맘모와 나는 텔레비전에 나오는 더 큰 선수들의 기록과 우리 기록을 비교했어요. 우리는 다른 선수들에 비해 월등히 실력이 좋은 케냐와 에티오피아 출신의 장거리 선수에게 열광했어요. 운동선수들이 몸에 걸치는 나라의 국기에 들어간 색으로 만든 운동복과 멋진 체육복, 말로 표현하기 어려울 정도로 멋진 운동화를 눈여겨봤어요. 아디다스, 퓨마, 나이키에서 만든 운동화요.

그 사이 우리 아버지는 신발 공장에서 일을 했어요.

우리는 아버지가 공장에서 운동화를 받아 올 거라고 생각했어요. 그러나 아버지는 받아 오지 못했어요. 그래서 대신 시내의 가게 안에 있는 운동화를 구경했지요. 운동화 한 켤레가 한 달 월급 정도였어요. 그런데 두 켤레를 사야 하다니! 아버지는 그것을 도저히 사 올 수 없었어요. 더구나 사랑하는 어머니마저 병에 걸려 병원에 오래 입원해 있다가 돌아가시자 우리의 꿈이 산산조각 나 버렸어요.

그런데 기적이 일어났어요! 어머니가 돌아가시고 얼마 지나지 않은 성탄절이었어요. 우리는 모두 어머니 없이 교회에 가고, 성탄절도 맞이한다는 게 두려웠어요. 그런데 아버지가 그 날 밤 큰 탁자 위에 상자 두 개를 내려놓았어요. 퓨마와 나이키 운동화가 들어 있던 낡은 상자였어요. 맘모와 내가 동시에 상자를 열었는데 전에 한 번도 본 적이 없는 두 켤레의 운동화가 보였어요. 바로 우리의 운동화였죠!

우리는 너무 행복해 입을 다물지 못하고, 성탄절 내내 그것을 신고 다녔고, 밤에도 벗지 않았어요. 그날부터 아버지는 그 운동화를 어떻게 만들었는지에 대한 이야기를 수도 없이 반복했지요.

오늘은 여기까지만 쓸게요.

- 아베베

9월 2일 저녁, 우리 집 사무실에서

나는 '오모 협곡'과 '댐 공사'에 대해 조사했다. 다행히 결과를 금방 찾을 수 있었다. 2016년 오모강의 중간 부분에 세계에서 가장 큰 댐 가운데 하나인 기베 3댐이 건설되었다. 243미터의 댐은 엄청난 양의 물을 저장할 수 있다. 그 댐으로 에티오피아 전국민이 쓸 수 있을 만큼의 전기를 생산할 수 있었다. 그러나 실제로는 아디스 방향으로만 전깃줄이 설치되었다. 그리고 댐이 만들어진 이후에도 과거에 그랬던 것처럼 오모 협곡에 종종 홍수가 나고, 물길을 따라 땅에 새로운 영양분이 공급되는 것도 막혀 버렸다. 저장된 물이 수로를 통해 흘러가 외국인의 대규모 농장에 일 년 내내 물을 공급했다. 그런 농장을 위해 살던 땅을 등지고 강제로 떠나야 했던 산골 사람들은 오모 협곡보다 더 깊숙한 곳의 오지로 이주했다. 양치기를 하며 살던 부족의 삶이 원천적으로 봉쇄되었다. 그곳에 번성하던 다양한 문화도 머지않아 파괴될 가능성이 높아 유네스코 세계유산이 위험에 처해 있다.

나는 아베베에게 답장을 보냈다.

안녕, 아베베

에티오피아의 댐 프로젝트에 관한 기사를 인터넷으로 찾아 읽어 보았어요. 자연과 문화에 막대한 피해를 입힌 서양 회사들이 그곳에서 활발히 경영 활동을 해 많은 수익을 올리면서도 이곳에는 거의 보도가 되지 않았어요. 다시 질문할게요. 왜 아베베는 운동선수가 되고, 동생은 되지 않았나요?
- 베르너

아베베에게서 온 다섯 번째 메일

발신 : 아베베
제목 : 아베베와 맘모의 현재 모습

베르너 기자님께

아버지는 우리에게 스스로 칭찬하지 말라고 가르치셨어요. 그건 죄를 짓는 거라고 하셨죠. 그래서 나는 그 질문에 어떻게 대답을 해야 할지 모르겠어요. 그냥 있는 대로 쓸게요. 나는 달리기에 훌륭한 재능이 있었어요. 많은 사람들이 나를 '사자'라고 불렀어요. 내가 훈련을 받기 위해 찾아갔던 술루타의 육상 코치는 나한테 빠른 다리와 끈기가 있다고 했어요. 하지만 최고의 선수가 되기 위해서는 사자와 같은 강한 의지가 있어야 된다고 했지요. 코치는 내게 달리기 외 그 어떤 것도 생각하지 말아야 한다고 했어요. 그리고 그것을 증명해 보이라고 했지요. 나는 그것을 보여 주었고, 스카우터들은 서로 나를 데려가려고 했지요. 나는 유럽 국가에 갈 수 있는 비자도 받았고, 처음에는 작은 대회에 참가했다가 나중에는 리스본, 런던, 베를린 같은 큰 도시에서 개최되는 마라톤 대회에도 참가했어요. 그렇게 선두 그룹에 들어가 함게 될 수 있을 것 같았어요. 관중들은 신기록을 원했죠. 매년 새로운 기록이 나오기를 원했어요. 1등을 한 사람은 누구나 알아보고, 운이 나빴던 2등과 3등까지는 그래도 괜찮아요. 하지만 4등이나 5등은 아무도 기억하지 않아요. 맘모도 운이 좋았어요, 적어도 처음에는요. 동생은 학교에서 공부를 잘해 아디스 대학에 장학생으로 들어갈 수 있었어요. 그런데 유명한 수학자나 프로그래머, 물리학자가 되려면 미국이나 유럽으로 유학을 가야 해요. 하지만 유학생으로 갈 수 있는 장학금은 받지 못했어요. 우리는 인맥이 없었거든요. 무척이나 가고 싶어 했던 나라들 가운데 어느 한 나라도 맘모에게 비자를 내 주지 않았어요.

맘모가 학교에 다니면서 좋았던 일이 딱 한 가지 있었는데, 그것은 사비아를 사귄 거였어요. 사비아를 만나 아들도 낳았지요. 취업을 하려고 수차례 지원했지만 다 실패하고 딱 한 곳에서만 합격 통지를 받았는데, 아디스의 북서쪽 시골에서 아이들을 가르치고 농사를 짓는 일이었어요. 내가 세계 곳곳을 돌아다니며 마라톤 대회에 참가하는 동안 동생은 시골에서 애들을 가르쳤죠. 동생이 거기서 늙을 때까지 계속 살 수 있었다면 아마 행복하게 살았을 거예요. 그러나 그곳은 소요 사태가 일어난 곳이었어요. 동생이 살던 마을의 다른 사람들도 저수지 댐 공사 때문에 강제 이주해야만 했거든요. 맘모는 그런 현실에 분개했어요. 아디스는 구호단체와 환경단체에 연락을 취해 조직적인 시위를 주도했어요. 하지만 아무 소용이 없었어요. 강제 이주 시한이 결정되었고, 맘모는 체포되었지요. 경찰은 맘모가 그동안 한 활동들을 다 알고 있었어요.

다행히 국제 환경단체가 강력하게 항의해 맘모는 2개월 만에 구치소에서 풀려났죠. 하지만 맘모의 가족은 먹을 게 없었어요. 맘모가 형인 나를 부러운 눈으로 바라보았죠. 맘모는 내가 유명한 마라톤 선수가 되어 세계 곳곳을 돌아다니며 돈을 많이 벌고 성공했을 거라고 생각했어요.

나는 맘모의 가족에게 경제적인 도움을 주었고, 맘모가 다른 마라톤 선수의 훈련 파트너로 일할 수 있는 자리를 알아봤어요. 그러나 맘모가 훈련을 그만둔 지 오래되어 술루타의 훈련 캠프에서 쓰러지고 말았어요. 그래서 선수로도 뛰지 못하고, 스포츠 행사 참여를 위한 비자도 받지 못하게 되었죠. 결국 맘모는 다른 삶의 방법을 찾아야만 했어요. 오늘은 여기까지.

– 아베베

9월 3일, 회사 사무실 내 책상에서

에티오피아에서 출국하는 비행기를 타기 전에 이스마엘이 나에게 간곡히 부탁했다.

"아베베 좀 돌봐 주세요. 나한테는 항상 잘 지낸다고 하지만 어쩐지 마음이 놓이지 않아요."

그래서 내가 아베베의 현재 상황을 좀 더 알아보려고 했는데 뭔가 부정적인 면이 감지되었다.

그래서 메일을 썼다.

안녕, 아베베

두 형제가 지나온 날들의 이야기가 내 가슴 깊이 와 닿았어요. 동생 걱정을 많이 하고 있군요. 충분히 이해할 수 있어요. 형이니 당연하지요. 나도 그런 상황 잘 알아요. 그런데 정작 본인은 어떻게 지내고 있나요?

- 베르너

9월 4일 미탁스큐리어 편집부

편집회의를 하는 도중 메일이 날아왔다.

아베베의 여섯 번째 메일

발신 : 아베베

제목 : 아베베의 비밀

베르너 기자님

저는 독일에서 살게 되었으니 운이 좋다고 많은 사람들이 말해요. 그래서 동생도 독일로 오려고 했지요. 맘모가 그렇게 멀고 위험한 망명 길에 오른 것은 다 내 잘못이에요. 그동안 전화나 스카이프 영상통화를 할 때 항상 잘지내고 있다고 말해 왔거든요. 모두 나를 잘 돌봐 주고, 원하는 것은 뭐든지 다 할 수 있을 만큼 돈도 많이 번다고 했어요. 그동안 나는 가족들이 가난을 벗어날 수 있을 만큼 많은 돈을 보냈지요.

예, 고향에 돈을 보낸 것은 사실이에요. 하지만 유럽에서 원하는 것은 뭐든지 할 수 있고, 모두들 나를 잘 대해 준다는 말은 사실이 아니에요. 그런 내가 정말 운이 좋았다고 말할 수 있을까요? 물론 나한테는 좋은 재능이 있었어요. 하지만 2시간 9분 30초의 기록을 끝내 앞당기지 못했어요. 유럽인으로 그 정도 성적이면 잘하는 선수에 속하지만, 에티오피아 출신 선수로는 아니에요.

전에 독일의 어느 도시에서 개최된 마라톤 대회에 나가 그 시간으로 2등을 하고, 거의 비슷한 시간으로 베를린 마라톤에서는 7등을 했어요. 그러나 나는 2:09:30의 기록을 몇몇 마라톤 대회에서만 연속해서 달성할 수 있었어요. 시간이 지나면서 빨라지기는커녕 더 느려졌지요. 이유는 나도 모르겠어요. 아무리 훈련해도 마찬가지고, 의사들도 왜 그런지 이유를 말하지 못했어요. 시간이 점점 지나면서 내가 받아 왔던 혜택들이 하나씩 줄어들었어요. 나는 혼자 방 두 개짜리 아파트에서 살다가 합숙소로 들어가야만 했어요. 그리고 이제는 선수가 아니라 다른 선수의 페이스메이커가 되었어요. 더구나 이제는 대회 참가비 지원조차 받지 못하고 있어요. "돈이 아직 안 나왔어. 그래서 경비를 줄여야해."라고 코치는 말하죠. 날마다 상황이 악화되어 가고 있다는 것을 체감할 수 있어요.

집에는 아직 이 사실을 전하지 못했어요. 맘모가 독일에 오고 싶다고 했을 때 맘모에게만 진실을 털어 놓았지요. 그런데 동생은 내 말을 믿지 않았어요.

"형! 그거 그냥 나를 겁주려고 하는 말이잖아. 그 좋은 데서 혼자만 잘 먹고 잘 살려는 거야? 우리는 항상 뭐든지 나눠 가졌잖아."

동생의 결심은 확고했어요.

"내가 여기 에티오피아에서 좋은 일자리를 얻을 확률은 10만분의 1이야. 하지만 유럽에서라면 가능성이 그 정도로 낮지는 않을 거야. 아직 젊고, 남자고, 경제적 지원도 받을 수 있다면. 성공 확률로 보면 75~80프로라고 할 수 있어."

"하지만 도망치는 건 너무 끔찍해."

내가 말했어요.

"그거야, 뭐 어쩔 수 없지. 우리 둘 중 누가 더 용감하지? 내가 더 용감하지 않아?"

맘모는 늘 그런 식이었어요. 항상 억지를 부리지요.

맘모는 몇 달 동안 비자를 받으려고 백방으로 뛰어다녔어요. 처음에는 독일 쪽을 알아보다가 나중에는 유럽의 다른 나라와 북미까지 신청했죠. 신청서 양식은 인터넷을 통해 얻을 수 있지만 신청서를 제출하려면 해당 국가의 대사관을 찾아가 인터뷰 날짜를 받아 와야만 해요. 대개는 수개월 뒤로 날짜가 잡히지요. 마침내 독일 대사관에 가서 면담할 때 맘모는 정부로부터 핍박을 당하고 있고 직업도 구할 수 없다고 사실대로 말했지만, 그들은 그 말을 전혀 믿지 않았어요.

두 번째 도전할 때는 맘모가 좀 더 조심스럽게 접근했어요. 망명을 신청하러 가는 게 아니라고 확실하게 해 두지 않으면 즉시 외면당하거든요. 그들은 난민을 원하지 않았어요. 그래서 이렇게 물었죠. 여행 경비는 얼마나 갖고 가나? 에티오피아에 가족을 두고 간다면 귀국할 의사는 얼마나 있나? 무엇보다도 중요한 것은 독일에서 초청한 사람이 있나? 초청장이 없으면 비자를 받을 가능성이 전혀 없어요. 만약 초청장을 개인이 보냈다면 그 사람의 신원이 확실한지, 집으로 돌려보낼 비행기 표를 살 수 있는 능력이 있는지 확인하는 과정을 거쳐야 해요. 입학 허가를 받은 학생이 다닐 대학교나 근로 계약을 맺은 사업자가 초청한다면 일이 더 수월해지죠. 일정한 기간 동안 초청해 관리하다가 자기 나라로 돌려보내는 스포츠 관련 단체 같은 것도요. 그러나 맘모가 스포츠 관련 단체에 페이스메이커 선수로 뛰거나, 대학교에 등록하거나, 교사직을 지원하려고 해도 맘모를 도와주는 기관이 전혀 없었어요. 더구나 내가 동생에게 초청장을 써 주는 것은 아무 의미가 없는 일이지요. 그러니 '밀항' 말고는 다른 방법이 없었어요.

여기까지.

— 아베베

편집장을 만나 담판을 잘 짓기 위해 나는 며칠 전부터 관련 자료들을 모았다. 불공정한 운동화 교역, 마라톤 관련 사업, 아프리카에서 온 난민들에 관한 것이었다.

특히 '아프리카에서 온 난민들'과 관련해 해야 할 일이 제일 많았다. 자료를 모으면서 나는 계속 나 자신에게 같은 질문을 던졌다.

'작은 부족에 속하는 에티오피아 사람이 정치나 행정 혹은 경제에 아무런 인맥 없이 자신이 짊어진 숙명에서 벗어나려면 어떻게 해야 하나?'

방법은 네 가지가 있다.

1. 유명한 마라톤 선수가 된다. 그러나 그렇게 되는 사람은 극소수에 불과하다.

2. 나이로비나 아디스 아바바같이 대도시로 이사를 가서 공장에 자리를 알아본다.

3. 고향에 머물면서 가족과 함께 기아에 허덕인다.

4. 밀항을 떠난다. 즉, 유럽으로 오기 위해 피난길에 오른다.

👟 '천국'으로 향하는 네 개의 경로

아프리카에서 유럽으로 갈 때 주로 세 가지 경로가 이용되고, 비상시 사용하는 네 번째 방법이 있다. 전쟁이나 국제협약에 따라 그 가운데 한두 개 혹은 세 개의 경로가 차단된다.

1. 서아프리카 경로 : 서부 사하라를 통과해 모로코로 가는 방법이다. 거기에서 지브롤터 해협만 넘으면 스페인에 들어갈 수 있다. 그런데 모로코는 벌써 오래전부터 난민을 받지 않고 있다. 경찰이 새로 도착한 난민들을 무자비하게 붙잡아 잔인하게 다루다

가 서부 아프리카의 어느 이름 모를 곳으로 데려가 물도 주지 않고, 길 안내도 없이 놓아 준다.

2. 동아프리카 경로 : 소말리아, 에리트레아, 남수단에서 시작해 에티오피아와 수단을 지나 이집트나 리비아로 간다. 그곳에 도착하면 배를 타고 이탈리아로 갈 수 있다.

3. 중앙아프리카 경로 : 말리나 차드에서 시작해 니제르와 리비아의 사하라사막을 지나 리비아 해안가로 간다. 그곳에서 이태리 람페두사 섬까지 거리가 별로 멀지 않다. 그러나 난민들은 살인적인 더위와 지독한 가뭄이 든 중앙 사하라와 위험한 나라들을 통과해야 한다.

4. 마지막 비상 방법 : 세네갈에서 시작해 카나리아 제도가 있는 대서양을 건너는 길이다. 지중해를 지나는 모든 길이 차단되었을 때 유일하게 그 길만 남는다. 세네갈 해안에서 스페인의 영토인 카나리아 제도까지는 1,000킬로미터도 넘는 대서양의 위험한 바닷길을 지나야 한다. 세네갈 - 카나리아 노선은 지붕도 없는 어선을 타고 간다. 가다가 사막 경비대에 붙잡히지 않은 사람은 파도가 거센 바다에서 배가 전복될 위험을 감수해야 한다. 배의 선장이 나침반도 없이 길을 떠나 바다에서 길을 잃거나, 연료가 떨어지면 승객들은 갈증에 시달리다 쓰러지기까지 속수무책으로 바다에 표류해야 한다.

그런 것들에 비하면 내가 미탁스큐리어의 이름으로 이스마엘의 가족에게 제안한 '작은 거래'는 일종의 선심성 선물에 불과했다. 망가지지 않은 나머지 한 켤레의 운동화에 10,000유로를 주겠다고 제안한 것이다. 그러나 이스마엘은 그 거래에 응하지 않은 채 대신 역제안을 했다. 자기 아들 아베베를 훈련 캠프에서 빠져나올 수 있게 도와주고, 맘모가 살아갈 수 있도록 신문사가 책임지고 조치를 취하라는 요구였다.

한동안 이러쿵저러쿵하다가 나는 결국 그의 제안을 받아들였다.

맞다, 나는 협상에 능하지 않다. 그러나 나는 깊은 확신을 갖고 그 제안을 받아들였다.

아베베의 일곱 번째 메일

발신 : 아베베
제목 : 맘모의 '망명길'

베르너 기자님

동생 맘모는 머리가 좋아요. 영어도 잘하고, 독일어도 조금 배워서 할 줄 알아요. 독일인들은 상대가 독일어로 대답하면 좋아하잖아요. 그럴 때마다 독일인들은 어디에서 독일어를 배워 그렇게 잘하느냐고 묻지요. 그게 그들이 할 수 있는 최고의 칭찬이에요.

맘모는 무조건 여기로 오려고 했어요. 하지만 사하라를 통과하는 경로는 택하지 않으려고 했지요.

신문이나 인터넷을 통해 그곳에 관한 기사를 많이 읽었으니까요. 수많은 사람들이 트럭을 타고 가다 길에 버려져 갈증에 시달리다 목숨을 잃었다는 기사가 많이 나오거든요. 혹은 사막을 지나다가 니제르 군인에게 붙잡혀 심하게 얻어맞고, 약탈당하고, 시골의 어느 힘 있는 자 밑에서 노예가 된다는 기사도 있었지요.

동생은 수단을 지나 이집트로 가려고 했어요. 관광객들이 많이 오는 곳이니 난민을 살해하지는 않을 거라는 생각을 했기 때문이지요.

맘모는 아디스에 가면 운송 브로커가 있다는 것을 알고 있었어요. 소말리아에서 온 많은 난민들이 우리나라 수도에 머물고 있었거든요. 소말리아가 지난 수십 년 간 내전 중이라 많은 사람들이 해외로 탈출을 시도하고 있어요. 가장 많은 사람들이 선택하는 경로는 에티오피아 - 수단 - 리비아 혹은 이집트 - 지중해 - 이태리예요. 소말리아인들은 관광객들처럼 낮에 아디스를 돌아다니는 행동을 하지 않아요. 그러나 밤에 유심히 지켜보면 소말리아인들이 작은 트럭 짐칸에 동물처럼 가득 실린 채 어디론가 이동하는 모습을 종종 볼 수 있지요. 때로는 소말리아인들이 다 쓰러져가는 집에 모여 다음 목적지까지 운송해 줄 사람을 기다리기도 해요.

맘모는 운송 브로커들을 수소문해 찾았어요. 그들은 지극히 평범한 사람들처럼 하고 다녀서 겉으로 보기에는 그런 일을 하는 사람이라는 생각이 전혀 안 들었대요. 하지만 한밤중에 맘모를 데리러 와 다른 27명의 난민들과 함께 작은 트럭에 우격다짐으로 밀어 넣어 실을 때는 전혀 험상궂은 모습으로 변했대요. 그래도 그들은 수단 국경에서 맘모와 다른 난민들을 넘겨받은 또 다른 운송 브로커보다는 훨씬 친절했던 모양이에요. 그들은 칼과 총을 허리에 차고, '다닥다닥 붙어 앉아.' '소지품은 1인당 한 봉지만 갖고 가.'라는 말을 하고는 다짜고짜 채찍을 휘두르거나 권총으로 위협하며 서두르라고 윽박질렀대요.

맘모는 수단의 수도 카르툼 시내까지 가지 않고, 도시 외곽에 버려진 공장으로 끌려갔어요. 그곳에 갇혀 있다가 다음 목적지까지 갈 돈을 내야 그곳을 빠져나올 수 있었어요.

운송 브로커들이 난민들을 모두 사막 한가운데 있는 리비아의 국경 지대까지 데려다 주려고 했는데 맘모와 몇몇 난민들은 이집트로 가겠다며 강력히 반발했죠. 맘모는 맞으면서도 고집을 꺾지 않았어요. 맘모가 원래 고집이 세거든요. 결국 맘모는 돈을 더 주고, 작은 트럭에 탈 수 있었어요.

그렇게 해서 맘모와 몇몇 난민들은 반은 수단 영토로, 나머지 반은 이집트 영토인 나세르호까지 트럭을 타고 갔어요. 그리고 그곳에서 어선으로 바꿔 탔는데 다행히 거기서 탄 배는 구명보트보다 더 튼튼했대요. 그 호수에 아프리카에서 가장 많은 악어가 살기 때문이지요. 덜그럭거리는 조각배를 타고 나간 어부들이 실종되는 사건이 종종 일어나고, 가끔은 4미터나 되는 악어가 배를 뒤집어 사람들을 물에 빠뜨려 잡아먹기도 하지요.

맘모와 난민들은 나일강을 따라 나일델타 지역으로 가서 트럭이나 전통적인 운반선인 돛단배에 숨어 있었대요. 이상하게도 관광객은 보지 못했고, 한

번은 군용 트럭이 보여 검문을 받을 줄 알았는데 군용 트럭을 타고 온 군인들이 아부심벨로 가는 관광객들만 보호했다고 하더군요.

대개의 관광객들은 홍해, 아수안, 룩소르에 위치한 호텔이나 나일강에 자주 지나다니는 호텔형 선박에서만 지낸대요. 맘모도 나일강 변에서 그런 배를 본 적이 있는데 배처럼 보이지 않고, 큼지막하고, 불빛이 나는 신발 상자처럼 보였다고 하더군요.

나는 여기 독일 지하에서 살고 있지만 머릿속으로는 맘모의 여행을 함께 했어요.

맘모가 리비아 해안 근처까지 온 이후 뜸했지만 계속 연락을 취했거든요. 가끔 핸드폰으로 문자도 받았어요. 리비아를 의미하는 약자 L을 써서 'L에서 건강히', 돈을 의미하는 M을 써서 'M이 거의 없음' 같은 문자에 맘모를 의미하는 M을 써서 보내 오곤 했죠.

오늘은 여기까지.

— 아베베

9월 5일, 편집장 사무실에서

며칠 동안 만남을 회피했지만 이제는 더 이상 미룰 수 없다. 나는 편집장과 단둘이 편집장 사무실에서 만났다. 이제는 진실을 털어 놓을 때가 되었다.

내가 편집장에게 그동안 아베베를 통해 전해 들은 것들을 다 말해 준 다음 쭈뼛거리며 말을 이었다.

"한 가지가 더 있는……."

"그게 뭔데? 재미있는 이야긴가?"

"그건 아니에요. 이스마엘을 만났을 때 협조를 부탁하느라……."

"뭐라고? 설마 돈을 주겠다고 한 건 아니지? 우리는 돈을 주고 정보를 매수하지는 않아. 절대!"

"아니, 그건 아니에요. 돈을 주고 뭘 시키기에는 에티오피아인들이 자부심이 강하고, 명예를 소중히 생각하는 사람들이었어요. 대신 우리가 이스마엘의 아들들을 조금 도와주어야 해요."

"도와주다니?"

"그게…… 말하자면, 아베베가 현재 독일 훈련 캠프 코치들에게 일종의 인질로 잡혀 있어요. 하지만 우리가 그곳에 가면 그를 비교적 쉽게 꺼내 올 수 있을 것 같아요."

편집장이 마음속으로 무슨 생각을 하는지 얼굴 표정에 역력히 드러났다. 처음에는 얼굴이 시뻘게졌다. 화가 많이 나서 당장이라도 뛰쳐나가려는 것처럼 보였다. 하지만 부드러운 목소리가 귀에 들렸는지 이마를 잔뜩 찌푸리고 뭔가 복잡하게 계산하는 것 같았다. 그러더니 결국 입가에 약간의 미소가 스치는 듯 보였다.

"그렇게 하지. 그 일을 계기로 작은 캠페인을 벌이자!"

편집장은 손으로 허공에 헤드라인을 썼다.

"미탁스큐리어가 비밀에 싸여 있던 운동화의 주인을 노예 캠프 같은 곳에서부터 해방시키다. 좋아, 아주 좋아."

편집장은 뭔가 좋은 아이디어가 떠오를 때마다 그랬던 것처럼 흥분된 목소리로 말했다.

편집장에 대해 한 가지만큼은 인정해 줘야 한다. 그는 일단 결정을 내리면 뒤도 안 돌아보고 직진한다. 편집장은 편집 기자들과 인쇄소에서 일하는 아마추어 럭비 선수 두 명에게 곧바로 회의 소집 문자를 보냈다.

"내 사무실에서 오후 두시에 긴급 회의가 있음!"

제10장

작은 거래와 큰 거래_ 운동화는 불공정한 세계 무역의 일부다

9월 8일, 헤센 지방의 소도시로 가는 길

작전명 '에티오피아 선수 구출하기'가 내가 생각했던 것보다 훨씬 수월하게 진행되었다.

우리는 꼭두새벽에 모여 두 대의 자동차에 나눠 타고 출발해 세 시간 만에 목적지에 도착했다. 훈련 캠프장은 비스바덴, 프랑크푸르트, 마인츠에서 얼마 떨어지지 않은 시골에 있었다. 그곳에서 우리는 전날 연락을 취해 놓았던 독일 - 에티오피아 자매 결연과 육상 연맹의 담당자들과 만났다.

우리는 미탁스큐리어에서 온 5명, 촬영 기록 담당자 1명, 관련 기관에서 나온 몇 사람이 모여 축구 대표단처럼 기세가 등등했다.

훈련 캠프의 책임 코치가 우리의 갑작스러운 등장에 놀라 말없이 바라보더니 벌컥 화를 냈다. 코치는 그곳에 있는 선수들이 원하면 얼마든지 떠날 수 있다고 당당하게 말했다.

"대체 왜 이 일에 간섭하려는 겁니까? 누가 요청했나요? 여기 있는 모든 선수들은 다 자기가 원해서 와 있는 겁니다!"

코치가 얼굴이 시뻘게지며 소리쳤다.

하지만 우리가 아베베를 데리고 나가려고 하자, 코치는 아베베의 여권을 돌려주지 않으려고 했다.

"여기, 계약서가 있어요!"

코치가 서류함에서 서류를 꺼내 우리 면전에 대고 흔들었다.

"좋아요."

편집장이 말했다.

"계약서가 있다고 주장하신다면 그것을 신문에 기사로 내고, 계약 조항도 하나하나 신문에 소개하겠습니다. 그리고 선수들이 대회 참가 수당도 받지 못했다는 것을 기사화하겠습니다. 그렇게 되면 마라톤 협회에서도 당연히 이 문제에 대해 관심을 보이겠지요."

"말도 안 되는 소리 하지 마세요."

코치가 화를 내며 말을 이었다.

"아무것도 증명해 보이지 못하면서 말만 하는 게 언론이지."

코치가 대부분의 신문, 방송, 잡지, 라디오 등의 언론 매체를 싸잡아 비난하고 조롱하더니 결국 생각이 바뀌었는지 말을 바꾸었다.

"사실 난 이 일에 아무 책임이 없어요! 하지만 아베베가 원하면 굳이 여기에 잡아 두지는 않겠습니다. 굳이 그럴 이유도 없어요. 기회를 기다리고 있는 선수들이 수백 명이나 있으니까요. 많은 선수들이 나한테 고마워해요. 실력도 아베베보다 더 좋고요! 아베베는 우리에게 꼭 필요한 능력을 이미 오래전부터 보여 주지 못하고 있어요. 기껏해야 중거리 선수의 페이스메이커 정도로밖에 쓸 수 없다고요."

"예, 예. 잘 알겠습니다."

편집장이 코치의 말을 중간에 가로채며 말했다.

"계약을 파기하고 아베베의 여권만 돌려준다면 우리는 바로 갈 겁니다. 그리고 당신의 이름을 신문에 언급하지도 않을 겁니다. 그럼 됐죠?"

점심 무렵부터 아베베는 우리가 타고 간 차의 뒷좌석에 앉을 수 있게 되었다.

에티오피아에서 온 다른 여자 선수, 데라투도 훈련 캠프를 떠나겠다고 해서 우리와 함께 나섰다. 데라투가 우리에게 믿기 어려운 이야기를 해 주었다. 그녀는 터키에서 이름을 바꿔 새 이름으로 선수 생활을 시작했다고 한다. 데라투는 독일에 어떻게 왔는지에 대해서는 우리에게 말해 주지 않았다.

차를 타고 가면서 뒷좌석에 앉아 있던 두 선수가 모국어로 아름다운 노래를 불렀고, 우리도 답가를 했다.

9월 10일, 베스트 웨스턴 호텔

우리는 아베베를 위해 회사 근처에 있는 호텔방을 잡아 주었다. 이튿날 아베베는 호텔 식당에 가서 식사하는 것을 제외하고는 거의 하루 종일 자기 방 욕실에서 따뜻한 물을 틀어 놓고 목욕을 했다.

오늘은 편집장, 안카트린과 내가 아베베를 불러 호텔의 작은 회의실에서 첫 번째 회의를 했다. 아베베는 모두가 있는 자리에서 나한테 메일로 보내 주었던 자기가 살아온 이야기를 다시 했다.

이야기를 듣고 있는데 문득 궁금한 점이 생겨 아베베에게 물었다.

"그런데 리비아 사막의 모래가 어떻게 당신 운동화에 들어간 거죠? 당신이 리비아에 간 적은 없잖아요?"

"여기서 발견된 그 운동화는 맘모의 운동화였어요! 동생이 선수는 아니지만 날마다 운동화를 신고 다녔어요. 수단과 이집트를 거쳐 망명길에 올랐을 때도요. 그 운동화를 신고 이집트의 해변, 알렉산드리아 근처까지 갔대요. 그곳에서 동생과 다른 난민들이 운송 브로커가 시키는 대로 어떤 집에서 가축들처럼 갇혀 있었어요. 브로커가 리비아에서 이탈리아로 가는데 처음에 약속했던 3,000유로보다 더 많은 돈을 달라고 요구했어요. 나는 맘모를 위한 협상에 가족과 함께하기 위해 곧장 아디스로 갔어요. 하지만 내게는 돈이 별로 없었어요. 우리 아프리카인들은 돈을 벌면 거의 전부 고국으로 보내요. 그나마 남아 있던 전 재산을 그들에게 보내고 맘모가 겨우 풀려나왔는데 불운하게도 풀려나자마자 이집트 경찰에 잡히고 말았어요. 그래서 다시 아디스로 추방되었지요."

아베베는 잠시 말을 끊었고, 우리는 아베베가 다시 입을 열 때까지 묵묵히 기다렸다.

"맘모가 다시 집에 돌아왔을 때 우리는 형제애를 나타내기 위해 서로 운동화를 바꿨어요. 맘모는 그렇게라도 해서 자기 운동화가 고국을 벗어날 수 있다면 언젠가는 자기도 독일로 갈 수 있을 거라고 믿었어요. 그렇게 해서 내가 맘모의 운동화를 갖고 독일로 왔고, 내 운동화는 아디스에 두고 왔어요."

그렇게 말한 다음 아베베는 어떻게 해서 운동화가 제물이 되었는지에 대한 이야기를 계속했다.

"모든 게 정말 힘들었어요. 다시 가족 곁으로 돌아가고, 아기도 태어났는데 맘모는 직장도 구할 수 없고, 돈도 없이 죄수처럼 살아간다고 느꼈지요. 결국 맘모는 아내와 자식들을 데리고 부모님의 집으로 들어갔어요. 그 사이 나도 인질처럼 살아갔죠. 우리는 우리가 처해 있는 상황을 개선할 방법이 없었어요. 그리고 우리 주변 사람들은 우리를 도와줄 수 없거나 도와주려고 하지 않았어요. 나는 하느님께 열심히 기도했지만 소원은 이뤄지지 않았어요. 그래서 나는 우리의 조상님께 제물을 바치기로 결심했지요. 더 이상 어떻게 할 방법이 없을 때 우리 부족이 해 오던 오랜 전통을 따른 거예요. '원하는 게 있으면 네가 갖고 있는 것 중에서 가장 소중한 것을 제물로 바쳐야 해. 가장 소중한 것을 내놓으면 조상들이 그것을 보고 네가 얼마나 간절히 원하는지 알게 될 거야.'라고 아버지는 늘 말했어요."

그렇게 해서 아베베는 간절한 마음으로 맘모의 운동화를 마라톤 경기에 제물로 바치기로 결심했다. 그러나 운동화를 제물로 바치려면 어떻게 해야 되나? 그 운동화는 경기에 신고 나가기에 너무 낡았다. 그래서 아베베는 운동화를 끈에 묶어 허리춤에 찼다.

"그렇게 해서 출발은 했지만 처음 10킬로미터를 전력을 다해 뛰겠다고 코치한테 약속해 두었기 때문에 그것을 오랫동안 갖고 달릴 수는 없었어요. 그래서 데라투가 첫 번째 음수대 근처에서 그것을 받고 운동화에 소의 피를 뿌렸어요. 그 피는 아버지가 작은 병에 담아 소포 속에 몰래 보내온 거였어요. 그런 다음 데라투가 그 운동화를 눈에 잘 뜨이는 곳에 올려놓고 신문사에 전화를 한 거예요."

"그렇게 해서 우리가 그것을 발견한 거였군요."

내가 말했다.

편집장이 얼른 끼어들며 말했다.

"운동화가 제물이 되었구나. 우리가 약속한 거래를 생각하면 그 전통이 효과가 있었던 거네."

"그것 이상의 의미가 있지 않았나요?"

내가 고집스럽게 말했다.

"맞아요! 그것은 항의 표시이기도 했어요. 정확히 말하면 이런 거지요. 우리가 만든 운동화, 에티오피아에서 생산하는 커피, 그런 물건들은 아무 문제 없이 유럽으로 올 수 있어요. 사실 서로 가져가려고 싸우는 실정이죠. 그러나 그것들을 생산한 우리 인간들은 아무도 원하지 않아요. 사실 그 물건을 구입하는 사람들은 우리가 그것을 어떻게 만드는지에 관한 것은 생각하지 않으려고 해요. 우리가 그걸 만들기 위해 얼마나 많은 노력을 하고 있고, 건강을 해치면서까지 일해도 쥐꼬리만큼의 돈을 받고 살아가고 있다는 것도요. 그런 것은 전혀 알고 싶지 않은 거죠. 우리가 빨리 달리고, 노래를 잘 부르면 당신네 유럽인들은 좋아해요. 하지만 잠깐의 기쁨을 위해서만 우리가 필요할 뿐, 그 이후엔 우리가 사라

커피 수입?

괜찮아!

커피

난민 수용?

안 돼!

테스파예 23세

이중잣대

져 주기를 바라지요. 그리고 에티오피아 출신 선수에게 주는 경제적 보상도 인색해요."

"그러니 당신의 운동화를 일종의 시위로 이해해야겠군요."

편집장이 요약해 말했다.

"네. 그런 면도 있고, 사실 그것은 뭐니 뭐니 해도 제물이에요. 그렇기 때문에 그것을 수선하지 말고 그대로 땅에 묻거나 바다에 버려야 해요. 어디에 내놓을 용도로 운동화가 필요하다면 두 번째 운동화 즉, 내가 신던 운동화를 사용해야 돼요."

"그것은 아프리카에 있잖아요. 아닌가요?"

내가 대화에 끼어들며 물었다.

"맞아요, 아디스에 살고 있는 맘모에게 있어요. 그렇기 때문에 우리는 아주 중요한 문제를 논의해야 해요."

아베베는 이제 꺼내려는 이야기에 마음이 편치 않은지 자리에서 몸을 이리저리 움직였다.

"지금까지 해 주신 모든 일들에 대해 깊이 감사하고 있기는 하지만, 나만 도와줄 것이 아니라 동생 맘모도 도와주셔야 해요. 운동화와 우리가 살아온 이야기를 다 해 준 대가로 나를 훈련 캠프에서 빼내 준 게 우리 아버지와 당신들이 맺은 계약이었어요. 그런데 여러분이 아직 멀쩡한 두 번째 운동화를 가져오려면 맘모를 도와주셔야 해요. 내가 할 수만 있다면 감사의 마음으로 아무 보상 없이 그것을 선물하고 싶어요. 그러나 그것이 내게는 그 무엇보다도 소중한 물건이에요. 나는 그 두 번째 운동화가 상당한 가치가 있다고 생각해요. 그래서 그것을 가지려면 맘모를 위해 뭔가 해 줘야 한다고 주장하고 싶어요."

"뭐라고요?"

편집장이 자리에서 벌떡 일어섰다.

"당신 동생을 독일로 데려오기라도 하란 말인가요? 우리는 그런 건 할 수 없어요. 우리가 정부도 아니고, 문화, 스포츠 관련 연구하는 기관도 아니고요."

"아니오!"

아베베가 손을 내저으며 말했다.

"여기까지 데려다 달라는 게 아니에요. 동생이 여기로 와서도 안 돼요. 다만 동생이 다시 그 끔찍한 먼 여행을 떠날 생각을 하지 않게 해 달라는 거예요. 맘모는 여기 오면 불행해질 거예요. 그건 내가 누구보다 잘 알아요. 맘모에게는 아프리카가 필요하고, 아프리카도 맘모가 필요해요."

이제는 내가 벌떡 일어섰다.

"당연히 우리가 도와줘야죠."

"자, 자, 천천히 말해 봅시다."

편집장이 말했다.

결국 안카트린, 육상 전문가 슈미트, 톰과 내가 참여하는 단톡방을 만들어 이야기를 더 나누기로 하고 일단 저녁 때 만나기로 했다.

9월 11일 오후 6시, 프레스클럽 카페에서

'맘모 구출 작전'을 위해 새로 모인 우리는 맘모가 에티오피아에서 앞으로 어떻게 살아가게 할 것인지에 대해 이야기를 나누었다.

"그 나라는 뭐든지 인맥과 뇌물이 있어야 되잖아요."

톰이 말했다.

우리는 말도 안 되는 제안들을 쏟아내면서 맘모가 새로운 훈련 캠프를 만들어 책임자로 일하게 하자는 제안도 했다.

"그러기에는 돈이 없어요. 그리고 술루타 중심에 대형 훈련 캠프가 들어설 거라는 기사도 얼마 전에 나왔어요. 사실 원래 계획대로라면 벌써 오래전에 완공되었어야 할 건물이죠. 하지만 인터넷에서는 그것에 대한 정보가 전혀 없어요. 기초 공사를 시작했다는 말도 찾지 못했어요."

우리는 음료를 다시 주문하고, 계속해서 이런저런 제안을 했다.

"외국 관광객을 위한 여행 가이드가 되거나 유엔에서 통역을 하거나……. 정치인이 되는 건 어떤가요? 부정부패에 물들지 않은 최초의 정치인이 되는 거예요."

우리는 함께 웃고 이야기를 나누며 몇 시간을 더 보냈다.

"맘모한테 모레 영상통화를 하자고 약속해 두었으니 그때까지 현실적인 제안을 준비해 두어야 해요."

내가 조바심을 냈다.

우리는 좀 더 집중해서 고민해 보기로 하고 헤어졌다.

9월 12일, 편집부에서

맘모의 문제를 아직 해결하지 못했는데 다른 문제가 발생했다.

우리가 아베베를 자유의 몸으로 만들어 주기는 했지만 이제 더이상 대회에 참가할 수 없게 된 것이다. 그래서 베를린 마라톤 대회에 출전 등록이 불가능했다. 코치가 여전히 계약 당사자 신분으로 되어 있어서 코치의 허락 없이는 참가가 안 되기 때문이다.

우리가 육상 연맹에 보낸 항의서에 그런 내용의 회신이 왔다. 아베베같이 계약에 따라 입국한 선수는 계약 당사자의 동의가 있어야만 대회에 출전할 수 있다는 것이다.

안카트린과 나는 미탁스큐리어의 사내 변호사 틸 베스트팔 박사에게 상담을 의뢰했다.

"안타깝지만 어쩔 수 없어요. 계약이 해지되어야 하는데 코치가 적당한 보상 없이는 그렇게 해 줄 리가 만무하죠. 그가 갑이에요. 육상 연맹은 코치와 맺은 계약을 인정할 거예요."

"어떻게 아베베가 자기 마음대로 할 수 없게 된 거죠? 이건 일종의 노예제도잖아요."

"원칙적으로는 근로계약이지요."

"하지만 축구를 한번 생각해 보세요. 축구 선수가 이쪽 팀에 소속되어 있다가 다른 팀으로 옮겨 가는 일이 왕왕 일어나잖아요."

안카트린이 불만스럽게 말했다.

"사실은 안 되는 일이지요. 유럽 재판소가 운동선수를 팔 수 없다는 판결을 내린 적이 있어요. 선수가 소속된 연맹에서 일반 회사에 다니는 근로자처럼 활동할 수 있어요. 계약이 만료되면 아무 문제 없이 팀을 바꿀 수 있어요. 계약을 해지하고 싶으면 일정한 조건을 갖춰 해지할 수 있고요."

"하지만 실제로는 그렇게 되지 않잖아요."

안카트린이 계속 물었다.

"그래요."

변호사가 말을 이었다.

"에이전트나 축구 선수들은 계약이 되어 있는 상태에서 소속팀을 바꾸려면 기간이 만료되기 전에 끝내려고 모든 수단을 동원하죠. 그래야 소속팀을 바꿀 수 있기 때문이 아니라 이적에 따른 계약금에 자기 몫을 챙겨가기 위해서죠. 그런데 우리의 경우 아베베는 일단 계약을 해지해야만 그 다음 원하는 것을 할 수 있어요. 더구나 아베베의 비자가 베를린 – 마라톤 경기 이전에 만기가 되지 않고 유효해야 가능하지요. 만약 그렇다면 대회 참가를 이유로 체류 기간을 연장시킬 수 있어요. 거기에 따른 법적인 문제들은 내가 해결해 줄 수 있어요."

오늘 우리는 마침내 맘모의 얼굴을 보게 된다. 물론 영상통화를 통해서.

모니터에 젊은 에티오피아인의 전형적인 좁다란 얼굴이 보였다. 커다란 안경 위로 보이는 이마가 휜했다. 그리고 안경알 너머에 있는 큰 눈동자는 초롱초롱했다.

"안녕하세요?"

서로 인사를 잠시 나눈뒤, 맘모가 먼저 본론으로 들어갔다.

"제 사정을 이미 잘 들으셨으니 제가 유럽으로 가려고 하는 이유도 충분히 이해가 되셨으리라고 생각해요."

"하지만 길이 너무 위험해."

아베베가 미안해 하는 표정으로 말했다.

"여기에 와서 망명 신청을 했다가 받아들여지지 않으면 다시 고국으로 돌아가거나, 여기에서 불법 체류자 신세가 돼요."

내가 말했다.

"독일에 망명하는 게 쉽지 않아요."

안카트린도 거들었다.

"잠깐만요! 그간 독일의 역사에 대해 공부를 많이 했습니다. 유럽에서는 이민이 아주 흔한 일이더군요. 독일인들이 중세기에 슬라브족이 살고 있던 동쪽으로 이민을 가서 정착했고, 나중에는 미국으로도 이민을 많이 갔어요. 그러다가 동부 유럽에서 많은 사람들이 다시 서부로 건너왔고요. 처음에는 가서 광부가 된 사람들이 많았고, 2차 세계 대전 후에는 소련군을 피해 도망쳐 온 사람들이 더 많았지요. 1960년대부터 독일은 남부 유럽과 터키에서 '이주 노동자'를 많이 받아 줬어요. 그러니 독일이 난민 문제에 전문가라고 할 수 있죠. 독일은 경제 사정도 좋잖아요. 인구가 줄어들고 있으니 새로운 노동자가 필요하고요. 독일로 이민 간 사람들이 돈을 벌어 어떻게 하는지 아세요? 부자 나라에서 일해도 그들이 버는 돈은 조금밖에 안 되지만 세계적으로 추산하면 수억 유로의 돈을 조국에 있는 자기 가족에게 보내요. 그 금액이 저개발국에 대한 원조금보다 훨씬 많은 금액이에요. 특히 우리 아프리카인들은 고향에 있는 대가족을 부양할 의무를 지고 있다고 생각해요. 난민이 되어 갖은 고생 끝에 유럽에 들어오려는 사람들은 자기만 생각하는 이기주의자들이 아니에요. 거기까지 들어가는 데 성공한 사람들은 젊고, 튼튼하고, 창의적인 사람들이에요."

맘모가 말했다.

🥿 직접 벌어들인 개발도상국 지원금 – 이민자들의 송금

세계 은행에 따르면 2억 5천만 명 이상의 사람들이 자기 조국을 떠나 살고 있다. 그 숫자는 독일, 영국, 프랑스 인구를 합친 것보다 많다.

거의 모든 이민자들이 고국으로 돈을 보낸다. 개개인의 송금이 몇백 유로 이상인 경우가 드물지만 그 돈을 다 합하면 엄청난 액수다. 세계 은행에 따르면 2016년만 보더라도 5,750억 유로 정도의 금액이 이민자의 조국으로 송금되었다. 그것은 부유한 나라가 가난한 나라에 공식적으로 지급하는 원조금의 거의 4배에 달한다.

전문가들은 그런 송금이 저개발국 원조금보다 더 효과가 있다고 분석한다. 그 돈이 부패한 정치인이나 행정부에 의해 엉뚱한 곳으로 흘러 들어가지 않고, 살아가기 위해 꼭 필요로 하는 가족에게 직접 전달되기 때문이다. 그 결과 필리핀에서는 전체 가계 소득의 절반 정도가 그런 경로로 유입된다.

"국제적인 민족 이동이 송금하는 나라나 송금을 받는 나라 모두의 성장과 빈곤에 엄청난 영향을 준다고 세계 은행은 분석한다. 전체적으로 나타난 경제적 파급 효과는 분명히 긍정적이다. 무역이 아니라, 이민자의 수입이 전 세계의 발전을 도모한다."

"맘모, 여기는 정말 천국 같은 곳이 아니야."

아베베가 동생의 말을 끊으며 말했다.

"그간 내가 누누히 그렇게 말해 왔던 것은 단지 걱정을 안 끼치려고 했던 것뿐이야. 선한 일을 하려는 착한 사람들만 유럽으로 건너오는 것도 아니야. 절대 간단하지 않아."

"좋아, 알고 있어."

맘모가 말했다.

"그냥 한번 말해 보고 싶어서 한 것뿐이야. 지금은 그렇게 생각 안 해. 오랫동안 고민하고, 많은 사람을 만나 이야기도 해 봤어. 나는 내가 처한 상황을 아프리카가 갖고 있는 문제와 분리해서 생각하면 안 된다는 것을 알게 되었어. 그래서 내 결론은 이거야. 현재 14억의 인구가 아프리카에 살고 있어. 기아와 빈곤에 시달리고 전쟁이 지속되고 있지만, 2050년이 되면 25억 명이 될 거라고 예상하지. 그 사람들은 이곳에서 목숨을 유지하며 살든가, 그들의 조상들이 오래전에 그랬던 것처럼 길을 떠나 선진국으로 가게 될 거야. 하지만 두려워할 필요는 없어. 우리는 아주 적은 돈으로도 살 수 있고, 갖고 있는 것을 다른 사람과 나누며 살아가는 방법을 배웠으니까. 부자 나라가 우리에게 작은 기회를 나눠 준다면 우리는 여기에서 계속 살 수 있지. 우리는 아프리카를 사랑하니까. 태양, 공기, 동물, 익숙한 냄새와 소리, 우리의 전통과 관습. 어쩌면 나중에는 우리가 그들을 도와줄 수 있을지도 모르지. 우리 아프리카

여기에서 계속 살 수 있게
기회를 주세요!

인들은 남을 도와주는 거 아주 잘하잖아. 물건을 고쳐 쓴다든가 하면서 선진국처럼 완벽하지 않은 세상에서도 잘 살 수 있으니까. 결론적으로 말해, 내가 안정적인 수입을 벌어들일 수 있도록 작은 땅과 가게를 가질 수 있게만 도와주면 좋겠어. 그렇게만 해 준다면 그 아름다운 지중해 해변에 난민선을 타고 나타나 귀한 휴가를 망가뜨리는 일은 없을 거야."

맘모가 껄껄대고 웃었다.

그 말이 우리를 얼어붙게 만들었다. 우리는 한동안 아무 말도 하지 못했다.

한참 후 톰이 말했다.

"우리가 한번 알아볼게요. 꼭 약속해요! 안 그러면 앞으로 더 이상 운동화를 팔지 않겠다고 약속할게요."

9월 15일, 신발 가게 '스니커즈'에서

마지막으로 전문가 회의를 했다.

문제가 생각보다 녹록치 않았다. 스포츠 관련 회사와 그들의 생산 방법을 비난하는 것은 쉬운 일이다. 우리는 그것보다 운동화로 누가 얼마만큼 돈을 버는지 좀 더 구체적으로 알아보기로 했다.

안카트린이 관련 조사를 하겠다고 했고, 나는 운동화로 큰 돈을 벌어들이고 있는 나이키 창업자 필 나이트에 대한 정보로 안카트린의 발표에 부연 설명을 하기로 했다. 안카트린은 핸드폰에 그림

몇 개를 저장해 빔 프로젝터로 벽에 투영해 보여 주었다.

"대기업은 운동화 판매로 벌어들인 수익을 최종적으로 어떻게 분배하는지에 대해 어떤 정보도 내놓지 않았어요. 그러나 그린피스 같은 단체와 소비자 연맹이 그와 관련된 조사를 해서 대략적으로 추산해 놓은 게 있어요. 물론 숫자가 운동화와 브랜드에 따라 다르겠지만, 시장에서 판매되는 운동화의 평균을 계산해 볼 수는 있을 거예요. 판매가가 가령 120유로라면 거기에서 19%의 부가세를 빼야 해요. 부가세가 약 19유로 정도 되지요. 남은 금액은 약 100유로 정도인데 대개 이렇게 분배돼요."

톰이 대화에 끼어들었다.

"저렇게 보면 소매업자가 돈을 많이 버는 것처럼 보이지만 우리

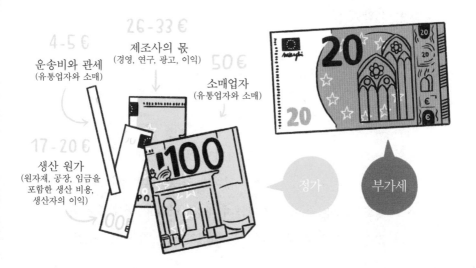

는 시내에서 장사를 하면 꽤 비싼 임대료를 내야 해요. 그리고 아침 10시부터 밤 10시까지 가게를 열어두려면 점원에게 월급도 줘야 해요. 그렇게 하는데도 매출이 별로 많지 않아요. 어떤 날은 하루에 4켤레 내지 5켤레밖에 못 팔 때도 있어요. 다행히 요즘은 온라인을 통해서도 팔고 있지요. 온라인으로만 상품을 판매하는 사람은 창고만 있으면 되니까 이익이 더 많이 생기죠. 그들은 돈을 많이 버니까 대폭 할인을 해서 물건을 팔 때가 종종 있어요. 하지만 고객들이 그렇게 파는 것을 과연 원할까요?"

"뭐를? 할인하는 거요?"

내가 의아해 하며 물었다.

"당연하지요. 그런데 내가 하고 싶은 말은 손님들이 과연 가게가 없는 도시를 원하느냐고요."

톰이 말했다.

"난 싫어요."

안카트린이 말했다.

"나도 싫어요."

나도 동의했다.

안카트린이 고개를 끄덕이고, 하던 말을 계속했다.

"비용 산출이 확실해 보이지는 않아요. 예를 들어 연구에 10~12유로 정도의 많은 돈이 투자되는지 의심스러워요. 전에 운동화에 대해 많은 분석을 한 슈미트 씨도 설명했었죠. 연구비를 빼면 이

승리자

생산자

수집가

유통업자

익이 정가의 절반에 가깝게 늘어나요. 반면, 고정적인 비용으로 정가의 10퍼센트 즉, 8~10유로의 돈이 광고와 스폰서 비용에 들어간다고 했는데 실제로도 그런 것 같아요. 아주 적은 부분인 40센트에서 2.5유로 정도만 인건비로 지불되고 있지요."

안카트린은 사람들을 한번 둘러보더니 말을 이었다.

"인건비 부분은 변동이 심해서 전체에 차지하는 몫이 아주 다양해요. 중국에서는 나라에서 정해 준 최저임금이 지난 15년간 상당히 올랐다는 것을 전에 우리도 말했었죠. 공장을 캄보디아, 미얀마, 에티오피아로 옮기는 회사는 더 낮은 임금을 주면서 일을 시킬 수 있게 되었죠."

"실제로도 그래요. 아디다스와 나이키 주주들은 매년 배당금을 받아요. 필 나이트가 아주 적은 지분을 갖고 있는데 그래도 그 지분이 그를 세계에서 가장 돈을 많이 버는 사람 중 한 사람으로 만들기에 충분하죠. 2016년 포브스에 따르면 필 나이트의 재산은 약 240억 달러로 발표되었어요. 그것으로 그는 세계에서 24번째 부자로 자리매김되었지요. 그런데도 그는 자서전에서 노동자를 착취하는 것에 대해 이렇게 말했어요. '만약 내가 시간을 거꾸로 돌릴 수 있다면, 열악한 근로 조건을 개선할 수 있도록 그간 했던 수많은 결정을 바꿀 수 있다면 정말 좋으련만.' 하지만 창업 당시 필 나이트의 철학은 품질 좋고 가능한 저렴한 운동화를 최대의 마케팅으로 세계를 정복하는 것이었죠. 노동자에 대한 착취 없이 그것은 애초부터 가능하지 않았어요. 아직도 그 상황은 여전히 같고요. 운동 관련 제품을 생산하는 모든 유명한 회사들은 가장 저렴한 인건비를 지불하는 나라에서 그 다음 나라로 회사를 옮기고 있죠. 언제나 열악한 보수에도 열심히 일하는 근로자가 있는 곳을 찾아 나서는 거예요."

내가 말했다.

"그렇다면 필 나이트 같은 사람 때문에 운동화 유통 시스템이 그렇게 변질된 건가요?"

안카트린이 물었다.

"아니, 그렇다고 말할 수는 없어요. 필 나이트는 다른 사람이 한 것을 그대로 따라 했을 뿐이니까요. 세계화된 자본주의의 장점을 다른 사람들보다 효과적이고 도전적으로 이용한 것뿐이에요. 그 결과 대중이 신는 운동화를 생산하는 회사를 차린 사람은 돈을 벌죠. 세상 사람들에게 그 운동화를 널리 알린 유명한 선수들도 부자가 되었어요. 그런 운동화를 모은 수집가들은 지금도 부자지만 앞으로 더 큰 부자가 될 가능성이 있지요. 그리고 브랜드 운동화를 사서 신고 다니는 사람들은 자기가 멋있다는 생각에 과도한 비용을 지불하죠. 반면, 운동화를 생산하는 사람들은 노동을 해서 번 돈으로 살아가기가 힘겹고, 건강을 해치는 위험을 감수하며 일하고 있죠."

아무도 내 말에 토를 달지 않아 잠시 침묵이 흘렀다.

"이제는 우리가 해야 할 일에 대한 결정을 내려야 할 것 같네요, 지금 당장!"

안카트린이 말했다.

"해야 할 일? 지금부터 나는 그런 상황에 대해 비판적인 논조의 기사를 몇 개 쓸게요."

내가 말했다.

"그것만 하실 건가요? 이제는 정말 뭔가 해야 되지 않을까요?"

"내일 기자 회견에서 무슨 일이 일어나는지 일단 지켜봅시다."

톰이 계속 침묵을 지키다가 한마디 했다.

"그 정도로는 충분하지 않아요. 앞으로도 계속 이런 상태를 지속할 수는 없어요. 변화는 언제나 가능해요. 변화를 주저할 이유는 없어요. 운동화는 사실 아주 좋은 거니까요."

9월 16일, 베스트 웨스턴 호텔 기자 회견장에서

호텔에 기자, 사진 기자, 두 개의 텔레비전 방송국에서 온 촬영팀과 다른 관심 있는 사람들이 모여 소회의실이 가득 찼다.

먼저 편집장이 우리 신문사의 기자들, 특히 훌륭한 취재 활동을 한 기자에 대해 한동안 칭찬하는 말을 했다. 이어서 편집장은 운동화에 대해 언급했고, 우리가 그것을 어떻게 발견했고, 그것이 생산된 곳을 수소문하며 찾아갔던 이야기를 간략하게 말했다.

다음으로 아베베가 마이크 앞에 섰다. 모두들 말없이 그에게 집중했다. 아베베와 아베베의 운동화를 보고 싶어서 그 자리에 모였기 때문이다.

아베베가 운동화에 대한 이야기를 한 다음 함께 훈련했던 데라투를 바라보았다.

"저도 정당한 대우를 받지 못했지만 데라투 선수의 경우는 저보다 처우가 훨씬 더 안 좋았어요. 데라투는 이름을 개명해 낯선 나라를 위해 뛰어야만 했죠. 그런데 그 나라는 대회 참가 수당도 거의 지불하지 않았어요."

이제는 데라투가 자리에서 일어나 아베베 옆으로 가 마이크를 들었다.

"저는 데라투라고 합니다. 하지만 스포츠 세계에서는 '아이쉐'라고 알려져 있지요. 어떻게 된 일이냐고요? 그 이름을 유니폼에 달고 터키를 위해 뛰었거든요. 처음에는 그들이 거액의 수당을 주겠다고 약속했었어요. 대회에서 이겼을 때만 주는 게 아니라 참가 수당까지 주겠다고 했죠. 그러나 결국 저는 어떤 돈도 받지 못했어요. 대신 아무짝에도 쓸모없는 메달만 잔뜩 받았지요."

"맞습니다."

편집장이 이어서 말했다.

"우리가 조사한 바로는 지난 20년간 선수들의 국적 변경이 500건 있었습니다. 주로 중동 국가에서 그런 일이 있었죠. 터키를 비롯해 아제르바이잔과 석유를 팔아 부자가 된 걸프만의 국가에서 그런 일이 있었습니다. 사실 국제 육상 연맹은 선수가 그렇게 국적을 바꾼 이후에는 3년간 출전 금지 조치를 내립니다. 다만 원래 국적을 갖고 있던 나라가 국적 변경을 확실하게 동의하면 곧바로 출전이 가능하지요. 선수들이 그렇게 해 주는 이유는 뭘까요? 원래 국적을 갖고 있던 나라의 행정 담당자가 돈을 받을 수 있기 때문이죠."

편집장은 의미심장한 표정으로 사람들을 둘러보았다.

"그것은 일종의 뇌물이죠. ARD방송국에서 일하는 동료 기자가 취재한 바로는 선수의 국적 변경에 동의한 담당자에게 종종 수천 유로가 건네진다고 합니다. 우리나라에서는 그게 그렇게 큰 돈이 아니지만 에티오피아에서는 상당한 금액입니다. 반면, 선수들은 받기로 한 수당을 받지 못하는 사기를 당하는 경우가 종종 있지요. 데라투는 어땠나요?"

"맞아요. 수당을 주겠다고 약속했지만 대회 우승을 하고 딱 한 번 보너스를 받았을 뿐 더 이상은 받지 못했어요. 저는 에티오피아에 남아 있는 가족이 가게라도 열고, 땅을 조금 살 수 있게 하려고 받는 돈을 다 저금하고 싶었어요. 그러나 2년 후 옛날 여권을 돌려받고, 터키를 떠날 수 있게 된 것만으로도 다행이라고 생각했지요. 어떤 마라톤 대회에서 알게 된 '코치'의 초청을 받아 독일로 건너올 수 있었어요. 그때만 해도 저는 여기에서는 공정한 대우를 받을 줄 알았어요. 여기에서는 진짜 이름과 조국의 국기를 사용할 수 있었지만 여기에서도 사기를 당했어요."

데라투는 울먹이더니 더 이상 말을 잇지 못했다. 아베베가 데라투에게 다가가 안아 주고, 마이크에 대고 소리쳤다.

"우리는 스포츠 노예입니다! 마라톤 경기를 관람하는 사람들은 우리를 응원해 주지만 마라톤에 나오기까지 무슨 일이 어떻게 일어나는지에 대해서는 알고 있지 않아요."

"맞습니다."

내가 두 사람 사이에 끼어들며 말했다.

"스포츠 관련 모든 단체들은 페어 플레이를 표방하고 있지요. 그러나 스폰서와 스포츠 관련 상품의 제조사들을 보면 공정성을 찾을 수 없습니다. 그래서 우리는 이 시점에서 운동화에 대한 이야기를 다시 하려고 합니다."

나는 시중에 유통되는 운동화의 역사와 생산 환경에 대해 간략하게 소개했다.

"요약해서 말씀 드리겠습니다. 운동화를 생산하는 대기업이 공정성을 짓밟고 있습니다. 멋진 운동화를 신는 발로 그렇게 하는 겁니다."

안카트린이 이어서 말했다.

"공정하고, 건강하고, 친환경적인 운동화나 다른 스포츠 관련 상품을 얼마든지 만들어 낼 수 있는데 대기업은 그런 것에 전혀 관심이 없습니다. 선수들, 모든 스포츠 관련 단체가 그 게임에 동참하고 있어요. 그들은 공정성을 역설하지만 정반대의 것을 선택하고 있지요."

지난번 회의 때부터 기분이 좋아 보이지 않던 톰이 목이 답답한

듯 티셔츠의 목 부위를 손으로 잡아당기곤 하다가 벌떡 일어났다.

"계속 이렇게 갈 수는 없어요. 사실 운동화는 역동적으로 멋진 삶을 살아갈 수 있게 해 주는 훌륭한 신발입니다. 그래서 우리에게는 훌륭한 사람들과 진심으로 멋진, 공정하게 생산된 운동화가 필요합니다. 저는 그것을 적극 지지……."

톰의 마지막 말은 박수 소리에 파묻혔다.

9월 16일 오후, 편집부 사무실에서

기자 회견이 끝난 후 안카트린과 나는 우리 사무실로 가서 편집회의에 참석했다.

편집장은 얼굴이 시뻘게져서 포문을 열었다.

"다시 사건을 정리할 필요가 있어. 아베베를 캠프에서 빼내 온 것은 오케이! 아베베가 베를린 마라톤 대회에 기자들과 함께 참여하는 것도 오케이! 하지만 운동화를 만드는 회사에 대한 비난은 더 이상 용납할 수 없어! 그것은 자본주의에 대한 비난이야. 그런 말은 쉬는 시간에 사담으로 나눌 이야기지! 혹시 잊고 있는지 모르지만 신문을 만드는 우리 회사도 엄연히 하나의 사업체야. 모든 회사는 이윤을 남겨야지, 안 그러면 파산해. 우리에게는 광고주들이 필요하다고. 특히 스포츠 관련 회사들은 우리의 중요한 고객들이야. 광고주들도 돈을 벌 수 있게 해 주어야 해. 간혹 잘못된 회사에 대해서는 비난할 수 있지만 전체를 싸잡아 비판하는 것은 안 돼. 모두 알았나?"

나는 안카트린을 쳐다보았다. 우리는 둘 다 슬며시 미소를 지었다.

고개를 끄덕이는 것으로 우리는 서로의 마음을 이해했을 뿐 결정적인 최후의 한마디는 내뱉지 않았다.

회의가 끝난 다음 나는 안카트린, 아베베, 톰과 함께 저녁 식사를 하기 위해 단골로 다니는 터키 음식점에 갔다. 사장 아메드가 경영하는 그 식당에는 케밥만 있는 게 아니라, 불판에 올려놓고 지글지글 끓여 먹는 양고기 요리가 한두 개 있다.

내가 아베베를 소개하자, 아베베가 고향에서 먹던 것과 비슷한 얇은 빵을 만들어 주겠다고 아메드가 말했다. 그렇게 해서 아베베는 얇은 빵을 조금씩 떼어내 양고기 냄비에 적셔 맛있게 먹었다.

우리는 현재의 상황에 대해 다시 요약했다.

"내가 상황을 정리하지. 마라톤이든 축구든 아이스하키든 프로 스포츠는 몇몇 사람이 돈을 아주 많이 버는 승자지만 대부분의 많은 선수들은 돈을 잃는 패자야. 스포츠도 이 세상에서 일어나는 일 가운데 하나인데 왜 스포츠는 사정이 달라야 하는 거지?"

"사람들이 힘든 일상을 벗어날 수 있는 뭔가 이상적인 것을 필요로 하니까요."

안카트린이 말했다.

"스포츠는 더 낫고 공정한 세상을 위해 존재하기를 바라잖아요."

"하지만 그런 시대는 지나갔어요."

톰이 말했다.

"그렇게 되지 않도록 우리가 뭔가 해야 해요."

아베베가 자기 앞에 있던 접시를 탁자 가운데로 밀어내며 말했다.

"바깥세상에서는 모든 것이 예전 그대로, 혹은 더 악화되는데 어떻게 여기서 마음 편히 식사를 할 수 있겠어요. 그런 생각을 하면 아무리 좋은 음식이라도 맛이 없어요."

아메드가 급히 달려왔다.

"뭐라고요? 이 음식이 맛이 없다고요?'

"천만에요!"

내가 얼른 말했다.

"아주 맛있어요. 아베베도 맛있게 먹었어요. 그것도 아주 맛있게요. 세상 일을 이야기하다 보니 흥분해서 그런 말을 한 거예요. 제 잘못입니다."

"아, 실수하셨네요. 독일인들은 항상 식사 중에 적당한 화제를 선택하지 못하는 실수를 저지르지요. 터키인들은 일단 음식을 오랫동안 맛있게 먹으면서 좋은 말들을 하고 차를 마시며 상대가 요즘 어떻게 지내는지 묻지요. 그런 다음 골치 아픈 이야깃거리를 꺼내요. 제가 차를 갖고 올게요."

우리는 그의 말에 웃었고, 아메드는 차를 가져왔다.

하지만 굳이 골치 아픈 이야기를 할 기분이 들지 않았다. 사실 우리는 모두 같은 생각이었다. 함께 행동에 옮기는 일만 남았다.

9월 17일, 편집부

전화벨이 울렸을 때 나는 오늘따라 전화벨 소리가 시끄럽고 요란하다고 생각했다. 어제 저녁 만남이 생각보다 시간이 오래 걸렸다.

"유레카! 그렇게 말하는 것, 맞죠?"

톰이 흥분된 목소리로 말했다.

"일단 아침 인사부터."

"지금은 그럴 시간이 없어요. 해결책을 찾았거든요. 오늘 아침에 샤워를 하고 있는데 문득 머리에 떠오르더라고요. 우리가 왜 가까운 데서 해결책을 찾지 않았을까요?"

"뭔데요?"

"우리가 그동안 뭘 계속 찾고 있었죠? 아프리카에서 만든 운동화였잖아요. 그러니 한번 생각해 보세요. 우리가 운동화를 만드는 거예요! 직접 만들자고요. 아프리카에서요. 나는 우리가 다른 신발 업체와 충분히 경쟁할 수 있다고 생각해요. 기술은 이미 개발되어 있고, 더 중요한 것은 각 구매자에 맞게 적용시키는 거예요. 그런 일이라면 작은 회사가 큰 회사보다 훨씬 잘할 수 있어요. 유통은 다른 도시에 사는 몇몇 동료들과 함께 내가 맡을게요. 나머지 다른 문제는……."

나는 거기까지 듣다가 더 이상 참지 못하고 수화기에 대고 소리쳤다.

"세상에! 정말 그러면 되겠네. 당신 천재요!"

신발 가게 사업에 대해 더 많은 정보를 얻기 위해 나는 중국에서 만든 운동화가 어떻게 팔려 나가는지 조사해 보고 싶었다. 그래서 소매상이나 중도매인을 상대로 하는 알리바바 사이트에 다시 접속했다. 알리바바에 제시된 가격은 도매가였다. 즉, 많은 양을 주문하는 소매상에게 적용하는 가격이었다.

잠깐 동안 나는 그것으로 돈을 얼마나 벌 수 있을지 생각해 보았다. 우리가 운동화 한 켤레를 8유로에 사서 30유로를 받고 되판다면 이윤이 275퍼센트나 된다. 운송비, 창고 보관비, 이외의 비용을 제외하더라도 괜찮은 수치다. 운동화는 내가 차가 없으니 우리집 차고에 보관하면 된다.

운송료도 보통 사람들이 생각하는 것처럼 그렇게 비싸지 않다. 표준 컨테이너에 1,000켤레의 운동화를 실을 수 있다. 그렇게 하면 운송비가 한 켤레당 1유로 정도 된다.

그것이 우리가 아프리카에서 운동화를 들여와 경쟁하게 될 경쟁사의 조건이다.

물론 중국이나 아프리카에서 물건을 수입하려면 서류 등 준비해야 할 것들이 많다. 무역협회의 홈페이지를 통해 세관 신고, 세금, 그 밖에 안전, 환경, 저작권 보호 등을 위해 제출해야 되는 서류 등이 있다.

9월 19일 10시, 베스트 웨스턴 호텔

"운동화 상자 하나를 에티오피아에서 독일로 보내는 데 우편 요금이 얼마쯤 될까요?"

아베베가 아침에 식사를 하는 자리에서 그렇게 물어 우리를 의아하게 만들었다. 요즘 편집실이나 톰의 가게에서 한 사람이 가서 아베베와 아침, 점심, 저녁 식사를 같이하고 있다. 그렇게 해서 다른 신문사의 기자가 아베베에게 접근해 정보를 캐내는 것을 막고 있다.

아베베는 우리가 자기와 자기 동생을 위해 얼마나 많은 신경을 쓰고 있는지 보면서 이스마일한테 두 번째 운동화를 보내라고 할 결심을 했다.

안카트린을 통해 아베베의 계획을 전해 들은 편집장은 좋아하기는커녕 벌컥 화를 냈다.

"우편으로 보낸다고? 우리가 거의 반년 동안 찾아 헤매던 그 귀중한 것을 우편으로 보낸다고?"

편집장이 가쁜 숨을 몰아쉬었다.

"절대 안 되지. 택배 회사 직원을 보내 그 물건을 가져와 비행기에 실으라고 해! 그런 다음 우리가 직접 공항에 나가 받아 오고. 그것 이외의 다른 방법은 다 안 돼!"

아무도 편집장의 말에 반박하지 않았고, 결국 그렇게 했다.

점심 식사 후 메일함을 열어 보니 놀라운 편지가 와 있었다. 우리 신문의 최대 불평불만 독자가 내게 개인적인 메일을 보내 온 것이다.

존경하는 코신스키 기자님,

저는 기자님이 근무하시는 회사의 신문을 싫어합니다. 매일 그것을 읽을 때마다 새삼 다짐하지요. 그러나 기자님은 예외입니다. 기자님의 놀라운 추진력에 박수를 보냅니다.

이 메일을 받았다는 말을 편집장에게는 전하지 마십시오. 그렇게 되면 그간 애써서 공들여 만들어 놓은 철천지원수 같은 사이가 방해됩니다. 어쨌든 내가 했던 약속은 지키겠습니다. 다음 마라톤 대회 때 홀딱 벗고 미탁스큐리어의 로고만 들고 뛰겠습니다. 물론 대회 운영진이 그런 나를 참가하게 허락해 준다면 말이죠.

존경하는 마음을 담아.

- 빌헬름 바이트만스탈 박사 올림

9월 21일, 베스트 웨스턴 호텔 식당에서 맘모와 화상회의

맘모와 함께한 두 번째 화상회의에서 우리는 아베베와 미리 충분히 논의했기 때문에 우리의 새로운 계획을 쉽게 이야기할 수 있었다.

맘모가 아디스에 그대로 머물면서 작은 운동화 공장을 만들어 아베베와 함께 품질 좋은 운동화를 생산하는 게 우리의 계획이다. 우리는 생산을 책임질 기술자로 제작과 디자인을 맡을 사람도 잘 알고 있다. 바로 이스마엘이다.

편집장이 에티오피아 - 독일 무역협회를 통해 보증을 서고, 그들은 제품 생산을 위해 작은 공장을 임대하고, 운동화 생산에 필요한 특수 재봉틀을 중고로 구입한다.

첫 번째로 만들 운동화 모델은 이스마엘이 두 아들을 위해 만들었던 바로 그 운동화, 아프리카의 세 가지 색을 그려 넣은 운동화가 될 것이다.

"우리 셋은 뜻을 같이하기로 합의했어요. 일단 노동자의 착취 행위는 하지 않을 거예요. 원자재에 정당한 값을 지불하고, 노동자에게도 정당한 임금을 줄 겁니다."

그의 목소리는 확신에 가득 차 있었다.

유럽에서의 유통은 톰이 맡기로 했다. 대기업의 지점이 아닌 독립적으로 운동화를 파는 가게에서 판매망을 구축할 것이다.

"어차피 우리는 대기업으로부터 독립할 생각에 서로 연락을 취하고 있어요."

톰이 말했다.

"아주 좋은 아이디어가 하나 더 떠올랐어요. 운동화를 사려고 오는 손님의 발을 스캔해 정확한 치수에 맞는 운동화를 받을 수 있게 하는 거예요. 그것뿐만이 아니에요. 내가 아는 사람 중에 바지나 셔츠 같은 데 제품 고유번호를 부여해 인식표를 만들어 제품에 바느질해 주는 사람이 있어요. 그렇게 하면 인식표를 통해 원자재가 어디에서 온 것이고, 옷감을 어디에서 바느질하고, 염색했는지까지 추적할 수 있어요. 심지어 어떤 재단사가 어디에서 물건을 만들었는지도 파악할 수 있지요. 운동화에도 그것과 똑같이 하는 거예요. 손님들은 그 시스템을 통해 자기가 신는 운동화의 원자재가 어디에서 나온 것이고, 어디에서 제작되었는지 알 수 있지요."

"공정무역을 통한 그런 운동화가 우리에게 꼭 필요한 대안이에요."

안카트린이 기뻐하며 말했다.

"공정하게 거래한 원자재와 노동자들이 직접 경영에 참가하는 공장에서 생산되는 운동화예요. 게다가 육상 선수들이 많은 나라에서 만

드는 것이니 이보다 더 좋은 곳이 어디 있겠어요?"

"우리의 운동화 합동 작전이 어떻게 시작되었고, 누가, 어디에서, 어떤 원자재를 사용해 만들었는지 여기 유럽 사람들이 알 수 있게 하는 일은 내가 맡지. 중국에서의 유통은 두 사람이 이미 관심을 나타냈어. 온주의 운동화 유통망을 잘 알고 있는 리와 운동화 생산에 직접 참여하고 있는 그의 사촌 웨이야."

내가 말했다.

"사실 모든 것은 구매자가 결정해요. 그들이 구매를 통해 어떤 것은 좋고, 어떤 것은 싫은지 말할 거예요. 앞으로 적당한 광고도 만들어야 해요."

톰이 말했다.

"파격적인 독립 선언으로 시작하는 것은 어떨까요?"

안카트린이 말했다.

그때 아베베가 놀라운 소식을 전했다.

"그 사이 현재 활동 중인 육상 선수들과 연락망을 만들었어요. 우리는 스포츠 노예 노릇을 하는 것에 이제 진절머리가 나 시위를 벌이기로 했어요. 수천 아니, 수백만 명이 지켜보는 곳에서 우리의 뜻을 알릴 거예요. 그게 우리가 할 수 있는 유일한 방법이니까요. 아프리카 출신의 육상 선수들이 마침내 한마음 한뜻이 되어 세계적으로 유명한 대회 중 하나인 베를린 마라톤 대회에서 항의 표시를 할 거예요."

"스포츠 행사를 정치적 목적으로 사용해도 괜찮을까요?"

회사로 돌아가는 길에 안카트린이 나한테 물었다.

"안 되지. 대회 주최자나 대부분의 관람객은 그런 것을 원하지 않겠지. 대회 주최자는 순조롭게 대회를 진행해야 관람객과 시청자, 언론 매체, 후원사 들을 만족시킬 수 있을 테니까. 그래서 올림픽대회에서는 어떤 형태로든 정치적 행위를 금지시키고 있지."

"정말 그러네요."

톰이 스마트폰으로 인터넷 검색을 하더니 말했다.

"하지만 시위의 역사도 스포츠의 역사만큼이나 길어. 제1회 근대 올림픽대회에서도 시위가 있었거든. 예를 들면 아일랜드와 핀란드의 독립 투쟁을 위한 시위 같은 것. 그러나 그러한 사실을 보도한 언론 매체는 거의 없었지."

"그럼 이제는 기자님이 쓰시는 시리즈에 그 이야기를 언급할 때가 되었네요."

안카트린이 말했다.

주먹을 쥐고, 양손을 엮어 머리 위로 치켜 올려 십자가를 만들다! 육상 선수가 한 정치적 항의의 표시

잘 알려져 있지 않지만 정치적 항의는 국제 스포츠 대회에서 이미 오래전부터 있어 왔다.

1906년에 아일랜드 출신으로 멀리뛰기 은메달리스트인 피터 오

코너가 아테네에서 치러진 대회에서 정치적 표현을 했다. 피터 오코너는 시상대에 올라가 아일랜드 국기를 흔들었다. 영국의 강제 점령에 대한 항의 표시였다. 비슷한 이유로 핀란드 선수단은 1908년 개최된 런던 올림픽에서 당시 핀란드를 점령하고 있던 러시아 국기를 들고 싶지 않아 국기 사용을 포기했다.

소련이 1950년부터 올림픽대회에 참가하면서 단일 종목이나 전체 경기에 대한 참가를 보이콧하는 일이 자주 일어났다. 1956년에는 네덜란드, 스페인, 스위스가 헝가리의 시위대를 무력 진압한 소련에 대한 항의 표시로 멜버른에서 개최된 올림픽대회에 불참했다. 1980년에는 소련의 아프가니스탄 침공에 대한 항의로 약 절반의 서방 국가가 모스크바에서 개최된 올림픽대회에 참가하지 않았다. 그러자 그것에 대한 복수로 동구권 국가들이 1984년 로스엔젤레스 대회에 불참했다.

흑인에 대한 인종차별과 핍박에 대한 항의 표시는 더욱 적극적이었다.

제시 오언스는 1936년 베를린에서 개최된 올림픽대회에서 미국 팀에 우승을 안겨 주고, 나치의 인종차별에 항의하는 표시를 했다. 그러나 미국으로 돌아간 제시 오언스는 백인들과 함께 식당에서 밥을 먹거나, 버스에 나란히 앉거나, 공공기관에 같은 출입문을 이용할 수 없었다. 수십 년 간의 투쟁으로 아프리카인들은 1960년대 말 공식적으로는 평등한 권리를 인정받았지만, 인종차별은 아직까지도 일상에 깊이 뿌리박혀 있다.

남아프리카공화국에서는 1960년대에 인구의 다수를 차지하는 흑인에 대한 핍박이 더욱 심해졌다. 그 결과 흑인 선수들은 조국을 위해 승리했지만, 일상에서는 여전히 환영받지 못한 존재가 되었다.

그래서 올림픽 인권 운동(OPHR)은 백인을 제외한 세계의 모든 유색 인종 선수들에게 1968년 멕시코 올림픽 불참을 권유했다. 보이콧 운동은 성공하지 못했지만 남아프리카공화국이나 로디지아 같이 인종차별 정책을 쓰는 나라의 참가가 금지되는 계기는 되었다. 그 외에도 정치적 의미의 저항 운동은 스포츠 역사에 깊은 족적을 남겼다. 육상 선수 토미 스미스와 존 카를로스가 미국 대표로 나가 200미터 경기에서 1등과 3등을 차지했다. 그들은 올림픽 인권 운동(OPHR)의 배지를 상의에 꽂은 채 시상대에 맨발로 올라가 미국 국가가 연주되는 동안 주먹을 쥔 손을 위로 뻗었다. 시상대에서 흑인 인권 운동의 상징을 표시한 것이다.

최근에도 운동선수들은 정치적 의미의 저항 운동 전통을 이어가고 있다. 에티오피아 마라톤 선수 페이사 리레사는 2016년 리오 올림픽대회에서 은메달을 수상한 후 주먹을 쥔 양손을 엮어 머리 위로 치켜 올렸다. 조국에서 소수민족이 핍박받는 것에 대한 항의의 표시였다. 그런 행동으로 에티오피아 선수는 자기들이 살던 땅을 정부가 빼앗아 외국의 농산물 관련 대기업에 임대해 주었다는

페이사 리레사

2016년 리오 올림픽

것을 세상에 널리 알렸다.

2017년에는 흑인 미식축구 선수들이 미국에서 국가가 연주되는 동안 무릎을 꿇고 앉았다. 인종차별에 대한 항의의 표시였다. 미국의 도널드 트럼프 대통령은 격분하며 그들을 맹렬히 비난했다. 미국에 살고 있는 흑인들이 이제는 법적으로 거의 동등한 대접을 받고 있기는 하지만, 최근 몇 년간 인종차별주의에 의한 범죄가 빈번하게 일어나고 있다.

선수들은 자기의 조국을 위해 나가서 싸울 수는 있지만, 자신의 권리를 주장해서는 안 된다는 옛 노래도 있다.

2017

콜린 캐퍼닉과 그의 동료들

제11장

공정함을 향해 나아가는 세상_ 아프리카의 작은 신발 공장과
더 나은 세상을 위한 희망

9월 24일, 베를린으로 가는 길

내일 베를린 마라톤이 시작되고, 우리는 소형 버스를 타고 베를린까지 간다. A2를 타고 계속 올라가다가 '베를린 시내'를 가리키는 표지판을 따라가면 된다.

편집장은 마라톤 기간에 숙소를 잡는 게 하늘의 별 따기만큼 어려운데 우리를 위해 호텔방을 몇 개 예약해 주었다. 그리고 안카트린, 데라투, 아베베와 톰을 선수로 등록시키는 것도 성공했다.

네 사람은 특별한 방법으로 경기에 참여했고, 결과에 구애받지 않고 넷이 함께 달린다. 공정한 세계를 소망하며 달리게 될 그들은 케냐, 에티오피아, 독일의 국기에 들어간 색으로 만든 플래카드를 갖고 뛴다. 노랑, 빨강, 검정, 초록, 다시 노랑, 빨강, 검정, 초록 바탕에 '공정한 달리기'라는 말이 크게 적혀 있다.

우리 신문사에서도 취재를 위해 몇몇 기자들이 왔고, 선도 차량 운전석 옆에 편집장이 앉아 타고 갔다.

마라톤 경기가 진행되는 동안 나는 회사에서 새로 구매한 최신 노트북을 이용해 미탁스큐리어 온라인 특별판에 내보낼 기사를 쓰게 된다. 마라톤과 관련된 현재 상황을 보도하고, 안카트린, 아베베와 함께 쓴 그동안의 뒷이야기에 대한 소식도 전한다. 이번 시리즈의 제목은 전설적인 에티오피아 마라톤 선수 하일레 게브르셀라시에가 했던 말을 제목으로 인용했다.

"육상은 출발 신호와 함께 시작되지 않는다."

마라톤과 관련해 관중이 볼 수 없거나 예상하지 않은 모든 것을 쓰게 될 특별판의 시작이다.

출발하기 48시간 전

푹 쉬고 출발선으로 가기. 그것은 대부분의 선수들이 원하는 바다. 그러나 착각이다. 큰 경기를 앞둔 마지막 날 밤에 평소보다 더 늦게 잠을 자는 사람은 없다. 중요한 연주회를 앞둔 연주자, 새로운 묘기를 선보일 공연을 앞둔 곡예사, 중요한 경기를 앞둔 마라톤 선수도 그렇게 하지 못한다.

그래서 경험이 많은 참가자는 경기 이틀 전날 밤에 잘 자는 것이 중요하다는 말을 한다. 그렇게 하면 충분한 에너지가 비축되어 경기 전날 밤에 심리적 압박 없이 긴장을 푼 채 시간을 보낼 수 있다고 한다. 경기 당일 대부분의 선수들은 침대에 누워 있지 못하고 이른 새벽부터 일어난다. 시간이 흐를수록 긴장감이 높아진다. 42.195미터를 쉬지 않고 목표에 도달할 수 있도록 몸에 에너지와 아드레날린을 비축해야 하니 그것은 오히려 좋은 현상이다.

선수들은 경기가 시작되기 훨씬 전에 경기장의 출발지와 종착지가 될 곳으로 나와 배회한다.

베를린에서는 국회의사당에서 시작해 전승기념탑 앞까지가 출발지다. 이곳에 4만 명의 선수들이 준비를 마치고 모여든다. 모든 선수들이 선수 등록 여부를 점검받고, 번호표를 부여받아 눈에 보이는 곳에 부착하고, 손목시계와 시간을 재기 위한 칩을 신발이나 발목에 묶어 놓는다.

선수들은 출발선에 들어서기 전에 가족이나 응원하러 온 사람들과 포옹하고, 체온 유지를 위해 입고 있던 외투, 운동복, 스웨터를 하나씩 벗는다.

노련한 선수들은 달리면서 문지르게 되는 겨드랑이 같은 부분에 베이비오일이나 바셀린을 바른다. 그리고 유두 부분은 특수 반창고를 붙여 가린다. 많은 선수들이 쉬지 않고 달리기를 하다가 몸에 상처가 나 한두 시간 후 게임을 포기하는 경우가 종종 있다.

모든 준비를 마친 선수들이 출발선으로 모일 때 각 선수마다 정해진 위치로 가서 기다려야 한다.

9월 25일, 베를린 - 동물원, 6월 17일 거리에서
9시 15분 정각, 총성이 울렸다.

"땅!"

시장이 올해의 베를린 마라톤 시작을 울리는 총을 쐈다. 물론 제일 앞줄에 서 있던 선수들만 출발했다. 그들은 2시간 20분에서 2시간 40분대 사이의 최고 기록을 보유한 사람들이다. 그 선두 그룹에서 유명한 선수들이 앞으로 나와 달린다. 대부분 에티오피아와 케냐 출신의 선수나 페이스메이커들이다. 그 뒤로 엄청난 인파의 선수들이 거대한 튜브를 짜낸 것처럼 6월 17일 거리로 쏟아져 나왔다.

나는 특별판에 첫 번째 질문을 던졌다.

왜 모든 선수들이 앞에 서려고 하지 않을까?

4만 명의 선수들이 동시에 출발할 수 없기 때문에 선수들의 최고 기록에 따라 8개의 그룹으로 나누어 3번에 걸쳐 분산 출발한다.

5개 그룹으로 나뉜 1조가 9시 15분에 첫 번째로 출발한다. 1조의 제일 앞줄에는 2시간 40분 이내로 달릴 수 있는 선수들만 설 수 있다. 3시간 30분 이상 걸리는 선수는 9시 35분에 출발하는 2조에 속해야한다. 그 다음 초보자나 천천히 달리는 선수들은 10시에 출발하는 3조에 속해 달린다.

사실 선수가 언제 출발하든 기록에는 상관이 없다. 참가자들이 출발선을 통과하는 순간부터 칩을 통해 측정하기 시작해서 결승선을 통과하면 멈추는 방법으로 걸린 시간을 잰다.

이론적으로 보면 가장 빠르게 달리는 선수가 전체 선수단의 가운데에서 출발해도 아무 문제 없다.

9시 30분, 베를린 - 모아빗, 슈프레 강가에서

수상관저와 국회의사당 건물이 보이는 슈프레 다리에서 선두 그룹의 모습이 보이기 시작했다. 6킬로미터 이상을 달리고 나면 두각을 나타내는 선수들과 그들의 페이스메이커가 대부분의 선수단과 확실하게 거리를 두게 된다. 선두 그룹이 베를린 중심가를 향해 성큼성큼 뛰었다.

선수들은 달리는 도중에 무엇을 보게 될까?

마라톤 경기가 세계에서 가장 멋진 장소에서 개최되어도 정작 선수들은 주변을 거의 보지 못할까?

한편으로는 맞고, 다른 한편으로는 틀린 말이다. 주변에 잠깐씩 시선을 돌리는 선수도 있기 때문이다. 그러나 그들도 경기에 집중해야 되기 때문에 오랫동안 쳐다보지는 않는다. 선수들 중에는 주변이 아름다우면 긍정적인 측면이 있다고 하는 경우도 있다. 그들은 마음속의 갈등이나 힘든 상황에서 몸이 보내는 작은 신호들에 신경을 덜 쓰게 된다고 한다.

선수들은 마라톤 코스의 주변에서 격려하는 구경꾼들의 응원을 듣기는 하지만 자기 자신에게 더 집중한다. 너무 빨리 달리고 있는 것은 아넌지, 혹은 너무 늦게 달리고 있는 것은 아닌지, 페이스메이커는 어디 쯤 있는지, 다음 음수대에서 물을 마실지 말지, 호흡은 원활하게 잘 하고 있는지, 양말을 신지 말고 뛸 것을 그랬나 등의 생각을 하다 보면 수 킬로미터를 달리게 된다.

10시 15분, 베를린 - 쉐네베르그, 클라이스트 공원에서
선두 그룹이 반환점을 돌았다.
기자가 그 즉시 트위터에 최고 기록을 전송했다.

1. 1:02:13
2. +18초
3. +57토
기록 좋음! 신기록이 나올 가능성 있음!

그게 중요하다. 모두 세계 신기록이 경신되기를 바란다. 실제로 베를린에서 최고 기록이 경신된 경우가 많다. 그러나 지난 2년간 대회 때는 우천으로 신기록 달성에 실패했다. 비가 오면 선수들의 다리 근육이 차갑게 식기 때문이라고 대회 주최측이 설명했다.

오늘은 날씨가 아주 좋다. 비도 안 내리고, 너무 춥지도, 너무 덥지도 않다. 그리고 최근 훌륭한 기록을 쏟아내던 선수들이 참

가했다. 그들은 후미 그룹과 엄청난 거리를 두며 선두를 유지한 채 달려갔다.

그 뒤에 무리에서 빠져나와 혼자 달리는 선수가 몇 명 보였고, 그 뒤에는 선수들이 무리를 지어 우르르 몰려왔다.

선수들이 음수대를 지나고 나면 일회용 컵 쓰레기 더미가 수북하다.

그것을 보자 궁금한 게 하나 더 생각났다.

마라톤 선수들은 경기 도중 오줌이 마렵지 않을까?

대부분의 사람들은 장거리 선수들이 땀으로 수분을 다 배출한다고 생각한다. 하지만 그것은 전설 같은 이야기다.

마라톤 선수들도 '볼일'을 본다. 마라톤 코스에 음수대만 있는 게 아니라 이동식 화장실도 곳곳에 준비되어 있다. 가끔은 그런 화장실 앞에 선수들이 줄을 서서 기다리기도 한다.

10시 30분, 베를린 - 샬로텐부르크, 브라이트샤이드 광장

선두 그룹 뒤에 한동안 아무도 따라오지 않았다. 가끔 혼자 뛰는 선수만 한두 명 보였다. 그러다 10분도 더 지나서 첫 번째 등장하는 대규모 후미 선수단이 나타났다. 그들은 어떻게 해서든지 2시간 30분 안에 결승선에 도착하려고 노력하는 선수들이다. 그들이 지나고 나자 한동안 도로가 다시 텅 비고, 흔한 일은 아니지만 일부러 혼자 뛰는 선수나 속해 있던 그룹을 잃어버린 선수가 단독으로 뛰어갈 뿐이다. 그룹에 섞여 뛰거나 페이스메이커와 함께 뛰는 것보다 혼자 뛰는 게 훨씬 더 어렵다.

실망과 완벽한 달리기 사이

대부분의 선수들은 마라톤 경기를 치르는 동안 어떤 심리 상태가 되는지에 대해 일본의 소설가이며 마라톤 선수인 무라카미 하루키가 분석해 놓았다. 20년간의 마라톤 경험을 하면서 그는 매번 비슷한 심리 상태가 된다고 밝혔다.

"30킬로미터까지는 잘 달릴 수 있다고 낙관한다. 그 다음에는 피로가 몰려온다. 35킬로미터가 지나면 내 몸에서 영혼이 빠져나간다. 그리고 나도 모르게 잔뜩 화가 난다. 마지막에는 연료가 다 떨어진 자동차가 된 기분이다."

하지만 선수들은 경기 후 며칠을 쉬면 완주했다는 자부심이 커지면서 힘든 것을 다 잊고, 다음 대회에 나가면 더 잘할 거라는 희망을 품는다. 누구나 완벽한 달리기를 소망한다. 그러나 그게 과연 가능할까? 완벽한 달리기를 하려면 모든 게 완벽해야 한다. 선수들은 몸으로 터득했거나 이성적으로 저장한 것이 아닌 어떤 보이지 않는 힘에 의해 움직인다.

체코의 소설가이며 장거리 선수인 페터 나다스는 그것을 이렇게 묘사했다.

"나는 나 자신과 완벽하게 일치한다. 내 몸은 반사작용만 한다. 자동 반사가 아니다. 그리움, 열정, 의지라고 부르는 그 모든 것이 본능으로 귀속된다."

즉, 의식적으로 인지하는 모든 것, 고통, 불쾌감, 자기 자신을 괴롭히는 모든 상념들이 눈 녹듯이 사라져 버리는 것이다.

"선수는 직접 경험을 통해 터득한 것이 아닌, 살아가면서 무의식적으로 몸에 보존해 왔던 모든 것을 필요로 한다."

나다스는 이 대목에서 인류사에 20만 년의 역사를 지닌 호모사피엔스의 행동양식과 연관시켜 인간은 뛰고 싶어 한다고, 단지 그것뿐이라고 말한다.

안타깝게도 완벽한 달리기는 사전에 기획할 수 없다. 모든 것을 미리 준비하고, 모든 것이 최적의 상태를 갖추었음에도 불구하고 그런 상태에 도달하지 못한다. 또한 완벽한 달리기가 반드시 가장 빠른 기록은 아니라는 점도 그것의 단점이다.

10시 45분 베를린 - 빌머스도르프, 올리바에르 광장과 쿠어푸르스텐담

오늘은 완벽한 기록이나 신기록이 나올 것 같지 않다. 선두 그룹에 무슨 일이 일어난 것 같다. 그들이 점점 뒤쳐지고 속도가 느려졌다.

구경꾼들도 그것을 느끼고 손나팔을 만들며 응원한다.

"화이팅! 화이팅! 화이팅!"

"무슨 일이지?"

사람들이 모인 곳에서 웅성거리는 소리가 들린다.

"선수들이 왜 저럴까요?"

스포츠 방송 앵커의 걱정스런 말도 들린다.

10시 55분 베를린 - 샬로텐부르크, 비텐베르그 광장

선수들이 달리는 속도가 점점 느려진다. 선수들의 속도를 뒷받침해주는 페이스메이커들은 다 어디로 갔을까? 큰 디지털시계를 신고 가는 오토바이가 선수들 앞에 가고 있으니 선수들이 느리게 가고 있다는 것을 알지 못할 리 없다. 맙소사, 대체 이게 무슨 일일까?

대체 이게 무슨 일일까 - 기묘한 일

마라톤 경기가 치러지는 동안 구경꾼들이 "대체 이게 무슨 일이지?"라고 묻는 일은 전에도 있었다.

제2회 근대 올림픽대회 중 파리에서 마라톤 경기가 치러졌다. 놀랍게도 미국 대표 팀 아더 뉴톤이 5등으로 결승선을 통과했다.

"코스 중반까지 내가 줄곧 선두였기 때문에 결승선까지 아무도 나를 추월하지 않을 것 같아 나는 올림픽 우승자가 된 기분이었다. 그런데 어떻게 갑자기 몇몇 선수들이 내 앞에서 뛰게 되었는지 영원히 풀지 못할 수수께끼다."

그 경기의 우승자는 파리의 제과점 제빵사 미셀 테아토였다. 그는 마라톤 코스의 지름길을 알고 있었던 것이다.

그런데 여기 베를린에서는 선두 그룹 선수들이 점점 느리게 뛰고 있다. 마치 모두 동시에 에너지가 방전되는 배터리를 낀 채 달리는 것 같다. 그러나 이것은 우연한 일이 아니고, 속임수도 아니다. 의도된 것이다.

11시 15분, 베를린 중심부, 운터 덴 린덴가

이제는 결승선까지 불과 500미터만 남았다. 평소대로라면 선수들이 마지막 전속력을 내야 할 구간이다.

그러나 에티오피아와 케냐 선수들로 구성된 선두 그룹이 오히려 속도를 더 늦췄다. 이제는 옆으로 나란히 붙어 뛰며 마치 제자리걸음을 하고 있는 것처럼 보였다. 아베베, 안카트린, 데라투와 톰이 '공정한 달리기' 깃발을 펼쳐들 때까지 그렇게 갔다. 그들은 누군가의 명령을 받은 것처럼 아디다스, 퓨마, 나이키 운동화를 일제히 벗어 길가로 던졌다. 그리고 주먹을 쥐고 양손을 엇갈리게 한 채 머리 위로 들어올렸다.

길가에 서 있던 많은 사람들이 의아해 하며 그 모습을 지켜보았다. 그러자 구호 기구의 활동가들이 구경꾼들에게 초록, 빨강, 노랑의 작은 색종이를 나눠 주었다. 근처의 빌딩에서도 색종이가 쏟아졌다.

텔레비전, 라디오, 인터넷에 생방송으로 텔레비전 중계를 하던 기자들은 당황했다.

"이게 대체 무슨 일이지?"

보통 때 같으면 어떻게 해서든지 1미터, 1초라도 더 빨리 달리려고 서로 경쟁하는 선두 그룹 선수들이 오늘은 한 줄로 나란히 섰다. 두 시간 이상 경쟁하며 달리던 그들이 결승선이 보이는 곳에서 경쟁을 멈췄다. 그것은 그 어느 곳에서도 볼 수 없는 정치적 항의 표시였다.

그들은 우승 상금도 포기했고, 10만 유로 상당의 참가 수당도 받지 못할 것이다. 하지만 그들은 전혀 개의치 않는 것처럼 보였다. 그들은 사람들의 시선을 그냥 스쳐 지나가 버리지 않을 뭔가를 보여 주려고 했다. 육상 스포츠의 역사에 길이 남을 문구를 보여 주려고 한 것이다.

모두 맨발로 달렸다.

아베베만 유일하게 자신의 운동화를 높이 들었다.

그것은 미탁스큐리어의 편집장이 거의 반년 전에 마라톤 경기가 열리는 길가에서 발견한 피가 묻은 운동화와 똑같은 운동화였다.

그리고 이것은 달리기와 운동화의 신화 시리즈를 마감하는 완벽한 순간이 되었다.

왜 아베베 비킬라는 1960년 올림픽대회에서 운동화를 신지 않고 뛰었을까?

아베베 비킬라는 장거리 육상 경기 대회에서 우승한 최초의 흑인이다. 그는 로마에서 개최된 올림픽 마라톤 경기에서 우승했는데 왜 맨발로 뛰었을까?

아베베 비킬라가 가난한 에티오피아인이라 운동화가 없어서 그렇게 했다는 게 오랫동안 전해진 정설이었다.

그러나 실제로 아베베 비킬라는 하일레 셀라시에 1세 왕궁 궁정 경비대 소속이었으므로 당연히 운동화를 갖고 있었다.

그래서 아베베 비킬라가 운동화를 집에 두고 왔을 거라고 본 다른 추측도 있었다. 하지만 그것도 진실에 가까운 답은 아니다. 아디다스가 비킬라에게 운동화를 몇 켤레 제공했기 때문이다.

그런데도 왜 신발을 신지 않고 뛰었는지에 대해 비킬라는 나중에 사실을 밝혔다. 경기 당일 운동화를 찾지 못해 그렇게 했다는 것이다.

아베베 비킬라 자서전을 쓴 파울 람발리는 그날 있었던 일을 이렇게 기술했다. 경기 당일 아베베는 코치와 함께 올림픽 촌에서 아디다스 부스에 갔다. 그곳에서 선수들이 운동화와 운동복 등을 아디다스로부터 제공받았다. 그런데 비킬라가 그곳에 갔을 때 이미 1,500켤레를 나눠 준 뒤라 남아 있는 운동화가 거의 없었고, 비킬라의 발에 맞는 운동화는 아예 한 켤레도 남아 있지 않았다. 더구나 그의 발은 아디다스 전문가들이 이전에 한 번도 본 적 없는 특이한 발이었다. 엄지발가락은 특이하게 크고, 새끼발가락은 거의 구부러져 있고, 발바닥은 돌처럼 단단했다. 더구나 전날 훈련할 때 신은 운동화 때문에 발에 물집까지 생겨 있었다. 그래서 코치와 육상연맹은 비킬라를 맨발로 달리게 하기로 결정했다. 사실 그는 맨발로 달리기에 어렸을 때부터 익숙했다. 맨발로 뛰면서 발이 튼튼해졌고, 달리면서 바닥에 따라 충격을 완화하는 방법도 터득할 수 있었다. 그것이 로마에서 달릴 때 도움이 되었다. 마라톤 코스가 울퉁불퉁하고, 고대 로마 시대의 길도 포함되어 있기 때문이었다. 그 당시 만들어진 운동화들은 충격 완화 기능이 제대로 이뤄지지 않았다. 비킬라는 맨발로 뛰면 더 잘 뛸 것 같은 생각이 들어 운동화를 벗었다. 그런 그의 판단은 옳았고, 그는 운동화를 신고 달리는 모든 경쟁자들을 다 물리칠 수 있었다.

이제 60년이 지난 지금, 에티오피아와 케냐의 육상 선수들이 모두 맨발로 달린다.

결국 신발이 필요 없다는 말이다. 운동화가 아니라 우리의 몸, 훈련과 승부욕이 경기에서 우승의 기쁨을 안겨 주는 것이다. 그러므로 공정한 경쟁으로 얼마든지 승리를 거둘 수 있다.

10월 2일, 집 서재에서 전 세계로

마라톤 경기를 치르고 며칠이 지난 뒤, 우리는 그동안 기획한 캠페인 문구를 온라인에 올렸다.

잘 달리고 - 공정하게 달리자! 잘 살고 - 공정하게 사자!

운동화 생산을 위한 공정하고 건강한 작업 환경!

멋진 운동화를 만들기 위해 과다한 접착제 사용 금지!

그런 작업을 할 때 노동자들이 건강을 담보로 일하기 때문이다. 그들은 끊임없이 새로운 운동화에 열광하는 10대보다 나이가 별로 많지도 않다.

그래서 우리의 운동화 상표는 '페어 아프리카 슈즈(Fair Africa Shoes)' 즉, 아프리카인을 위해서가 아니라 아프리카인에 의해 공정하게 만들어진 신발이다.

공정하다는 것의 의미는 누가 얼마만큼의 이익을 벌어들이는지 투명하게 밝히는 것이다. 단지 그것뿐만 아니라, 지난 100년간 운동화 발전의 핵심을 이룬 시리즈 신발을 더 이상 만들지 않는 것이다. 새로운 형태의 운동화에 쏟아 붓는 비밀스럽고 소모적인 작업은 하나의 만들어진 신화일 뿐이다. 운동화는 기술적으로 이미 완성 단계이다. 다만 개개인의 발에 맞게 조절되는 것이 아직 더 발전되어야 한다.

유명 상표 운동화는 새롭고 혁신적인 기계를 사용한다. 우리는 훌륭한 기술자, 세계에서 가장 빨리 달릴 수 있는 선수이기도 한 기술자가 만든다. 우리가 만드는 운동화를 신기 위해 편안함과 멋을 포기할 이유는 없다. 보통 시장에 나와 있는 운동화와 완전히 다른 점은 우리가 만드는 운동화는 개개인의 발에 맞게 제작된다는 점이다.

우리 운동화는 대표 상품은 우리가 발견한 에티오피아 운동화를 기

본으로 만든 것이다. 공정한 아프리카 운동화 '아프리카'를 신으면 치타처럼 빠르게 달릴 수 있다!

한 가지 분명한 것은 아베베, 맘모, 우리, 전 인류를 위해 해피엔드를 원한다면 행동으로 옮겨야 한다. 가급적 빠른 시일에.

아직은 시간이 남아 있다.

너무 멀지 않은 미래

아베베, 맘모, 이스마엘, 안카트린, 톰과 나는 작은 회사를 만들었다. 우리는 유럽의 운동화 가게에서 고객의 발을 스캔해 치수를 재고, 개개인의 발에 맞게 아디스에 있는 맘모에게 주문서를 전달한다. 맘모와 함께 일하는 직원이 주문서 접수를 확인하고, 언제, 어떻게 제품을 납품할 것인지 약속한다. ID 인식표를 통해 원자재가 어디에서 온 것이고, 누가 운동화를 만들었는지 정확히 알 수 있다. 이제부터 우리는 더 이상 익명의 제품을 사지 않아도 된다. 현대 사회는 물건들이 마치 아무 역사도 갖고 있지 않은 것처럼 어느 날 불쑥 만들어 매장의 판매대에 진열한다.

이 이야기는 어떻게 전개되었을까? 선수들이 집단으로 항의 표시를 하고, 언론에 비판적인 기사가 실린 것에 대한 후유증이 이어졌다. 아디다스, 나이키, 퓨마 같은 세계적으로 유명한 운동화에 대한 불매운동이 시작되었다. 그리고 그들로부터 거액의 후원금을 받는 스포츠도 비난받았다. 사람들은 돈과 화려한 명성을 얻는 메달을 받기 위해 이뤄지는 불공정한 싸움을 안타까워했다. 불매운동이 효과를 발휘해 스포츠 관련 회사의 주가도 꺾였다.

다음번 올림픽 경기에서 관중들의 숫자가 줄어들었다. 사람들은 경기장에 나와 직접 경기를 보기보다는 집에서 텔레비전을 통해 곧 멸종 위기에 놓여 있는 동물에 대한 다큐멘터리를 보는 것을 더 좋아했다. 그러자 스포츠 관련 상품 회사, 올림픽위원회와 국제 축구연맹 회장, 방송국 경영진들이 마침내 반응했다. 선수들이 공정하게 제작된 운동화와 운동복을 입고 공정한 경쟁을 하는 것을 사람들이 원한다는 걸 알게 된 것이다.

이제 시작이다. 세상이 좀 더 공정해져야 한다. 그러기 위해 적선, 봉쇄 혹은 유토피아적인 요구가 아니라 전 세계적인 국경 개방이 필요하다. 우리는 공정한 세상을 만들기 위해 다른 나라에 난민 신청을 하려고 떠나야 하는 이유가 가능한 적게 나오도록 만들어야 한다.

중요한 것은 과하게 저렴한 익명의 제품 추방, 부유한 서양 사람들을 위한 과잉 생산 금지, 열악한 임금 추방, 후진국에서 원자재 가격을 과도하게 낮추는 행위 금지, 원자재와 제품에 대한 정당한 가격을 지불하고, 제품을 구매하는 사람이 원산지와 생산자를 알 수 있도록 정보를 공개하는 질적으로 우수한 제품 생산, 거기에 명실상부하게 정당한 세계무역 등이다.

최근 아프리카 국가들이 세금 부과를 강화하고 있다. 자원이 풍부한 아프리카와 지하자원을 보호하고, 장기적 시각으로 이용하기 시작했다. 적은 돈을 받고 다국적 회사에 팔고, 그나마 받은 돈이 정치 지도자의 개인 계좌로 사라지는 행위를 더 이상 하지 않으려는 것이다.

아프리카 국가들이 대규모 농장을 외국의 식료품 회사에 임대해 주기보다 소작농을 다시 지원하기 시작했다. 소작농들은 땅을 효과적으로 이용하고, 채소를 경작하고, 계획적으로 지하수를 안정적으로 보존하는 방법을 배웠다.

아프리카는 이 세상에 우수한 마라톤 선수만 공급하는 곳이 아니다. 아프리카는 세계적으로 성공한 호모사피엔스 본고장으로서의 의미만 있는 게 아니다. 아프리카는 세계 자본주의 성장에 균형이 유지되도록 중요한 반동이 나오는 곳이기도 하다. 아프리카 출신 철학자로 오랫동안 미국 뉴욕의 컬럼비아 대학교에서 강의를 하고 있는 아킬레 음벰베도 그와 같은 결론을 내렸다.

"이제 아프리카에서 긍정적인 변화가 일어나고 있는 것을 본다. 어떻게 하면 사람들이 함께, 부족한 가운데, 서로 나누며 살아갈 수 있을까? 아프리카인들은 사물의 가치를 재평가하고, 다시 사용 가능하게 만드는 일에 엄청난 잠재력을 발전시켜 왔다. 그런 능력은 오래된 자동차를 위해서만 필요한 게 아니라 여럿이 함께 살아가는 삶에도 필요하다."

달리기만큼은 여전히 나와 가까워지지 않았다. 대신 나는 거의 매일 상당히 먼 거리를 아주 빠른 걸음으로 걷는다. 그리고 날씨가 따뜻할 때는 맨발로 숲길을 걷기도 한다. 물론 잘 정비된 재미없는 길이 아니라 덤불 속으로 난 오솔길을 주로 걷는다. 쓰러진 나무를 몇 개 지난 다음 작은 시냇물을 따라 걷는다.

날마다 그곳을 힘차게 걷는다. 물론 그곳에 나 혼자만 있는 것은 아니다. 길을 가다가 마주친 사람들은 나를 흘깃 쳐다보며 혹시 이상한 사람은 아닌지, 요가 수행을 하는 사람은 아닌지 의심하는 것 같다.

어쨌든 나는 그곳을 다녀오면 에너지가 충만해진 모습으로 편집부에 출근한다. 편집장도 내가 달라졌음을 알아챘다. 그것에 대한 이야기는 '라이프 스타일'이라는 제목으로 다른 책에 소개하겠다.

나는 기자일 뿐, 인생 상담사는 아니니까.

에필로그

  책에 소개된 일들은 당연히 모두 픽션이다. 그러나 본문에 소개
된 인물, 기관과 사건은 실제 현실 세계에서 인용되었다.

  '편집장'은 내가 프리랜서 작가로 일하면서 만났던 많은 신문사
와 잡지사의 편집장을 생각하며 만들어 낸 인물이다.

  신문사에 신경 쓰이는 투고를 하거나 내게 이메일을 보낸 '까다
로운 독자'는 어느 신문사에나 있는 인물이다.

  '리'는 열심히 노력하고 공부해서 더 나은 삶을 살아가려고 준
비하는 '깨우친 중국 젊은이들'을 대변한다.

  '웨이'는 중국, 캄보디아, 인도네시아와 이제는 아프리카에서 우
리가 신을 운동화를 만드느라 건강을 해치면서까지 일을 하지만
겨우 입에 풀칠할 만큼의 돈을 버는 노동자다.

  '아베베'는 열악한 환경에서 훈련에 참가했지만 결국 마라톤 경
기의 시상대에는 오르지 못한 수많은 육상 선수들 가운데 한 사
람이다.

  '맘모'는 더 나은 세상에서 살고 싶다는 생각으로 피난길에 오
르는 아프리카의 수많은 재능 있는 젊은이 가운데 한 사람이다.

  책에 언급되었던 많은 운동화 상표와 특별 한정판 운동화는 세

상에 존재하고 있는 것들이다. 제조사들이 종종 개별 모델을 제한된 수량으로만 시장에 내놓는다. 그럼 그것을 소유하려고 열광하는 사람들이 수백 혹은 수천 유로를 지불하고 제품을 수집한다. 그것을 생산한 공장의 노동자들은 평균적으로 판매가의 2퍼센트만 손에 쥐어도 만족한다.

고급 운동화나 이름 없는 운동화가 대개는 아시아에 있는 같은 공장에서 생산된다. 그 공장들은 지난 수십 년 간 주로 중국에 있었다. 그러나 보다 더 낮은 임금을 주며 일을 시키기 위해 그 사이 생산 공장이 캄보디아와 미얀마로 옮겨갔다. 그리고 이제는 아프리카로 옮긴 회사도 있다.

그런 착취의 순환을 중단시키기 위해 대안 프로젝트가 많이 생겨나고 있다. 운동화 상표 가운데 '에틀레틱(Ethletic)'은 공정하게 생산된 제품만 판매한다. 아디스에 있는 '솔레 레벨스(Sole Rebels)'라는 소규모 회사에서도 아베베가 공정한 과정을 거쳐 운동화를 만들어 내고 있다.

세계화를 비판하는 사람들이 만든 캐나다의 신문 '애드버스터스(Adbusters)'도 운동화를 만든다. 애드버스터스는 나이키의 상품 로고 대신 검은색 동그라미를 운동화에 그려 넣는다. 그리고 컨버스 올스타 농구화와 똑같아 보이는데 단지 색깔만 검은색인 운동화를 만든다. 그 운동화의 특별한 점은 외피에 유기농 삼베를 사용했고, 밑창은 자동차 타이어 재활용품이고, 앞축에 해당

하는 토우박스는 대기업의 엉덩이를 찬다는 의미로 '스윗 스팟'이
라고 부른다.

그 운동화는 포르투갈 협동조합이 만들었다. 세계화의 흐름에
반기를 든 운동화를 생산하는 회사가 안타깝게도 독일에는 아직
한 곳도 없다.

언젠가는 모든 스포츠인이 참여하는 파업을 하는 날이 오기를
기대한다. 이제는 그들이 한목소리를 내야 한다.

이런 불공정한 세상에서 불공정하게 진행되는 경기에 더 이상
참가하지 않겠다!

단기간 최고의 성적을 낼 수 있도록 도와주지만 평생 건강 문제
로 시달리게 만드는 약물 복용을 하지 않겠다.

모든 것에 질서가 잡히면 우리는 공정한 세상을 위한 본보기로
공정한 경기에 참여하겠다.

알면 알수록 세상은 언제나 새롭다

오래전, 스위스에서 수학을 배울 때 당시 공산국가였던 동독을 벗어나 스위스로 망명을 와서 수학을 가르치던 교수님이 계셨다. 나는 원래 수학을 좋아했지만 그분의 강의를 들으며 감동으로 새로 눈이 떠지듯 큰 기쁨을 맛보았다. 그분이 가르쳤던 수학은 숫자에 대한 공부가 아니라 철학이고, 인문학이었다. 미분과 적분이 현상의 실체에 최대한 가깝게 접근하기 위한 노력이라고 역설하며, 숫자를 살아 있는 생명체처럼 다루던 그분의 강의가 내게는 천지개벽과도 같은 발상의 전환이었다. 안타깝게도 그분은 나를 가르치고, 1년 후 강의 도중 심장마비에 걸려 강단에서 60세의 짧은 생을 마감하셨다. 수학의 두꺼운 껍질을 벗겨내 우리 앞에 그 실체를 보여주셨던 열정이 마음속에 고스란히 남아 있었기에 그 누구보다도 큰 슬픔으로 조문했던 기억이 있다.

알고 보면 세상 일이 새로운 시각으로 이해하게 되는 경우가 참 많다. 어느 국가를 여행하고 오면 그곳과 관련된 뉴스가 새삼 부쩍 늘어난 것 같은 느낌이 들고, 아들이 군대에 가 있으면 거리에서 만나는 군인들에 대한 시선이 예전과 다른 애정 어린 눈빛으로 변해 있는 나를 발견한다.

이 책은 '운동화'를 다룬다. 세상에 그 흔한 운동화에 무슨 할 말이 있겠나 생각했다면 섣부른 판단이다. 운동화를 소재로 글로벌라이제이션(세계화, Globalization), 그리고 세계 무역에 대해 이야기를 풀어낸 이 책은 겉으로 보이는 세상사의 이면에 숨겨져 있는 실상을 이해하는 데 도움을 줄 수 있는 책이다. 그런 딱딱한 주제를 추리물처럼 온갖 상상을 하며 추적하게 만든 이야기의 구성이 책을 술술 읽게 만드는 비법이다.

요즘 공원을 돌며 운동을 하고 있는데 이 책을 읽은 이후 운동화가 새롭게 보인다. 익명의 존재처럼 나와 무관한 상품으로서가 아니라 여러 과정을 거쳐 우리의 발을 감싸는 운동화에 숨어 있는 세계화의 실상을 되짚어 보게 되는 것이다. 수학이 철학이 되듯, 단순한 무역 상품이 사람에 대해 생각하게 만드는 계기가 되었다.

무심코 입에 넣으면 별맛이 느껴지지 않지만 잠자코 씹다 보면 은은한 맛에 오히려 중독되게 만드는 독일 빵을 먹는 것처럼, 화려한 문체는 아니지만 낮은 어조로 나긋나긋 풀어내는 이야기를 읽는 재미가 제법 느껴지는 책이다.

신록의 5월 계룡산 자락에서 옮긴이 유혜자

뉴욕

런던

베를린

마추픽추 마라톤

미탁스큐리어
편집부

유명한
마라톤 경기

운동화 생산 기지

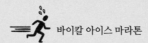
바이칼 아이스 마라톤

중국

온주

도쿄

캄보디아

인도네시아

디스 아바바

오모 협곡

케냐

시드니

파라고무나무
농장

훈련 캠프

형제

생각을 꿈꾸다 01

나는 운동화가 없어도 달릴 수 있습니다 버려진 운동화의 불편한 진실

초판 1쇄 펴낸 날 2019년 9월 20일   2쇄 펴낸날 2020년 8월 1일

글 볼프강 코른   그림 브리기트 얀센   옮김 유혜자

펴낸이 허경애

책임편집 김하민   디자인 최정현   마케팅 정주열

펴낸곳 도서출판 꿈터

출판등록일 2004년 6월 16일 제313-204-000152호

주소 서울시 마포구 양화로 156, 엘지팰리스빌딩 825호

전화번호 02-323-0606   팩스 0303-0953-6729

이메일 kkumteo77@naver.com

블로그 http://blog.naver.com/yewonmedia

인스타 kkumteo

ISBN 979-11-88240-65-4 (44330)

LAUF UM DEIN LEBEN! : Die Weltreise der Sneakers by Wolfgang Korn.
illustrated by Birgit Jansen ⓒ 2019 Carl Hanser Verlag GmbH&Co. KG, Muenchen
Korean Translation ⓒ 2019 by KKUMTEO All rights reserved.
The Korean language edition is published by arrangement with Carl Hanser Verlag GmbH&Co. KG through
MOMO Agency, Seoul.
이 책의 한국어판 저작권은 모모 에이전시를 통해 Carl Hanser Verlag GmbH&Co. KG사와의 독점 계약으로
〈도서출판 꿈터〉에 있습니다. 저작권법에 의해 한국 내에서 보호를 받는 저작물이므로 무단전재와 무단복제를 금합니다.

GOETHE INSTITUT The translation of this work was supported by a grant from the Goethe-Institut.

이 도서의 국립중앙도서관 출판예정도서목록(CIP)은 서지정보유통지원시스템 홈페이지(http://seoji.nl.go.kr)와
국가자료종합목록 구축시스템(http://kolis-net.nl.go.kr)에서 이용하실 수 있습니다. (CIP제어번호 : CIP2019034296)

꿈꾸다 는 꿈터의 청소년 브랜드입니다.

* 잘못된 책은 구입하신 서점에서 바꾸어 드립니다.